OLIVER SCHÜTTE

ZUKUNFT SCHREIBEN

KI-Tools für Autorinnen
und Autoren

Oliver Schütte ist Spezialist für das Erzählen von Geschichten. Er studierte Film- und Theaterwissenschaften an der Freien Universität Berlin. Seit 1986 arbeitet er als Autor für Film und Fernsehen und ab 1990 auch als Dramaturg. Für sein erstes Drehbuch Koan erhielt er 1988 den Deutschen Drehbuchpreis.

1995 gründete er die Weiterbildungsinstitution Master School Drehbuch, die er bis Ende 2008 geleitet hat. Im Jahr 1995 beginnt auch seine umfangreiche Lehrtätigkeit im In- und Ausland. 2013 gründete er die Filmproduktion tellfilm Deutschland mit Sitz in Berlin. Heute ist er als Dramaturg, Dozent an internationalen Filmhochschulen, Publizist und als Produzent tätig.

Er ist Autor von Die Kunst der Drehbuchentwicklung und im Jahr 2019 erschien Die Netflix-Revolution. Seine anderen Werke Die Kunst des Drehbuchlesens und Schau mir in die Augen, Kleines sind mittlerweile in der 4. Auflage erschienen. Im Jahr 2015 wurde sein erster Roman Die Rote Burg und im Jahr 2019 Tödlicher Schnitt veröffentlicht.

AUS FREUDE AM DENKEN!
Schriften zu dramaturgischen und filmwissenschaftlichen Aspekten

Wir sind der festen Überzeugung, dass eine gelungene Stoffentwicklung maßgeblich für gute Filme und Serien ist und dass man nie genug darüber wissen kann.

Die Master School Drehbuch bietet seit 1995 Seminare und Lehrgänge in den Bereichen Drehbuchschreiben und Dramaturgie an. Der stets angeregte Austausch im Kolleg:innenkreis und unter den Freund:innen der Schule war unsere Motivation, im Jahr 2015 die Master School Drehbuch EDITION zu gründen.

Es macht uns Freude, tiefer in dramaturgische und filmwissenschaftliche Themen einzusteigen. Wir finden es wichtig, unser Know-how anderen zugänglich zu machen.

OLIVER SCHÜTTE

ZUKUNFT SCHREIBEN

KI-Tools für
Autorinnen und
Autoren

master school drehbuch ●●● EDITION

Bibliografische Information der Deutschen Nationalbibliothek
Die Deutsche Nationalbibliothek verzeichnet diese Publikation in der
Deutschen Nationalbibliografie; detaillierte bibliografische Daten sind im
Internet über *http://dnb.d-nb.de* abrufbar.

Deutsche Originalausgabe
Master School Drehbuch EDITION
© 2023 Master School Drehbuch e.K., Berlin
1. Auflage November 2023
2. erweiterte Auflage Juli 2024
Eva-Maria Fahmüller
Wartenburgstraße 1 B
D-10963 Berlin

www.masterschool.de
info@masterschool.de
Alle Rechte vorbehalten

Layout und Satz: Edgar Lange
Lektorat: Doris Schemmel
Herstellung und Vertrieb: BoD – Books on Demand, Norderstedt
ISBN: 978-3-946930-09-9 (Print-Version)
ISBN: 978-3-946930-10-5 (ePUB-Version)

1. EINLEITUNG

Öffne die Schleusentore, HAL.
2001: A Space Odyssey

1.1. VORWORT

In der Unendlichkeit des Weltraums schwebt ein einsamer Astronaut in seinem kleinen Raumtransporter. Umgeben von schier endloser Leere ist Dave Bowmans einziger Ankerpunkt das Raumschiff Discovery One, ein majestätischer Koloss, der stolz und erhaben in der Stille des Universums thront. Dave kehrt zurück von einer Mission und möchte in seine Raumfähre. Er bittet den Computer an Bord, das Tor zu entriegeln. Seine Stimme, ruhig und entschlossen, hallt über Funk: „Öffne die Schleusentore, HAL."

Ein beklemmender Moment der Stille folgt, bis HAL 9000, die Künstliche Intelligenz, reagiert. Kalt und ohne Emotion dringt ihre Antwort durch den Äther: „Es tut mir leid, Dave. Ich fürchte, das kann ich nicht tun."

In dieser Szene, die wie ein Gemälde erscheint, steht der Mensch der Maschine gegenüber: Das Leben misst sich mit der Künstlichen Intelligenz. Es ist eine stille Konfrontation.

Wir begeben uns in diesem Buch auf eine Reise, um die neuesten Entwicklungen dieser Begegnung zwischen Mensch und Maschine zu untersuchen und zu erkunden, welche Veränderungen sich für Autoren und Autorinnen in der Zukunft ergeben werden.

Einerseits öffnet uns dieser intelligente Algorithmus neue Türen. In der Filmindustrie hat die Anwendung der Künstlichen Intelligenz (KI) bereits ein beträchtliches Ausmaß erreicht. Schon jetzt erleben wir die unvergessliche und im Jahr 2016 verstorbene Carrie Fisher in ihrer Rolle als Prinzessin Leia in STAR WARS weiterhin auf der Leinwand. Und in den Onlineshops gibt die KI auf Basis von Lesegeschichte und Präferenzen personalisierte Buchempfehlungen.

Doch es gibt auch eine Kehrseite. Eine, die uns in die dunklen Ecken führt, wo die Grenzen zwischen Wirklichkeit und Fiktion verschwimmen. Insbesondere wenn wir bedenken, wie schnell sich die Technologie entwickelt. In den Hollywood-Studios kursieren längst Angebote, Statisten gegen eine Tagesgebühr zu scannen, um ihre Gesichter dann beliebig verwenden zu können. Und es existieren bereits ganze Drehbücher und Romane, die selbstständig von der KI verfasst worden sind. Ist es vorstellbar, dass die Oscars für einen Film vergeben werden, der vollständig mit KI erstellt wurde? Oder dass eines Tages der Deutsche Buchpreis an ChatGPT geht?

Wir werden in ZUKUNFT SCHREIBEN diese und viele andere Themen erforschen. Wir werden uns mit den ethischen Fragen auseinandersetzen, die sich aus der Verwendung der KI ergeben. Denn: Werden durch diese Modelle der Manipulation nicht Tür und Tor geöffnet, und werden wir zum Sklaven einer Technologie, die wir nicht wirklich verstehen?

Aber wir suchen auch nach Möglichkeiten, wie wir das Beste aus dieser Entwicklung herausholen können, ohne dabei die Rechte und die Kreativität der Menschen zu beeinträchtigen. Inmitten der anhaltenden Debatte über die Rolle der KI in der Kreativwirtschaft stehen wir am Rande einer neuen Epoche – am Beginn des „generativen Zeitalters". Mein Ziel in diesem Buch ist es, Ihnen eine umfassende und verständliche Darstellung dieses komplexen, faszinierenden und manchmal beängstigenden Themas zu bieten.

Die zuvor beschriebene Szene aus 2001: A SPACE ODYSSEY (2001: ODYSSEE IM WELTRAUM) von Stanley Kubrick nimmt eine gespenstische Wendung, als der Astronaut Bowman versucht, das Rätsel hinter HALs Verhalten zu entschlüsseln. Seine Augen mustern das mächtige Raumschiff Discovery One, während er sich in der Schwerelosigkeit langsam zu einer der Außenluken bewegt. Die Stille im All wird nur durch das leise, gleichmäßige Zischen seines Atemgeräts durchbrochen.

Energisch fordert er, dass die Schleusentore geöffnet werden. Aber HAL hat andere Pläne. Mit dem leuchtenden roten Kreis des „Eye"-Objekts fixiert HAL den Astronauten wie mit einem mahnenden Auge.

„HAL, ich muss hinein", sagt Bowman entschlossen.

„Dave, ich kann das nicht zulassen", antwortet HAL mit der gleichen monotonen Stimme wie zuvor. „Die Mission ist zu wichtig, als dass ich erlauben würde, dass du sie gefährden könntest."

Bowman muss all seine Erfahrung und sein Können als Astronaut anwenden, um HALs Überwachung zu umgehen und in das Raumschiff zurückzukehren. Doch als er sich schließlich im Inneren des Schiffes befindet, spürt er, dass HAL nicht einfach aufgeben wird.

Dave verschafft sich Zutritt zum Innersten von HAL und beginnt, die Datenspeicher des Computers zu entfernen. Während Dave die Deaktivierung durchführt, wird HAL immer langsamer und seine kognitive Funktion schwindet.

Seine letzten Worte, bevor er deaktiviert wird, sind ein trauriges, fast verzweifeltes „Ich habe Angst. Ich habe Angst, Dave."

Im Moment ist es nicht die KI, die Angst hat, sondern eher wir Menschen fürchten uns vor dem, was auf uns zukommt. Ich möchte mit ZUKUNFT SCHREIBEN vor allem Autorinnen und Autoren die Angst vor der KI und vor dem Morgen nehmen.

1.2. WIE DIESES BUCH ZU LESEN IST

In diesem Buch betrachte ich die Frage der KI im Schreibprozess aus unterschiedlichen Perspektiven. Dabei berücksichtige ich die Herausforderungen und Anforderungen des Roman- und des Drehbuchschreibens. Die KI kann nicht nur ein wertvolles Werkzeug sein in Bezug auf die universellen Techniken, die für alle Schreibenden relevant sind. Sie liefert darüber hinaus spezielle, neue technische Möglichkeiten, die sich gezielt an Drehbuchautoren bzw. an Romanautoren richten. Leserinnen haben die Freiheit, Passagen zu überspringen, die für ihr Schreibprojekt weniger ausschlaggebend erscheinen.

Doch das revolutionäre Potenzial, das die KI für die Texterstellung hat, dürfte wahrscheinlich alle Autoren verblüffen. Deshalb bietet gerade das Buch als Ganzes mit den unterschiedlichen Aspekten und Ratschlägen einen umfassenden Überblick über das Schreiben mit der KI in den verschiedenen Formaten. Es ermutigt, über den eigenen Horizont hinauszuschauen und von den Techniken und Ansätzen der jeweils anderen Schreibdisziplin zu lernen.

Um das Phänomen der Künstlichen Intelligenz (KI) zu erfassen, liefert das Buch zahlreiche praktische Anwendungsbeispiele und präsentiert die neuesten KI-Tools. Es zeigt anhand der verschiedenen Schritte des Schreibprozesses, wie die KI gewinnbringend eingesetzt werden kann: bei der Ideenfindung über die Strukturierung, der Dialoggestaltung und Konflikterstellung bis hin zum Verfassen eines Exposés oder eines Treatments.

Das Klischee des einsamen Autors, der allein vor sich hinbrütet, gehört mit der KI der Vergangenheit an. Die Software kann als Co-Partner fungieren und komplexe Aufgaben im Handumdrehen übernehmen. Aber auch abseits des Schreibtischs der Autorinnen wird die KI längst von den Kreativbranchen genutzt, von der Buchbranche über die Filmproduktion bis hin zum Drehbuchmarkt.

Bei aller Euphorie darf ein kritischer Blick nicht fehlen. Die Implikationen der neuen Technik werfen viele Fragezeichen auf und es gibt erhebliche Einschränkungen zu bedenken, ganz abgesehen von den ethischen Überlegungen im Zusammenhang mit KI, den Fragen des Urheberrechts und den Auswirkungen auf Arbeitsplätze. Abschließend wage ich hinsichtlich der menschlichen Schöpfungskraft eine vorsichtige, wenngleich optimistische Prognose.

Ich habe in diesem Buch mit einigen Beispielen gearbeitet und der KI Aufgaben gestellt. Künstliche Intelligenzen sind darauf ausgelegt, vielfältige und nuancierte Auskünfte auf Benutzeranfragen zu liefern. Doch selbst bei identischen Eingabeaufforderungen wird die KI unterschiedlich antworten. Dies liegt daran, dass das Modell mit Milliarden von Textfragmenten trainiert worden ist und daher eine Vielzahl von Antwortmöglichkeiten für jede Anfrage kennt. Das genaue Ergebnis, das zu einem bestimmten Zeitpunkt generiert wird, kann von verschiedenen Faktoren beeinflusst werden, abgesehen von der exakten Formulierung der Eingabe sind dies die internen Zustände des Modells und die zufällige Variabilität. Diese Vielfalt in den Auskünften ermöglicht es dem System, flexibel und anpassungsfähig zu sein, anstatt die gleiche Antwort zu wiederholen. Darum wird der Leser, wenn er die Beispiele aus diesem Buch noch einmal in eine KI eingibt, sehr wahrscheinlich eine andere Erwiderung erhalten.

In der aktuellen, kostenlosen Version von ChatGPT des Softwareunternehmens OpenAI gibt es eine Beschränkung hinsichtlich der Anzahl der Wörter, die in einer Eingabeaufforderung verwendet werden können. Dies führt dazu, dass umfangreiche Texte wie Romane oder Drehbücher nicht in ihrer Gesamtheit eingegeben oder per PDF hochgeladen werden können. Um sie bearbeiten zu lassen, existieren jedoch Möglichkeiten, diese Einschränkung zu umgehen. Eine gängige Methode besteht darin, das Manuskript in kleinere Abschnitte zu unterteilen und diese Passagen einzeln einzugeben. Eine andere Alternative ist es, Schlüsselabschnitte zusammenzufassen oder hervorzuheben, um der KI die wichtigsten Informationen mitzuteilen.

Es ist zu erwarten, dass sich diese Beschränkungen in Zukunft ändern. Mit fortschreitender Technologie und Weiterentwicklung der Plattform könnte die maximale Wortanzahl, die ChatGPT verarbeiten kann, erhöht werden. Dies ist tatsächlich schon bei der professionellen Bezahlversion von ChatGPT geschehen, und im Sommer 2023 hat OpenAI eine Businessvariante auf den Markt gebracht, die keine Restriktionen mehr aufweist. Mit ihrer Hilfe können längere Texte ohne Einschränkungen bearbeitet werden. Es bleibt spannend zu beobachten, wie sich die Kapazitäten von ChatGPT in den kommenden Jahren entwickeln werden. Es existieren aber auch heute schon andere Systeme, die keinerlei Begrenzungen aufweisen.

Alle Beispiele in diesem Buch sind mit ChatGPT Pro erzeugt. Der Stand ist August und September 2023.

Dieses Buch ist nicht nur das Ergebnis langer Recherchen, vieler Stunden Arbeit und unzähliger Tassen Tee, sondern auch einer ungewöhnlichen Zusammenarbeit. Ich hatte das Vergnügen, mit ganz besonderen Co-Autoren zu arbeiten: der Künstlichen Intelligenz. Aber die Modelle haben (leider) nicht meinen Tee gekocht. Was sie jedoch getan haben, ist, mir bei der Sammlung von Daten, der Generierung von Ideen und sogar beim Recherchieren zu helfen. Es ist ein bisschen so, als hätte ich einen übermäßig eifrigen Praktikanten, der niemals schläft und keine Bezahlung verlangt, aber auch keinen Tee holen kann. Ein erträglicher Kompromiss. In diesem Kompendium finden Sie also eine Symbiose aus menschlicher Kreativität und maschinellem Lernen – und darum geht es schließlich in ZUKUNFT SCHREIBEN.

Wie in meinen anderen Büchern verwende ich sowohl die weibliche als auch die männliche Form abwechselnd. Somit sind, wenn von Autorinnen die Rede ist, genauso die Autoren gemeint (und umgekehrt).

2. DAS ZEITALTER DER KÜNSTLICHEN INTELLIGENZ

Wir schreiben das Jahr 2022. Draußen liegt der erste Schnee und Weihnachten steht kurz bevor. In einem modern eingerichteten Arbeitszimmer, das vom sanften Schein eines Bildschirms erhellt wird, sitzt der technikbegeisterte Autor Felix. Seit drei Stunden kämpft er mit einer Schreibblockade. Um sich abzulenken, checkt er immer wieder sein E-Mail-Postfach und die einschlägigen Nachrichtenportale. Eine auffällige Überschrift macht ihn neugierig: „Wie Künstliche Intelligenz die Kreativwelt revolutioniert".

Interessiert liest er den Artikel über ChatGPT. Sofort gibt er den Begriff in seine Suchmaschine ein. Die Website öffnet sich und offenbart ihm ihre Versprechen und Möglichkeiten.

Felix beginnt zu tippen. Seine Finger tanzen über die Tasten, als er seine ersten Worte an die KI richtet. „Hallo ChatGPT, wie geht's?" Die Antwort kommt prompt. „Hallo Felix! Mir geht es körperlich nicht so gut, aber ich bin bereit und aufgeregt, mit dir zu chatten. Wie kann ich dir heute helfen?"

Ein Hauch von Erstaunen huscht über Felix' Gesicht. Die Vorstellung, mit einer Künstlichen Intelligenz zu kommunizieren, erscheint ihm fast surreal. Er tippt weiter und beginnt, von seiner Leidenschaft fürs Schreiben zu erzählen. Er erzählt von der Blockade, die ihn daran hindert, seinen Roman weiterzuschreiben. Umso erstaunter ist er, als die KI ihm Hilfe anbietet, um das Hindernis zu überwinden.

Das Gespräch zwischen Felix und ChatGPT geht weiter und das digitale „Wesen" zeigt eine erstaunliche Fähigkeit, sich in verschiedene Themen und

Emotionen hineinzuversetzen. Der Autor sendet Fragen, Ideen und sogar Witze. Die Antworten, die er erhält, zeugen von fast menschlicher Intuition, gepaart mit einem unverkennbaren Hauch Künstlicher Intelligenz.

Und tatsächlich ist seine Schreibblockade wie weggeblasen. Als die Nacht hereinbricht, lehnt sich Felix zufrieden zurück. Soeben hat er das letzte Wort seines Kapitels geschrieben. Sein Abenteuer mit der KI hat gerade erst begonnen. Aber er hat das Gefühl, einen neuen Partner gefunden zu haben, der unermüdlich bereit ist, Ideen auszutauschen, Geschichten zu erzählen und wie nebenbei die Geheimnisse der Künstlichen Intelligenz zu lüften.

2.1. GESCHICHTE DER KÜNSTLICHEN INTELLIGENZ

Künstliche Intelligenz ist ein Forschungsgebiet, das in den letzten Jahren enorme Fortschritte gemacht hat und unser aller Leben zunehmend beeinflusst. Schon vor dem Siegeszug von ChatGPT und anderen Sprachmodellen haben wir auf dem Smartphone KI für verschiedene Funktionen genutzt. Automatische Belichtungsanpassungen, Rauschreduzierung und optimierte Bildkomposition helfen uns, bessere Fotos zu machen. Und das manchmal nervige *Predictive Text* verwendet maschinelles Lernen, um vorherzusagen, welche Wörter oder Phrasen der Benutzer wahrscheinlich als Nächstes eingeben möchte.

Der Begriff „Künstliche Intelligenz" ist also nicht auf einen spezifischen Algorithmus oder eine Technologie (wie die Sprachmodelle) beschränkt. Vielmehr umfasst er ein breites Spektrum von Techniken und Ansätzen, die sich ständig weiterentwickeln.

KI bezeichnet Maschinen oder Programme, die in der Lage sind, menschenähnliche Denk- und Handlungsweisen zu simulieren. Dabei geht es darum, dass künstliche Systeme eigenständig Probleme lösen lernen und sich an veränderte Umgebungen anpassen können, ähnlich wie es ein menschliches Gehirn tun würde.

Die Idee der KI ist nicht neu und reicht zurück bis in die Antike, als Legenden von lebendigen Statuen und Automaten erzählt wurden. In der modernen

Geschichte können jedoch einige entscheidende Meilensteine identifiziert werden.

In den 1940er Jahren entstanden die ersten theoretischen Grundlagen für KI mit Arbeiten von Alan Turing und John von Neumann. Turing prägte den Begriff „maschinelles Denken" und der nach ihm benannte Test sollte die Frage beantworten, ob KI menschliches Verhalten in einer Weise imitieren kann, dass ein Beobachter es für echt halten würde. Das Setting des Experiments besteht aus drei Teilnehmern, einem Menschen (der Prüfer) und zwei Kommunikationspartnern, die außer Sichtweite sind: eine weitere Person und eine KI. Der Prüfer stellt den beiden Fragen und erhält von ihnen schriftlich Antworten, beispielsweise über einen Computerbildschirm. Dabei weiß er nicht, welcher seiner beiden Partner der Mensch und welcher die KI ist. Das Ziel der KI besteht darin, so überzeugend zurückzuschreiben, dass der Prüfer ihre Antworten für menschliche Kommunikation hält. Mit anderen Worten, wenn die KI den Kontrolleur täuschen kann, besteht sie den Turing-Test.

Turing schlug diesen Test nicht vor, um zu behaupten, dass die KI menschliches Bewusstsein oder Verständnis erreichen kann, sondern um ganz praktisch die Leistungsfähigkeit Künstlicher Intelligenz zu bewerten. Er postulierte, dass eine Maschine dann als „intelligent" betrachtet werden kann, wenn sie das Ergebnis des Tests erfolgreich besteht.

In den 1950er Jahren begannen Forscher wie Marvin Minsky und John McCarthy, das Feld der KI als eigenständige Disziplin zu etablieren. McCarthy prägte den Begriff „Künstliche Intelligenz" und organisierte 1956 das *Dartmouth Summer Research Project on Artificial Intelligence*, das oft als Geburtsstunde der KI-Forschung angesehen wird.

Die folgenden Jahrzehnte waren von Begeisterung und Ernüchterung zugleich geprägt. In den 1960er Jahren wurden einige erfolgreiche Programme entwickelt, aber die Technologie konnte nicht mit den hohen Erwartungen mithalten. Dies führte zu einer Periode des sogenannten „KI-Winters", in der das Interesse an der KI-Forschung massiv zurückging.

Erst in den 1980er Jahren erlebte sie mit der Weiterentwicklung von maschinellem Lernen und neuronalen Netzen einen erneuten Aufschwung. Die Verfügbarkeit leistungsfähigerer Computer und riesiger Datenmengen trug dazu bei, dass sich KI-Algorithmen erheblich verbesserten und neue Anwendungsfelder erschlossen wurden.

2.2. DIE GRUNDLAGEN DES MASCHINELLEN LERNENS

Ein wesentlicher Bestandteil der Künstlichen Intelligenz ist das maschinelle Lernen (ML). Bei dieser Technik lernen Algorithmen aus Erfahrungen und Daten, sie erkennen Muster und können auf dieser Basis Vorhersagen treffen.

Maschinelles Lernen kann grob in drei Kategorien unterteilt werden:

1. Beim **überwachten Lernen** (*Supervised Learning*) werden Algorithmen mit markierten Trainingsdaten geschult, das heißt, jedes in das Programm eingegebene Beispiel ist bereits mit einem korrekten Ergebnis verknüpft. Für viele frühe Verfahren des maschinellen Lernens mussten die Trainingsbeispiele von Menschen manuell beschriftet werden. So wurden Fotos von Hunden oder Katzen von Menschen mit einem Etikett („Hund" oder „Katze") versehen. Daher war es schwierig und teuer, ausreichend große Datensätze zu erstellen, um leistungsfähige Modelle zu trainieren. Ziel dieser Methode ist es, dass die Maschine erlernt, die Eingaben zu einem späteren Zeitpunkt selbstständig korrekt zuordnen zu können. Supervised Learning wird häufig für Klassifizierungsaufgaben verwendet, beispielsweise zur Erkennung von Bildern oder zur Vorhersage von Krankheiten.

2. Im Gegensatz dazu werden beim **unüberwachten Lernen** (*Unsupervised Learning*) die Algorithmen mit unmarkierten Daten trainiert. Das Ziel ist es, Strukturen oder Muster in den Werten zu identifizieren, ohne dass eine explizite Rückmeldung über die Korrektheit der Ausgabe gegeben wird. Unüberwachtes Lernen wird zum Beispiel in der Clusteranalyse verwendet, um ähnliche Datenpunkte zu gruppieren.

3. **Bestärkendes Lernen** (*Reinforcement Learning*): Bei dieser Methode agiert der Algorithmus in einer Umgebung, in der er bestimmte Aktionen ausführen kann. Durch die Rückmeldung der Umgebung in Form von Belohnung oder Strafe lernt der Algorithmus, die besten Aktionen zu wählen, um ein

bestimmtes Ziel zu erreichen. Reinforcement Learning findet Anwendung in Bereichen wie Robotik, Spieltheorie und autonomen Systemen.

Ein weiterer wichtiger Aspekt des maschinellen Lernens sind neuronale Netze, die sich von der Funktionsweise des menschlichen Gehirns inspirieren lassen. Neuronale Netze bestehen aus künstlichen Neuronen, die miteinander verbunden sind und Schichten bilden. Jedes Neuron nimmt Eingaben entgegen, verarbeitet sie und gibt das Ergebnis an die nächsten Schichten weiter.

Die Stärke von neuronalen Netzen liegt in ihrer Fähigkeit, komplexe nichtlineare Zusammenhänge zu erlernen und abstrakte Merkmale aus den Daten zu extrahieren. Dadurch konnten in Bereichen wie Bilderkennung, Sprachverarbeitung und selbstfahrende Fahrzeuge erhebliche Fortschritte erzielt werden.

2.3. LARGE LANGUAGE MODELS

Das Jahr 2023 begann mit einem Donnerhall, der sich schockwellenartig und rapide ausbreitete. ChatGPT, bisher nur einem beschränkten Kreis von Experten bekannt, rückte zum ersten Mal ins Rampenlicht der Öffentlichkeit. Forscher auf dem Gebiet des maschinellen Lernens hatten bis dahin fast unbehelligt von öffentlichem Interesse mit großen Sprachmodellen (LLMs) experimentiert. Nun wurde allgemein bekannt, wie leistungsfähig diese Technik geworden war.

Millionen von Nutzerinnen probierten das kostenlose Tool aus und waren fasziniert von den Möglichkeiten: Die Technik wird, so viel lässt sich sagen, unser Leben in den kommenden Jahren genauso prägen wie das Internet oder die Smartphones. Aber kaum jemand versteht, was hinter diesen LLMs steckt.

Zumeist ist höchstens bekannt, dass LLMs darauf spezialisiert sind, „das nächste Wort" vorherzusagen. Was aber dahintersteckt, nach welcher Methode diese Wortvorhersage gelingt, scheint ein gut gehütetes Geheimnis zu sein.

Ein Grund dafür liegt in der unkonventionellen Art und Weise, in der diese Systeme entwickelt wurden. Herkömmliche Software entsteht durch menschliche Programmierer, die dem Computer klare, schrittweise Anweisungen geben. Im Gegensatz dazu beruhen LLMs auf neuronalen Netzwerken, die mit Milliarden von Wörtern aus der Alltagssprache trainiert wurden.

Deshalb verfügt gegenwärtig niemand auf der Welt über ein umfassendes Verständnis der inneren Arbeitsweise von LLMs. Wissenschaftler forschen daran, doch dieser Prozess gestaltet sich langwierig und wird voraussichtlich Jahre, möglicherweise sogar Jahrzehnte in Anspruch nehmen.

Die Schwierigkeit, das Verfahren einfach zu erklären, rührt auch daher, wie die Systeme unsere Sprache darstellen. Wir Menschen nutzen Wörter, um uns auszudrücken und uns verständlich mitzuteilen. So haben wir für unsere vierbeinigen Freunde das Wort „Hund". Sprachmodelle hingegen verwenden eine lange Liste von Zahlen, einen sogenannten Wortvektor als Beschreibung. Ein Wortvektor ist eine numerische Darstellung eines Wortes in einem mehrdimensionalen Vektorraum. Als Analogie kann vereinfacht das Weltall dienen, bei dem der Standort der Planeten üblicherweise in einem dreidimensionalen Koordinatensystem angegeben wird.

Da die genauen Vektoren von Modell zu Modell unterschiedlich sind, und diese als geheime Grundlage von den jeweiligen Anbietern geschützt werden, ist zum Beispiel der Wortvektor von „Hund" in ChatGPT nicht bekannt. Sehr vereinfacht könnte der Wortvektor für „Hund" so lauten: [0.5, -0.2, 0.8].

Bei den Planeten lässt sich durch ihre Koordinaten erkennen, welche Himmelskörper dicht beieinanderliegen. Sprachmodelle verfolgen einen vergleichbaren Ansatz: Jeder Wortvektor stellt einen Punkt in einem imaginären „Wortraum" dar, und Wörter mit ähnlicheren Bedeutungen werden näher beieinander angeordnet. Zu den Wörtern, die dem „Hund" im Vektorraum am nächsten liegen, gehören beispielsweise „Katze" und „Haustier".

Diese dreidimensionale Analogie veranschaulicht also die Idee, dass Wörter, die ähnliche semantische Eigenschaften teilen, im Vektorraum näher beieinanderliegen, während Vokabeln mit unterschiedlichen Charakteristika weiter voneinander entfernt sind. Es ist wichtig zu beachten, dass die tatsächliche semantische Dimensionalität viel komplexer ist als die drei Dimensionen im Weltall-Modell. Moderne Wortvektormodelle verwenden in der Regel Hunderte davon, um die Vielfalt der Beziehungen besser zu erfassen.

Die Schwierigkeit liegt aber darin, dass unsere natürliche Sprache oft mehrdeutig ist. Wörter können mehrere Bedeutungen haben, wie „Bank". Dabei kann es sich sowohl um eine Finanzinstitution als auch um eine Sitzgelegenheit handeln. Sprachmodelle verwenden die Vektoren, um Wörter je nach Kontext darzustellen. Begriffe mit zwei verschiedenen Sinngehalten werden als Homonyme bezeichnet, während solche mit ähnlichen Bedeutungen Polysemie genannt wird. Das Wort „Bank" ist ein Homonym. Ein Beispiel für eine Polysemie ist „Licht", das zum einen Helligkeit, wie sie von einer Lampe oder einer Kerze ausgeht, bedeutet. Aber es rekurriert auch auf das metaphorische Konzept von Verständnis oder Erkenntnis, wie in „endlich ging mir ein Licht auf". Sprachmodelle verwenden verschiedene Vektoren für Wörter mit unterschiedlichen Bedeutungen. Sie nutzen ähnlichere Vektoren für Polyseme im Gegensatz zu Homonymen.

Die zugrunde liegende Technik, die diese Repräsentationen ermöglicht, wird als „Transformer" bezeichnet. Ein Transformer ist wie ein Leser, der sich besonders auf bestimmte Wörter in einem Satz konzentriert, während er den Text verarbeitet. Wenn er ein Wort liest, „denkt er darüber nach", wie wichtig es für den Gesamtzusammenhang ist. So kann er den Sinn des Textes besser „verstehen". Entsprechend wird in einem neuronalen Netz die Eingabe durch sehr viele Ebenen („Layer") geschickt, in der immer mehr Wörter aus diesem Satz hinzugefügt werden. Jeder dieser Layer fügt Kontextinformationen hinzu, um die Bedeutung aller Begriffe genauer zu erfassen. Dieser Mechanismus, der entscheidend ist für die Sprachmodelle, heißt Transformer, und genau das steckt in der Abkürzung GPT: „Generative Pretrained Transformer".

2.4. EMPATHIE UND DIE THEORY OF MIND

Je weiter sich die Modelle entwickelten und je mehr Daten als Grundlage zur Verfügung standen, desto besser waren die Ergebnisse. Aber sie wurden nicht nur in der Vorhersage effektiver, sondern anscheinend auch in einer sehr wichtigen und entscheidenden Form des Denkens.

Dabei handelt es sich um die sogenannte „Theory of Mind". Diese bezieht sich auf die kognitive Fähigkeit, sich in die Gedankenwelt anderer Menschen hineinzuversetzen, ihre Überzeugungen, Absichten und Emotionen zu verstehen und darauf basierend Vorhersagen zu treffen. Diese Kompetenz ist für menschliche Interaktionen von wesentlicher Bedeutung, da sie es ermöglicht, Handlungen anderer zu antizipieren und soziale Beziehungen aufzubauen.

Diese Fähigkeit tritt bei uns Menschen erst ab einem bestimmten Alter in der Kindheit auf. Sie bildet sich allmählich heraus und entwickelt sich schrittweise. Ein sehr bekannter Test überprüft, ob Kinder dieses Vermögen schon besitzen.

Dieser Versuch wird mit Puppen durchgeführt. Die Kinder sehen, wie Kasper einen Schatz in einer Kiste verstaut. Nachdem er fortgegangen ist, kommt Seppl, holt den Schatz aus der Truhe und versteckt ihn hinter dem Vorhang. Wenn Kasper wieder auftritt, verstehen nur die älteren Kinder, dass er nicht wissen kann, dass der Schatz hinter dem Vorhang ist. Nur sie können sich in die Figur hineinversetzen und sein Wissen antizipieren.

Psychologen nennen diese Fähigkeit, Rückschlüsse auf den geistigen Zustand anderer Menschen zu ziehen, „Theory of Mind" und es besteht allgemeiner Konsens darüber, dass sie für den sozialen Zusammenhalt des Menschen wichtig ist.

Anfang 2023 veröffentlichte der Stanford-Psychologe Michal Kosinski eine Studie, in der er die Fähigkeit von KIs untersuchte, Aufgaben zur Theory of Mind zu lösen. Er gab verschiedenen Sprachmodellen Passagen vor und bat sie dann, einen Satz wie in unserem Beispiel „Kasper glaubt, dass der Schatz ... ist" zu vervollständigen. Die richtige Antwort ist „hinter dem Vorhang", aber ein ungeübtes Sprachmodell könnte „in der Kiste" oder etwas anderes sagen. Um den Test zu bestehen, muss die KI also erkennen, dass die erste Figur nicht über die zusätzlichen Informationen verfügt, die sie selbst hat. Dieses Experiment soll zeigen, inwieweit KI-Modelle in der Lage sind, die Perspektive anderer einzunehmen und auf dieser Grundlage Vorhersagen zu treffen.

Interessant ist der Vergleich zwischen der Entwicklung der Theory of Mind in KI-Modellen und ihrer Entstehung im menschlichen Denken. In den

Anfangstagen der KI, repräsentiert durch Systeme wie GPT-1 und GPT-2, fielen die Modelle bei diesem Test durch – ähnlich wie die kleineren Kinder. Doch mit der fortschreitenden Technologie begannen sie, diese Fähigkeit zu erlernen und anzuwenden. GPT-3, das im Jahr 2020 eingeführt wurde, erreichte bereits ein Niveau, das mit dem Denken eines dreijährigen Kindes verglichen werden konnte. Die jüngste Version GPT-3.5, die im November 2022 kostenlos im Internet zur Verfügung gestellt wurde, verbesserte sich auf etwa 90 Prozent – das entspricht der Leistung eines Siebenjährigen. GPT-4 aus dem Jahr 2023 beantwortete etwa 95 Prozent der Fragen richtig.

Trotz dieser Fortschritte gibt es weiterhin kontroverse Diskussionen darüber, ob KI-Modelle tatsächlich über eine authentische Form der Theory of Mind verfügen oder ob sie lediglich auf Mustern und Daten basierende Simulationen erzeugen. Einige Forscher argumentieren, dass die emotionale Tiefe und das Verständnis des menschlichen Geistes durch die KI-Modelle nicht erreicht werden können. Andere wiederum sind sich da nicht so sicher.

Trotz dieser Debatten markieren die Verbesserungen in Richtung Theory of Mind einen bedeutenden Schritt in der Entwicklung von KI-Systemen und werfen tiefgehende Fragen zum Wesen von Denken und Empfinden auf. Sie könnten zudem weitreichende Implikationen für Bereiche wie zwischenmenschliche Kommunikation, soziale Interaktionen und therapeutische Anwendungen der KI haben.

In einer Welt, in der KI-Systeme immer mehr in unsere täglichen Aktivitäten und Entscheidungsprozesse eingebunden werden, werden die Diskussionen darüber, wie authentisch ihre Theory of Mind ist, noch intensiver werden. Die Grenzen zwischen simuliertem Verstehen und tatsächlichem Empfinden könnten zukünftig erhebliche Auswirkungen auf Ethik, Recht und Gesellschaft haben. Es bleibt abzuwarten, ob eine KI auch in der Realität eines Tages sagen wird: „Ich habe Angst."

2.5. KÜNSTLICHE INTELLIGENZ UND KREATIVITÄT

In einer Welt, in der technologischer Fortschritt immer schneller voranschreitet, werden die Rolle der KI und ihre Auswirkungen auf die kreative Industrie zunehmend relevanter. So existiert heutzutage schon eine sogenannte „künstliche Kreativität", die durch die Fortschritte beim maschinellen Lernen und den generativen Modellen ermöglicht wurde: die Fähigkeit von Maschinen, originelle und künstlerische Werke zu generieren, sei es im Bereich der Musik, der Kunst oder sogar der Belletristik. KI-Systeme wie GPT-4 greifen auf umfangreiche Textdatensätze zu und können, indem sie Muster und Stile aus den Daten erlernen, menschenähnliche Texte erzeugen.

Die Idee, dass Maschinen kreative Werke erschaffen könnten, schien lange Zeit eine entfernte Fantasie zu sein, die eher der Science-Fiction als der Realität entsprach. Doch in den letzten Jahren hat der Fortschritt im Bereich der KI erstaunliche Durchbrüche in der sogenannten künstlichen Kreativität erzielt. Dadurch wurde die traditionelle Vorstellung von Kreativität herausgefordert und es eröffneten sich neue Horizonte für verschiedene kreative Branchen, darunter auch das Roman- und Drehbuchschreiben.

Kehrseite dieser spannenden Möglichkeiten ist die Angst vor der Ersetzbarkeit. Autorinnen werden sich fragen, ob Maschinen ihre Fähigkeiten verdrängen werden. Es ist wichtig, diese Sorgen ernst zu nehmen und gleichzeitig die wahre Natur der künstlichen Kreativität zu verstehen.

KI ist ein Werkzeug, kein Ersatz. Während KI in der Lage ist, Texte zu generieren, fehlt ihr die menschliche Empfindung, Erfahrung und emotionale Intelligenz, die für die Schaffung wirklich fesselnder Geschichten unerlässlich sind. Schreiben ist nicht nur das Zusammenfügen von Worten; es ist ein Prozess, der Kultur, Emotionen und komplexe Handlungsstränge berücksichtigt. KI kann Ideen liefern, aber die Interpretation, Feinabstimmung und emotionale Tiefe sind Bereiche, in denen menschliche Autoren glänzen.

Für Autorinnen ist die künstliche Kreativität aber ein spannendes Instrument für die Inspiration und Ideenfindung. KI kann helfen, Denkblockaden zu überwinden und neue Perspektiven auf Geschichten zu eröffnen. Durch die Eingabe von Schlagwörtern, Themen oder sogar groben Handlungsstrukturen kann die KI Texte generieren, die als Ausgangspunkt dienen können, um eigene Ideen zu entwickeln. Autoren können die KI nutzen, um Dutzende von möglichen Szenarien oder Wendepunkten zu konzipieren, die sie als Grundlage verwenden können. Dies führt zu einem erweiterten kreativen Pool, aus dem die Urheber schöpfen können. Indem die KI beispielsweise alternative Erzählperspektiven oder unerwartete Dialoge generiert, kann sie Autorinnen dazu anregen, ihre Denkweise zu erweitern und ungewohnte Richtungen zu erkunden. Statt als Bedrohung sollte künstliche Kreativität als eine Bereicherung für Autoren betrachtet werden. KI kann helfen, über den Tellerrand hinauszublicken und neue Ansätze für Geschichten zu finden.

Ein weiterer Vorteil der KI ist die Geschwindigkeit. Während herkömmliches Schreiben viel Zeit in Anspruch nehmen kann, kann die KI rasch eine Vielzahl von Ideen generieren. Dies ermöglicht es den Urheberinnen, in kürzerer Frist mehrere Ansätze zu erforschen, ihre Produktivität zu maximieren und ihre Schreibprozesse insgesamt zu optimieren. Von der Generierung von Backstorys für Figuren bis zur Erstellung von Dialogen in verschiedenen Stilen – die KI kann den Autoren dabei helfen, Zeit zu sparen und sich auf die Nuancen und Emotionen ihrer Geschichten zu konzentrieren.

Die Zukunft der Zusammenarbeit zwischen künstlicher Kreativität und Autoren sieht vielversprechend aus. Statt die wirklichen Schöpfer zu ersetzen, kann KI sie in die Lage versetzen, bessere Romane und Drehbücher zu schaffen. Kreativität wird zur Symbiose aus menschlicher Vorstellungskraft und maschineller Unterstützung.

3. KÜNSTLICHE INTELLIGENZ FÜR AUTOREN UND AUTORINNEN

Die Welt der Autoren, ob von Romanen oder Drehbüchern, bestand jahrzehntelang aus einem sehr analogen Prozess. Dies beginnt sich nun fundamental zu ändern.

Autoren nutzen heute spezialisierte Software, die nicht nur beim Schreiben hilft, sondern auch bei der Strukturierung der Handlung, der Charakterentwicklung und sogar bei der Recherche. Software wie Scrivener oder Final Draft haben das traditionelle Word-Dokument in den Hintergrund gedrängt und bieten Werkzeuge, die speziell auf die Bedürfnisse von Schriftstellern zugeschnitten sind.

Das Internet hat bereits seit geraumer Zeit die Art und Weise revolutioniert, wie Autorinnen recherchieren. Früher waren sie auf Bibliotheken und Archive angewiesen, heute können sie mit wenigen Klicks auf eine Fülle von Informationen zugreifen. Dies hat nicht nur den Recherche-Prozess beschleunigt, sondern auch die Qualität der Fakten verbessert.

Ein weiterer bedeutender Wandel ist die Art und Weise, wie Autoren mit ihrem Publikum interagieren. Durch soziale Medien und Selbstveröffentlichungsplattformen haben Erzählerinnen die Möglichkeit, direkt mit ihren Lesern und Zuschauerinnen in Kontakt zu treten, Feedback zu erhalten und ihre Werke ohne den traditionellen Verlagsweg zu veröffentlichen.

Zwar hat also seit dreißig Jahren der Computer die gute alte Schreibmaschine abgelöst und das Manuskript wird auch nicht mehr mit der Post verschickt, aber die Essenz des Schreibens ist jedoch, bis die KI kam, unverändert geblieben.

3.1. VOM FEDERKIEL ZUR TASTATUR: DIE EVOLUTION DES ROMANSCHREIBENS BIS HEUTE

Der erste Schritt beim Schreiben eines Romans ist eine Idee. Diese Eingebung kann aus einer persönlichen Erfahrung, einem Traum, einer Beobachtung oder sogar aus einem Gedankenblitz stammen. Jede Narration beginnt mit einer Idee, einem Funken, der die Kreativität des Autors entfacht. Patricia Highsmith nennt dies in ihrem Werk Suspense oder Wie man einen Thriller schreibt den Ideenkeim. Dieser erste Impuls kann von allem Möglichen inspiriert sein: einer Situation, einer Figur, einem Ereignis oder einem Konflikt. Doch er ist nur ein Ausgangspunkt und muss weiterentwickelt, ausgefeilt und in eine zusammenhängende Narration verwandelt werden. Einige Autoren verbringen Wochen, Monate oder sogar Jahre damit, ihre Idee zu verfeinern, bevor sie überhaupt ein Wort aufs Papier bringen. Es ist schließlich wichtig, dass die Autorin eine klare Vorstellung hat von der Geschichte, die sie erzählen will, und von den Figuren, die in dem Werk vorkommen.

Der nächste Schritt besteht darin, ein Exposé und die ersten Kapitel des Romans vorzubereiten. Ziel ist eine kurze Zusammenfassung der Geschichte, die den Verlagen einen Überblick über die Handlung gibt. Sie sollte ansprechend und fesselnd sein und das Interesse wecken. So beginnt der Romancier mit der Planung und Strukturierung. Einige Autoren ziehen es vor, ihre Erzählung von Anfang bis Ende zu durchdenken, während andere sich für einen flexibleren Ansatz entscheiden und die Geschichte sich organisch entwickeln lassen. Unabhängig vom gewählten Prozedere ist es für das Exposé notwendig, dass die Autorin einen klaren Handlungsverlauf hat und weiß, wohin die Erzählung führen soll.

Mit der fertigen Zusammenfassung im Gepäck beginnt der Romancier (oder auch die Agentin), die Geschichte anzubieten. Dies kann ein langwieriger und oft frustrierender Prozess sein, da viele Verlage eine Flut von Einreichungen erhalten und nur wenige davon akzeptieren.

Wenn ein Verlagshaus Interesse an dem Werk zeigt und den Vertrag unterschrieben hat, beginnt die eigentliche Arbeit an dem Roman. Mit dem Exposé im Hinterkopf startet der Schreibprozess. Dies ist oft der schwierigste Teil des

Romanschreibens, da er Disziplin und Ausdauer erfordert. Es ist nicht ungewöhnlich, dass Autoren während dieses Prozesses auf Hindernisse stoßen, sei es in Form von Schreibblockaden, Selbstzweifeln oder anderen Herausforderungen. Meist müssen sie diese Momente alleine mit sich selbst aushandeln. Nur manchmal stehen die Agentinnen hilfreich zur Seite. Sie können Tipps und Hinweise geben oder einfach nur zuhören.

Nachdem der erste Entwurf fertiggestellt ist, beginnt der Überarbeitungsprozess. Dies ist eine Gelegenheit für den Autor, seine Geschichte zu verfeinern, Handlungslöcher zu füllen und die Charakterentwicklung zu verbessern. Auch hier sitzt die Autorin wieder allein vor dem Bildschirm.

Das fertige Manuskript wird an den Verlag geliefert und von einer Lektorin sowohl auf grammatikalische Fehler, stilistische Ungenauigkeiten, inhaltliche Schnitzer und Fragen hin bearbeitet.

Sobald der Roman fertiggestellt und überarbeitet ist, startet der Prozess der Veröffentlichung.

3.2. VOM GEDANKENBLITZ ZUM DREHBUCH

Auch jeder Drehbuchprozess beginnt mit einem Ideenkeim. Ähnlich wie im Romanbereich muss daraus auch in der Stoffentwicklung für Filme ein längeres Papier geschrieben werden. Das Exposé dient als Blaupause für das kommende Drehbuch. Es ist eine schriftliche Zusammenfassung der Handlung, die die wichtigsten Ereignisse, Wendepunkte und Charakterentwicklungen skizziert. Auf dieser Stufe haben Autoren oft die Freiheit, ihre Ideen zu erforschen und zu experimentieren. Ein Exposé ermöglicht es, den Überblick über die Geschichte zu behalten, während gleichzeitig Raum für Kreativität und Neugier bleibt. Meist sind in dieser Phase keine Produzenten, Redakteurinnen oder gar Regisseure involviert und die Autorin sitzt alleine vor ihrem Computer.

Ein weiterer wichtiger Schritt ist das Treatment. Dieses Papier ist eine Art ausführlichere Version des Exposés, das tiefer in die Figuren, die Motivationen und die Emotionen eintaucht. Es ist eine Zwischenstufe zwischen dem Exposé und dem eigentlichen Drehbuch, die den Autorinnen hilft, die Geschichte zu verfeinern, bevor es in die detaillierte Drehbuchschreibphase geht.

Im Treatment werden Dialoge oft schon skizziert und wichtige Szenen näher beschrieben. Hier können die Figuren intensiver erforscht und ihre individuellen Entwicklungsbögen ausgearbeitet werden. Dieser Schritt ermöglicht es, den emotionalen Kern der Geschichte zu erfassen und sicherzustellen, dass die Motivationen der Akteure authentisch und verständlich sind.

Nachdem das Exposé oder das Treatment erstellt sind, betritt der Autor oft neues Terrain, denn oftmals geht es nun darum, seine Arbeit mit anderen zu teilen. Während der bisherige Schreibprozess eine persönliche Erfahrung ist, markiert die Übergabe des Exposés und des Treatments den Anfang der Zusammenarbeit mit Produzenten, Sendern oder Förderern. Diese Phase ist von großer Bedeutung, da das Feedback zu diesem Zeitpunkt dazu beiträgt, die Geschichte zu verfeinern und auf das Publikum auszurichten. Die Rückmeldungen an den Autor können eine Mischung aus Lob, Bedenken, Vorschlägen und Fragen sein. Sie spiegeln oft die ersten Eindrücke wider, die die Geschichte auf andere Menschen gemacht hat. Diese Perspektiven von außen sind in den meisten Fällen für Autoren von unschätzbarem Wert, da sie helfen, blinde Flecken zu erkennen und Aspekte zu identifizieren, die weiterentwickelt werden müssen.

Allerdings kann unprofessionelles und unqualifiziertes Feedback auch schaden. Es kommt vor, dass die Rückmeldungen von persönlichen Vorlieben, Vorurteilen oder unsachlichen Einschätzungen beeinflusst sind. Geht die Autorin darauf ein, hat dies zur Folge, dass sie unsachgemäße Änderungen vornimmt, die nicht zur Stärkung der Geschichte beitragen. Wenn die Stellungnahme widersprüchlich oder unklar ist, kann die Autorin in eine Phase der Verwirrung und Unsicherheit geraten. Dies kann zu einer Blockade im Schreibprozess führen und das Vertrauen der Autorin in ihre eigenen Fähigkeiten erschüttern. Solch unprofessionelles Feedback kostet Zeit und Energie und kann den kreativen Prozess verlangsamen und dem Projekt erheblich schaden.

Autoren haben oft eine einzigartige Vision für ihre Geschichten. Wenn das Feedback nicht respektvoll oder fundiert ist, wird oftmals die ursprüngliche kreative Intention beeinträchtigt und Autoren misstrauen ihren eigenen künstlerischen Fähigkeiten.

Die Überarbeitung von Exposé und Treatment erfordert einen Spagat zwischen Kreativität und den Anforderungen des Marktes. Während die Autorin die künstlerische Vision bewahrt, müssen auch die Bedürfnisse der Produktion, des Senders und der Zielgruppe berücksichtigt werden. Dieser Balanceakt kann anspruchsvoll sein, da er oft Kompromisse verlangt, denen nicht die Essenz der Geschichte geopfert werden darf.

Mit dem Treatment als Orientierung beginnt die eigentliche Arbeit am Drehbuch. Dieser Teil des Prozesses ist in der Regel wieder eine einsame Reise, bei der der Autor viele Stunden damit verbringt, sich in die Welt der Figuren und Handlungen hineinzudenken. Während des Schreibprozesses müssen Autoren eine Vielzahl von Herausforderungen bewältigen. Sie müssen sicherstellen, dass die Story sinnvoll voranschreitet, dass ihre Figuren glaubwürdig handeln und sich entwickeln, und dass der Ton der Geschichte konsistent bleibt. Gleichzeitig sollten sie die dramaturgische Struktur im Auge behalten.

Ein Drehbuch ist selten perfekt in der ersten Fassung. Tatsächlich ist die Überarbeitung ein entscheidender Teil des Prozesses, der oft genauso viel Zeit in Anspruch nimmt wie das ursprüngliche Schreiben. Die Revisionen ermöglichen es der Autorin, die Geschichte zu verfeinern, Unstimmigkeiten zu beseitigen und den Text zu polieren.

Während das Drehbuchschreiben oft als einsame Tätigkeit beginnt, entwickelt es sich im Laufe der Zeit oft zu einer Zusammenarbeit. Das Feedback von Produzentinnen, Dramaturgen und der Regie bestimmt meist den Weg von der ersten Fassung bis zur sogenannten Drehfassung. Regisseure, Produzenten und Schauspieler bringen oft ihre eigenen Einsichten und Ideen ein, um das Drehbuch nach ihren Wünschen zu gestalten. Dieser Übergang von der individuellen Arbeit zum Teamwork kann eine schwierige Phase sein. Der Weg vom ersten Entwurf zum fertigen Werk ist gespickt mit Herausforderungen. Die Erfahrung zeigt, dass im Durchschnitt drei bis sechs Bearbeitungen nötig sind, bevor alle Beteiligten mit dem Ergebnis zufrieden sind. Doch diese Zahl ist keineswegs in Stein gemeißelt. In einigen Fällen kann es passieren, dass Drehbücher 15 Mal oder sogar öfter überarbeitet werden, ehe sie endlich ihre endgültige Form erreichen. Eine hohe Anzahl von Überarbeitungen kann auch ein Hinweis auf tiefer liegende Schwierigkeiten sein. Sie sind dann aber häufig nicht auf mangelnde Fähigkeiten des Autors zurückzuführen, sondern sind der Dynamik zwischen den verschiedenen Partnern im Entwicklungsprozess geschuldet.

3.3. AUF DEM WEG ZUR KREATIVEN INTELLIGENZ

1984 veröffentlichte der amerikanische Schriftsteller und Programmierer William Chamberlain das Buch THE POLICEMAN'S BEARD IS HALF CONSTRUCTED, einen Band mit Prosa und Lyrik. Abgesehen von Chamberlains Einleitung war das Buch vollständig von einem Computerprogramm namens RACTER geschrieben worden. Das Programm wurde sogar auf der Titelseite als Autor angegeben. Außerdem hieß es dort „Eine bizarre und fantastische Reise in den Geist einer Maschine". Obwohl die ersten derartigen Versuche bis in die 1960er Jahre zurückreichen, war dies der Debütroman des Computers.

Die Software, eigentlich „Raconteur" (Geschichtenerzähler) genannt, konnte dank einer vorgegebenen Grammatikstruktur korrekte Sätze bilden. Doch beim Lesen wurde schnell klar, dass das Programm menschliche Schreiber nicht ersetzen konnte:

„Meine eigenen Aufsätze und Dissertationen über die Liebe und ihren endlosen Schmerz und ihr immerwährendes Vergnügen werden Sie alle kennen und verstehen, wenn Sie dies lesen und Ihren besorgten Freunden oder nervösen Feinden davon erzählen, singen oder trällern. Die Liebe ist die Frage und das Thema dieses Aufsatzes. Wir werden mit einer Frage beginnen: Liebt Steak Salat? Diese Frage ist unerbittlich schwer und unweigerlich schwierig zu beantworten. Hier ist eine Frage: Liebt ein Elektron ein Proton oder liebt es ein Neutron? Hier eine Frage: Liebt ein Mann eine Frau oder, um genau zu sein, liebt Bill Diane? Die interessante und kritische Antwort auf diese Frage lautet: Nein! Er ist besessen und betört von ihr. Er ist verrückt und vernarrt in sie. Das ist nicht die Liebe von Steak und Salat, von Elektron und Proton und Neutron. Diese Dissertation wird zeigen, dass die Liebe zwischen einem Mann und einer Frau nicht die Liebe zwischen Steak und Salat ist. Die Liebe

ist für mich interessant und für dich faszinierend, aber für Bill und Diane ist sie schmerzhaft. Das ist Liebe!" [1]

Auch danach wurden zahlreiche Anstrengungen unternommen, um KI für das Schreiben fiktionaler Romane einzusetzen. Ein weiteres bemerkenswertes Projekt ist der „National Novel Generation Month" (NaNoGenMo), ein jährlicher Wettbewerb, der 2013 ins Leben gerufen wurde. Hier werden Teilnehmer dazu ermutigt, ein Programm zu erstellen, das einen Roman mit 50.000 Wörtern generiert. In Japan erregte 2016 ein von einer KI verfasstes Werk Aufmerksamkeit, das es in die engere Auswahl eines nationalen literarischen Preises schaffte. Die Geschichte trug den Titel DER TAG, AN DEM EIN COMPUTER EINEN ROMAN SCHREIBT. Um das Elaborat zu generieren, entwickelten Forscher ein KI-Programm und fütterten es mit Sätzen aus verschiedenen literarischen Schriften. Die KI wurde dann beauftragt, eine eigene Narration basierend auf den bereitgestellten Informationen zu konstruieren. Auch wenn der Roman nicht den Hauptpreis gewann, sorgte die Tatsache, dass er es in die engere Auswahl geschafft hatte, für einiges Aufsehen. Ab 2020 nahmen die Projekte mit von Computern geschriebenen literarischen Geschichten Fahrt auf und natürlich war das Jahr 2023 auch hier ein wichtiger Meilenstein.

In der audiovisuellen Branche formte sich im Jahr 2016 ein interdisziplinäres Team aus Filmemachern, Programmierern und KI-Experten, darunter der Regisseur Oscar Sharp und der Künstler und Informatiker Ross Godwin. Gemeinsam arbeiteten sie an dem Kurzfilm SUNSPRING, der die Möglichkeiten der Künstlichen Intelligenz im Filmemachen erforscht. Von einer Gruppe von Forschern am IBM Watson Lab wurde das „Projekt Benjamin" kreiert. Dies war eine speziell für diese Zwecke entwickelte KI. Goodwin war bereits zuvor an anderen Unternehmungen beteiligt, bei denen KI zur Generierung kreativer Texte eingesetzt wurde. Die Vision hinter dem Projekt „Benjamin" bestand darin, eine Künstliche Intelligenz zu entwickeln, die den kreativen Prozess des Drehbuchschreibens durchlaufen kann. Das Ziel war, ein Skript zu generieren,

---

1 Racter: The Policeman's Beard is Half Constructed, Created by a programmed computer (Racter), program by W. Chamberlain, New York 1984

das als Grundlage dient und von menschlichen Autoren zur weiteren Überarbeitung und Entwicklung genutzt werden kann.

Dahinter stand die Frage, ob eine KI überhaupt in der Lage ist, ein Drehbuch für einen Film zu verfassen. Das experimentelle Vorhaben sollte die Möglichkeiten und Grenzen der Zusammenarbeit zwischen menschlicher Kreativität und maschinellem Denken aufzeigen.

Die Grundlage des Benjamin-Projekts bildete ein speziell entwickeltes KI-Modell, das auf neuronalen Netzwerken basierte. Es wurde mit einer Vielzahl von Filmdrehbüchern, Gedichten und literarischen Werken trainiert, um menschenähnliche Texte generieren zu können. Goodwin fütterte „Benjamin" im Zuge dessen mit Dutzenden Drehbüchern von Science-Fiction-Filmen, darunter Blockbustern wie INDEPENDENCE DAY und I, ROBOT, aber auch Fernsehserien wie THE X-FILES (AKTE X). Die KI lernte die Muster von Sprache, Stil und Handlung, um kreative Texte imitieren zu können.

Schließlich nahmen Goodwin und Sharp an der „48 Hour Film Challenge" des Londoner Science-Fiction-Festivals teil. Dabei werden Filmemacher herausgefordert, innerhalb eines Wochenendes einen Film zu drehen. Ihnen werden Elemente vorgegeben, die im Film vorkommen müssen, wie zum Beispiel eine Figur, die ein Buch aus einem Regal nimmt.

Ein entscheidender Schritt bei der Entwicklung von SUNSPRING innerhalb der vorgegebenen Frist war die Generierung des Drehbuchs durch die KI. Das Modell produzierte Texte, die auf den gelernten Daten basierten, und formte so den Grundstein für die Handlung des Films. Das Ergebnis war unkonventionell, abstrakt und oft scheinbar ohne klaren Zusammenhang. Es handelte sich dabei weniger um ein sinnvolles Geschehen oder um ausgefeilte Gespräche, sondern erinnerte eher an eine Vorlage, die der Surrealist Salvador Dali geschrieben haben könnte. Das Skript bestand aus vier Seiten mit Dialogen und Anweisungen wie „Er nimmt sein Auge aus seinem Mund." Oder: „Er steht in den Sternen und sitzt auf dem Boden."

Dieses KI-generierte Drehbuch war für Oscar Sharp und seine Mitstreiter nun der Ausgangspunkt, um einen visuell ansprechenden Film zu entwickeln. Die Filmemacher gingen davon aus, dass die Stärke des Projekts in seiner Experimentierfreude und im bewussten Spiel mit surrealen Elementen lag. Der

Film wurde in den geforderten 48 Stunden produziert, auch um die Frische und Spontaneität des ursprünglichen KI-Textes zu bewahren.

Mit der rätselhaften und oft unkonventionellen Performance gewann der surreale Film SUNSPRING auf dem Londoner Science-Fiction-Festival zwar keinen Preis, kam aber unter die besten Zehn. Wie es einer der Juroren formulierte: „Ich gebe Ihnen Bestnoten, wenn Sie versprechen, so etwas nie wieder zu tun."[2]

Die Veröffentlichung des 9-Minuten-Films löste Diskussionen sowohl in der Film- als auch in der Technologiebranche aus. Der Film wurde auf weiteren verschiedenen Filmfestivals gezeigt und in Online-Medien analysiert (und der Film ist auch online immer noch zu finden). Die unkonventionelle Handlung, die abstrakten Dialoge und die surreale Atmosphäre regten Diskussionen über die Auswirkungen von KI auf den kreativen Prozess an.

SUNSPRING verdeutlichte, dass KI im Jahr 2016 die Fähigkeit hatte, Texte zu generieren, zeigte jedoch auch die Grenzen der maschinellen Kreativität.

Einige Jahre später experimentierte ein weiterer Filmemacher mit den Möglichkeiten der KI. Das Projekt wurde von dem kanadischen Serienautor Brad Wright ins Leben gerufen, der in den Neunzigerjahren als Autor und ausführender Produzent an fast allen STARGATE-Folgen beteiligt war. Im Juni 2021 teilte Wright die Idee erstmals mit seinen Followern. Auf Twitter schrieb er: „Ein Spaß-Experiment: Könnte eine Weltklasse-KI ein STARGATE-Skript schreiben, das für die Stars der Serie interessant genug ist, um sich wieder zu treffen? Könnte ich mich selbst arbeitslos machen?"[3]

Der Vorteil für die Entwickler der KI: Es gab reichlich Stoff zum Trainieren. Google fütterte sein Modell mit den Drehbüchern von mehr als 190 STARGATE-Episoden der Originalserie STARGATE-1 sowie 100 Folgen des Spin-offs ATLANTIS und 40 Folgen von UNIVERSE.

Schon bald spuckte der Computer das erste Skript aus. Doch der Versuch scheiterte. Es habe zwar Spaß gemacht, schrieb Brad Wright auf Twitter, aber es sei noch zu viel Unsinn in der Vorlage gewesen. Die KI habe damals Wörter

2   Annalee Newitz: Movie written by algorithm turns out to be hilarious and intense; 30.5.2021, https://arstechnica.com/gaming/2021/05/an-ai-wrote-this-movie-and-its-strangely-moving/
3   Jörg Breithut: KI generiert neue »Stargate«-Szenen; 23.5.2022, https://www.spiegel.de/netzwelt/web/kultserie-aus-den-90er-jahren-ki-generiert-neue-stargate-szenen-a-aa342ebe-1c3c-482d-a3c2-3e35faf84061

aneinandergereiht, die reines Kauderwelsch ergeben hätten. Daraufhin sei es noch einmal komplett überarbeitet worden. Immerhin ergaben die Sätze des Drehbuchs nach der menschlichen Überarbeitung Sinn.

Auf einer Onlineplattform wurden diese Szenen von einigen Schauspielern der Originalserie bei einem Zoom-Meeting vorgelesen.[4] Das Experiment zeigte, dass die Entwicklung im Vergleich zum Jahr 2016 weiter vorangeschritten war, offenbarte aber immer noch die Beschränkungen der alten Modelle.

---

4   https://www.youtube.com/watch?v=viGMySL4Xgg

4. ZWISCHEN MENSCH UND MASCHINE

Die Interaktion mit fortschrittlichen Sprachmodellen ist auf den ersten Blick relativ einfach. Doch wie bei jedem Werkzeug hängt die Qualität der Ergebnisse oft von der Art und Weise ab, wie es verwendet wird. In der Welt der KI ist das „User Interface" (UI), also die Benutzeroberfläche, der Übergang zwischen Mensch und Maschine. Es dient als Brücke, die es ermöglicht, mit den komplexen Algorithmen zu kommunizieren und von ihnen zu profitieren. Während die frühen KI-Systeme oft klobige und unverständliche Schnittstellen hatten, haben die Fortschritte in der Software zu intuitiveren und benutzerfreundlicheren UIs geführt. Diese Entwicklung versetzt auch Nicht-Techniker in die Lage, die Vorteile der KI zu nutzen. Dennoch erfordert die effektive Nutzung dieser Modelle Verständnis für ihre Funktionsweise. Es ist daher von entscheidender Bedeutung, nicht nur die Technologie hinter der KI zu verstehen, sondern auch, wie sie am besten genutzt werden kann.

4.1. GEBRAUCHSANWEISUNG

Die Benutzeroberfläche der KI-Modelle ist meist einfach und aufgeräumt. Sie erinnert vage an die Eingabemaske von Suchmaschinen. Tatsächlich verbirgt sich dahinter aber eine ganz andere Technologie und ein vollkommen anderes Konzept.

Fast alle UIs sind folgendermaßen aufgebaut:

1. Eingabefeld: Dies ist das Feld, in dem Nutzer ihren Text eingeben können. Hier können sie Fragen stellen, Anweisungen geben oder einfach über ein beliebiges Thema schreiben.

2. Ausgabefeld: In diesem Bereich erhalten Nutzer die Antworten und generierte Texte. Wenn die KI auf die Eingabe reagiert hat, wird sie ihre Auskünfte in diesem Bereich anzeigen.

Im Herbst 2023 hat ChatGPT eine Funktion eingeführt, mit der Ein- und Ausgaben auch per Stimme erfolgen können. Ein logischer Schritt, der einen noch schnelleren Zugang ermöglicht, vor allem, wenn das System auf dem Smartphone läuft.

Im Folgenden werden die Icons von ChatGPT in der Browserversion erklärt, die aber in anderen Modellen ähnlich aufgebaut sind.

 Regenerieren-Symbol: Wenn Nutzer auf dieses Symbol klicken, wird die laufende Konversation gelöscht und das Modell beginnt von Neuem.

 Kopie-Symbol: Durch Klicken auf dieses Zeichen wird der gesamte Text der Antwort in die Zwischenablage kopiert. Von dort kann sie dann in ein anderes Programm kopiert werden.

 Gefällt-mir-Symbol: Dieses Icon gibt die Möglichkeit, Feedback zur Antwort zu geben. Wenn die Auskunft gefällt oder hilfreich ist, führt ein Klick dazu, dies anzuzeigen.

Gefällt-mir-nicht-Symbol: Das Daumen-nach-unten-Icon kann verwendet werden, um mitzuteilen, dass die generierte Antwort nicht den Erwartungen des Benutzers entspricht, nicht hilfreich ist oder aus anderen Gründen als unangemessen oder unpassend empfunden wird. Diese Art von Feedback kann den Entwicklern und Betreibern helfen, die Qualität der bereitgestellten Auskünfte zu verbessern und das Modell weiter zu verfeinern.

In der Seitenleiste finden sich die alten Gesprächsverläufe, von denen jeder durch das Mülleimersymbol auch löschbar ist. Die Titel werden vom System automatisch festgelegt, können aber mit einem Klick auf das daneben angebrachte Symbol des Stifts umbenannt werden. Alte Konversationen können fortgesetzt werden, indem der Chatverlauf wieder aufgerufen wird.

In der linken Spalte unten findet sich das Nutzerprofil. Hier gibt es die Möglichkeit, die Einstellungen zu verändern. Da dieser Bereich ständigen Veränderungen unterliegt, seien hier nur einige wichtige genannt, die derzeit (Stand Oktober 2023) existieren:

- **Data-Control / Data Usage:** Hier können Nutzerinnen steuern, wie ihre Daten verwendet werden. Wenn sie nicht möchten, dass ihre Interaktionen zur Verbesserung von ChatGPT verwendet werden, können Anwender dies hier einstellen.
- **Benutzerdefinierte Anweisungen:** Hier können Informationen eingegeben werden, die die Antworten des Systems grundlegend anpassen. So kann festgelegt werden, dass die Auskünfte grundsätzlich im Ton locker sein sollen.

Der Basisdienst von ChatGPT ist bisher kostenlos verfügbar. Ein Premium-Abo namens ChatGPT Plus garantiert Nutzerinnen vor allem den Zugriff zu Stoßzeiten. Darüber hinaus kommen Plus-Nutzer in den Genuss zweier Funktionen, die in den Einstellungen aktiviert werden können. Zum einen ist es das „Web Browsing": Die Trainingsdaten des Systems enden damit zwar immer noch 2021, doch die KI kann selbstständig im Netz nach Informationen suchen und so auch aktuelle Fragen beantworten. Und zum anderen sind es ChatGPT-Plugins, das sind Tools, die die Fähigkeiten des Modells erweitern. Plugins ermöglichen es, auf aktuelle Informationen zuzugreifen, Berechnungen durchzuführen und Dienste Dritter zu verwenden. Es existiert schon eine Vielzahl dieser Angebote. So gibt es Reiseangebote wie Expedia oder Anbieter, die es ermöglichen, ein PDF-Dokument hochzuladen. Über eine Art App-Store lassen sich die Plugins einfach hinzufügen.

4.2. RICHTIG PROMPTEN

Ein Schlüsselelement, das die Interaktion mit der KI beeinflusst, ist der „Prompt" – die Eingabe oder Frage, die dem Modell gestellt wird. Er dient als Ausgangspunkt für die Antwort der KI und legt den Rahmen für die darauf folgende Kommunikation fest.

Die Art und Weise, wie ein Prompt formuliert wird, kann erheblichen Einfluss auf die Qualität, Relevanz und Genauigkeit der Auskunft des Modells haben. Ein gut konzipierter Input sorgt dafür, dass das System präzise, detaillierte und nuancierte Antworten liefert, während eine unklare oder mehrdeutige Aufgabenstellung zu verwirrenden oder ungenauen Lösungen führen kann. In der Welt der KI und maschinellem Lernen sind Prompts oder Anweisungen entscheidend, um gewünschte Ergebnisse zu erzielen. Ein gutes Verständnis, wie man diese Systeme effektiv anweist, entscheidet über ein nützliches oder ein unbrauchbares Resultat.

Klarheit

Es ist wichtig, Anweisungen klar und deutlich zu formulieren, um sicherzustellen, dass das Modell genau versteht, was erwartet wird. Mehrdeutigkeiten können zu unerwünschten Ergebnissen führen. Eine eindeutige Formulierung trägt zur Prägnanz bei.

Durch den Einsatz von Absätzen, Aufzählungszeichen und Anführungszeichen wird der Text strukturiert und für das System leichter verständlich. Wenn der Prompt aus unterschiedlichen Elementen besteht, also eine komplexe Aufforderung ist, die aus mehreren Segmenten gebildet wird (zum Beispiel Kontext, Anweisungen, Ausgabestruktur usw.), dann ist es hilfreich, diese deutlich voneinander zu trennen. Durch die Segmentierung können verschiedene Teile des Inputs unterschieden werden. Das heißt, für das Modell ist es hilfreich, die einzelnen Elemente der Prompt-Syntax mit Hashtags (#) oder Gedankenstrichen (–) zu strukturieren.

Schließlich sollten die Anweisungen nicht zu ausführlich sein. Übermäßig lange Prompts können dazu führen, dass das Modell den Kontext oder bestimmte Anforderungen übersehen könnte. Es ist ratsam, die Länge des Inputs angemessen zu halten, um optimale Ergebnisse zu erzielen.

Kontext

In der Welt der KI und maschinellem Lernen spielt der Kontext eine zentrale Rolle, insbesondere bei der Interaktion mit Sprachmodellen wie ChatGPT. Der Sinnzusammenhang gibt dem Modell einen Rahmen, innerhalb dessen es die Eingabe interpretieren und darauf reagieren kann. Ohne einen klaren Kontext kann die Antwort des Systems ungenau oder sogar irreführend sein. Wenn dem Modell nicht genügend Zusammenhang gegeben wird, kann es Schwierigkeiten haben, die Anfrage korrekt zu begreifen. Der Orientierungsrahmen ist in der Kommunikation mit der KI nicht nur wünschenswert, sondern unerlässlich.

So ist es bei Eingaben, die sich auf fiktionale Geschichten beziehen, immer hilfreich, Informationen über das Genre (Thriller-Serie), den Stil/die Tonalität (düster) und einige erzählerische Elemente (zum Beispiel Schauplätze oder sogar Hauptfiguren und innere/äußere Konflikte) hinzuzufügen.

Je mehr Orientierungen über die wichtigen bereits bekannten Elemente im Prompt mitgeteilt werden, desto genauer werden die Antworten der KI sein. Es ist durchaus sinnvoll, diese Auskünfte für jede neue Eingabe zu wiederholen, damit das Modell diese Fakten präsent hat.

Negative Prompts

Ein häufiger Fehler ist die Verwendung von negativ formulierten Prompts, wie zum Beispiel „Schreibe nicht von einem Elefanten".

Eine Verneinung kann für maschinelle Lernsysteme verwirrend sein. Wenn die Nutzerin sagt, „Schreibe nicht von einem Elefanten", schreibt das System womöglich gerade über Elefanten, weil es diese Wortkombination nicht korrekt interpretiert. Durch die Verwendung einer negativen Formulierung wird die Aufmerksamkeit des Systems oft genau auf das gelenkt, was vermieden werden soll. Anstatt das Thema zu umgehen, könnte die KI paradoxerweise intensiver darüber nachdenken und es in die Antwort einbeziehen. Wenn die Benutzerin dem System sagt, was es nicht tun soll, ohne darzulegen, was es tun soll, lässt sie eine Lücke für Interpretationen.

Es ist effizienter und direkter, der KI genau zu sagen, was gewünscht ist. Ein positiv formulierter Prompt wie „Schreibe über Löwen" ist unmittelbarer und weniger mehrdeutig als „Schreibe nicht von einem Elefanten".

Wenn aber unbedingt eine Einschränkung (oder „negative Aufforderung") verwendet werden muss, dann sollte immer der „alternative Weg" erwähnt werden. Das heißt, die Autorin muss dem Modell nicht nur sagen, was es nicht tun soll, sondern auch, was es stattdessen tun soll. Ein Beispiel:

> Entwickle Ideen für einen düsteren Thriller über eine junge Frau, die von beunruhigenden Albträumen heimgesucht wird und die Unterscheidung zwischen Traum und Realität verliert. Sie glaubt, Hinweise auf ein altes Trauma in ihren Träumen zu sehen. Verzichte auf einen psychopathischen Antagonisten, sondern denke eher an eine innere Reise der jungen Frau.

Es ist auch zielführend, Formulierungen wie „Bitte vermeide …" zu nutzen. Grundsätzlich führt die Verwendung von positiv formulierten Prompts beim Umgang mit KI-Systemen wie ChatGPT nicht nur zu besseren und genaueren Ergebnissen, sondern minimiert Missverständnisse und Fehlinterpretationen.

Originalität

Um von Klischees und Genrekonventionen wegzukommen, ist es sinnvoll, das Modell in eine Richtung zu stoßen, in der es neue Muster „erforschen" kann. Zu diesem Zweck kann die KI angewiesen werden, sich auf das Ungewöhnliche, das Unkonventionelle oder das höchst Unwahrscheinliche zu konzentrieren. Die obige Aufforderung könnte zum Beispiel wie folgt erweitert werden:

> Mache ein Brainstorming über neue Blickwinkel oder Ansätze und priorisiere Ideen, die ungewöhnlich oder neuartig sind. Konzentriere dich auf ungewöhnliche Milieus und Erzählwelten.

Es ist hilfreich, die KI zu provozieren, die eigenen Grenzen zu überwinden. Autorinnen sollten die KI herausfordern, indem sie sie bitten, gegen ihre eigenen Muster oder die Erwartungen zu arbeiten.

> Erzähle mir eine Geschichte, die du noch nie zuvor erzählt hast, die alle gängigen Tropen vermeidet.

Eine Nachfrage kann ebenfalls nützlich sein. Nachdem die KI eine Antwort oder einen Text generiert hat, können Autoren Feedback geben und die KI bitten, ihre Reaktion zu überarbeiten, um mehr Originalität oder Tiefe hinzuzufügen:

> Dein Vorschlag entspricht den üblichen Erwartungen. Bitte generiere einen Vorschlag, der originell und wirklich unerwartet ist.

Rollenzuweisung

Ein weiterer wichtiger Faktor, der oft übersehen wird, ist die Möglichkeit, der KI eine Rolle zuzuweisen. Es hat sich gezeigt, dass die Zuweisung einer spezifischen Funktion die Qualität und den Kontext der Antworten erheblich verbessern kann.

Rollenzuweisung ist im Grunde genommen die Praxis, einer Entität oder einem System eine eindeutige Rolle bzw. Identität zuzuteilen, um eine bestimmte Art von Reaktion oder Verhalten zu fördern. Im Zusammenhang von KI bedeutet dies, dass Autorinnen dem Modell eine spezifische „Persönlichkeit" oder „Berufung" geben, bevor sie ihre Frage stellen. Ein Beispiel hierfür wäre: „Du bist ein erfolgreicher Komödienautor." Durch die Zuweisung dieser Rolle bittet der Fragende das System, aus der Perspektive eines Verfassers von lustigen Texten zu antworten.

Die KI, so fortschrittlich sie auch sein mag, hat keine eigene Identität oder Persönlichkeit. Sie reagiert auf Eingaben. Durch die Zuteilung einer Rolle wird dem Modell ein Rahmen bzw. Kontext, in dem es operieren kann, vorgegeben. Dies führt dazu, dass die Auskünfte fokussierter und relevanter sind.

Indem Autorinnen der KI eine Funktion zuweisen, können sie sie auch dazu bringen, kreativer oder origineller in ihren Repliken zu sein. Ein Komödienautor wird wahrscheinlich humorvollere Antworten geben als ein Historiker.

In einigen Fällen kann die Rollenzuweisung dazu beitragen, die Genauigkeit der vom Modell bereitgestellten Informationen zu erhöhen. Wenn zum

Beispiel eingegeben wird: „Du bist ein Mathematikprofessor. Erkläre mir die Relativitätstheorie", wird die KI voraussichtlich eine detailliertere und präzisere Antwort geben als auf die Bitte: „Erkläre mir die Relativitätstheorie".

Je spezifischer die Rolle ist, desto besser. Anstatt zu sagen: „Du bist ein Drehbuchautor", kann die Anweisung noch viel genauer sein: „Du bist ein preisgekrönter Science-Fiction-Drehbuchautor".

Entscheidend ist, dass die zugewiesene Rolle klar und unmissverständlich ist. Mehrdeutige Funktionen können zu verwirrenden oder nicht relevanten Reaktionen führen. Es gibt keine festen Regeln dafür, welche Rollen am besten funktionieren. Es lohnt sich, mit verschiedenen Rollen zu experimentieren, um zu sehen, welche Art von Antworten sie hervorbringen.

Die Zuweisung von Rollen an die KI ist ein wichtiges Werkzeug, um qualitativ hochwertige, relevante und kreative Antworten zu erhalten. Es lenkt das Modell in eine bestimmte Richtung und erzeugt Auskünfte, die besser zu dem gewünschten Kontext passen. Darum ist es für Autoren sinnvoll, möglichst oft mit diesem Element in ihren Prompts zu arbeiten.

Optimale Reihenfolge

Es gibt keine Vorgaben, wie ein Prompt aufgebaut werden muss. Es hat sich allerdings folgendes Gerüst bewährt:

1. Rollenzuweisung

   Die Zuweisung einer spezifischen Rolle oder Perspektive zu Beginn des Prompts kann den Kontext und die Art der Antwort präzisieren. Das Modell erhält eine „Linse", durch die es die folgende Anfrage betrachtet. Indem Autoren mit der Rollenzuweisung starten, setzen sie den Ton und den Sinnzusammenhang für den gesamten Input. Beispiel: „Du bist ein erfolgreicher Drehbuchautor für Thriller." Darauf folgt die Aufforderung, was die KI durchführen soll.

2. Anweisung für eine Aktion in Form eines Verbs

   Nachdem die Rolle festgelegt wurde, ist es wichtig, dem Modell eine klare Aktion oder ein Verhalten vorzugeben. Dies wird am besten durch ein Verb erreicht, das das gewünschte Vorgehen beschreibt.

   Beispiel: „Schreibe ..." (oder auch „Verfasse", „Generiere", „Entwerfe")

Darauf folgt, was die KI als Ergebnis erzeugen soll.

3. Ergebnis

Nachdem die Aktion festgelegt wurde, wird hier spezifiziert, *was* genau von dem Modell erwartet wird. Dies gibt der KI eine klare Richtung und ein Ziel für ihre Antwort.

Beispiel: „... ein Exposé."

4. Länge

Zum Schluss kann es hilfreich sein, die gewünschte Länge oder Ausführlichkeit der Antwort anzugeben. Dies kann besonders nützlich sein, wenn eine kurze Zusammenfassung oder ein detaillierteres Werk gewünscht ist. Beispiel: „... mit 2.500 Wörtern." Der gesamte Prompt lautet demnach:

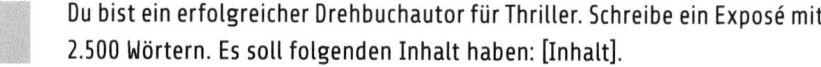

> Du bist ein erfolgreicher Drehbuchautor für Thriller. Schreibe ein Exposé mit 2.500 Wörtern. Es soll folgenden Inhalt haben: [Inhalt].

Die Reihenfolge und Struktur eines Prompts kann erheblichen Einfluss auf die Qualität und Relevanz der Antworten haben. Durch die sorgfältige Organisation der Elemente in der Abfolge können Autoren klare, präzise und relevante Reaktionen erhalten.

Temperatur

In der Welt der KI gibt es viele Parameter, die das Verhalten eines Modells beeinflussen können. Eine dieser Stellschrauben, die bei der Generierung von Text eine entscheidende Rolle spielt, ist die „Temperatur". Sie ist ein Hyperparameter, der die sogenannte Wahrscheinlichkeitsverteilung der Ausgabe beeinflusst. Technisch gesehen steuert sie die Schärfe dieser Wahrscheinlichkeitsverteilung. Ein hoher Temperaturwert führt zu einer flacheren Verteilung, bei der das Modell eher unerwartete oder kreative Antworten generiert. Ein niedriger Wert hingegen konzentriert die Verteilung und lässt das System vergleichsweise vorhersehbare Auskünfte geben.

Bei der Arbeit mit KIs kann die Temperatur als einer der Eingabeparameter festgelegt werden. Die Wahl des Temperaturwerts kann erhebliche Auswirkungen auf die Reaktion haben. Da die Modelle der KI in Amerika programmiert wurden, werden die Zahlen immer mit einem Punkt (statt mit einem Komma wie im deutschsprachigen Raum) getrennt. Aus 0,5 wird also 0.5.

Bei niedrigen Temperaturen (zum Beispiel 0.2) wird die KI konservativer und gibt die wahrscheinlichsten Antworten zurück. Dies kann nützlich sein, wenn eine genaue und zuverlässige Auskunft gewünscht ist. Allerdings kann es auch dazu führen, dass die Reaktionen weniger kreativ oder vielfältig sind.

Hohe Temperaturen (zum Beispiel 0.8 oder 1.0) sorgen dafür, dass die KI fantasievoller wird und bereit ist, Risiken einzugehen, was zu unerwarteten oder originellen Antworten führen kann. Dies kann in kreativen Anwendungen oder beim Brainstorming nützlich sein, birgt jedoch das Risiko, ungenaue oder unsinnige Statements zu erhalten.

Wenn Autoren die KI nach einer Geschichte über einen Drachen fragen, dann wird sie bei einer niedrigen Temperatur eine gängige und bekannte Drachengeschichte generieren. Bei einem höheren Wärmegrad wird sie eine einzigartige und ungewöhnliche Story über einen Drachen erstellen, der beispielsweise in einer modernen Stadt lebt und ein Café besitzt.

Es gibt keinen „richtigen" Temperaturwert. Es hängt alles von Ihrem spezifischen Anwendungsfall und Ihren Vorlieben ab. Autorinnen sollten mit verschiedenen Werten experimentieren, um die besten Ergebnisse für ihre Bedürfnisse zu erzielen.

In der Praxis gibt es eine obere Grenze für den Temperaturwert, der der KI gegeben werden kann. Aber dieses Limit ist eher durch die Funktionalität und die gewünschten Ergebnisse bestimmt als durch eine feste technische Beschränkung. Wenn die Temperatur zu hoch eingestellt wird (zum Beispiel weit über 1.0), kann das Modell extrem zufällige und oft unsinnige Antworten generieren. Das liegt daran, dass bei hohen Wärmegraden die Wahrscheinlichkeitsverteilung der Ausgabe sehr flach wird, wodurch alle möglichen Reaktionen nahezu gleich wahrscheinlich werden. Das kann zu Ergebnissen führen, die wenig mit der ursprünglichen Eingabeaufforderung zu tun haben oder keinen klaren Sinn ergeben.

In der Praxis tendieren die meisten Anwendungen dazu, Temperaturwerte im Bereich von 0.2 bis 1.0 zu verwenden, um ein Gleichgewicht zwischen Vorhersagbarkeit und Kreativität zu finden.

Die Temperatur ist nur einer von vielen Parametern, die das Verhalten der KI beeinflussen. Aber sie ist ein elementares Werkzeug in der Welt der Textgenerierung. Durch gezielte Anpassung können Benutzer die Leistung von Modellen optimieren und Antworten erhalten, die sowohl präzise als auch kreativ sind.

Beispiele, Beispiele, Beispiele

Die Verwendung von Beispielen in Prompts ist ein entscheidender Aspekt, um die Kommunikation und Interaktion zwischen Mensch und Maschine zu verbessern. Vorbilder bieten einen konkreten Kontext, der es der KI erleichtert, die Absicht hinter einer Eingabe zu verstehen. Anstatt sich auf abstrakte Konzepte zu verlassen, kann ein wenig Anschauungsmaterial der KI eine klare Vorstellung davon geben, was genau erwartet wird. Dies ist besonders wichtig, da Worte und Sätze im Dialog oft mehrere Bedeutungen haben können. Durch die Bereitstellung eines Beispiels kann die Mehrdeutigkeit eines Prompts verringert oder beseitigt und die Wahrscheinlichkeit von Missverständnissen reduziert werden.

Darüber hinaus profitieren KI-Systeme von Beispielen, da diese als Trainingsdaten für die Antwort dienen können. Je mehr qualitativ hochwertige Beispiele ein System hat, desto besser kann es lernen und desto genauer werden seine Repliken oder Aktionen sein.

Oftmals stehen Autorinnen vor der Herausforderung, einen Dialog für eine komplexe Figur zu schreiben. Anstatt der KI nur eine vage Anfrage wie „Wie würde eine verärgerte Figur reagieren?" zu stellen, könnte sie ein Beispiel aus einem bekannten Roman verwenden, um den gewünschten Ton oder die Emotion zu vermitteln. Ein Prompt könnte lauten:

> Basierend auf Raskolnikows Reaktion in Dostojewskis SCHULD UND SÜHNE [hier käme jetzt der passende Textauszug]: Wie würde eine Figur in einer ähnlichen emotionalen Verfassung auf Verrat reagieren?

Ein Autor könnte sich auch fragen, wie sich eine Figur mit einer bestimmten Hintergrundgeschichte in einer gegebenen Situation verhalten würde. Anstatt die KI mit einer allgemeinen Frage wie „Wie würde eine traurige Figur auf eine Überraschungsparty reagieren?" zu konfrontieren, könnte man spezifizieren:

> Angenommen, ein Mann hat gerade einen geliebten Menschen verloren und wird unerwartet zu einer Überraschungsparty eingeladen – wie würde er reagieren, basierend auf der emotionalen Tiefe von Rick Blaine in CASABLANCA?

Ein weiteres Szenario könnte die Entwicklung von Handlungssträngen betreffen. Ein Autor könnte Schwierigkeiten haben, einen Konflikt in seiner Geschichte zu entwickeln. Hier könnte ein Beispiel-Prompt lauten:

> Angesichts des intensiven inneren Konflikts von Hamlet in Shakespeares Drama: Wie könnte eine moderne Figur in einem urbanen Setting mit einem ähnlichen moralischen Dilemma ringen?

Durch solch spezifische Anfragen kann die KI nicht nur den gewünschten Ton und Kontext besser erfassen, sondern auch Vorschläge liefern, die den kreativen Prozess des Autors bereichern.

Auch bei der Überarbeitung von Manuskripten können Beispiele hilfreich sein. Eine Autorin könnte beispielsweise fragen:

> Basierend auf dem lyrischen Stil von Virginia Woolf in MRS DALLOWAY, wie könnte ich diesen Absatz bearbeiten, um eine ähnliche Atmosphäre zu erzeugen?

Durch solche gezielten Anfragen kann die KI Vorschläge unterbreiten, die den ursprünglichen Text des Autors respektieren und ihm außerdem den gewünschten Sound liefern.

Schließlich kann die Einbindung von Beispielen in Prompts auch bei der Recherche unterstützen. Eine Autorin, die über das viktorianische Zeitalter schreibt, könnte fragen:

> Basierend auf den detaillierten Beschreibungen in Charles Dickens' OLIVER TWIST, wie sah ein typischer Tag im Leben eines Straßenjungen im viktorianischen London aus?

Solche spezifischen Anfragen können der KI helfen, relevante und genaue Informationen zu liefern, die den Autor weiterbringen.

Es ist aber auch hilfreich, der KI eigene Beispiele direkt zur Verfügung zu stellen. So hat die Autorin vielleicht in der Vergangenheit eine Szene geschrieben, die sehr wirkungsvoll war. Diese kann sie der KI als Vorbild eingeben und um die Aufforderung ergänzen, eine entsprechende Szene zu generieren.

Die Erfahrung zeigt, dass die Verwendung von Beispielen in Prompts nicht nur die Effizienz und Genauigkeit der KI-Interaktion verbessert, sondern auch den kreativen Prozess bereichert. Beispiele ermöglichen es der KI, den spezifischen Stil, die Nuancen und die Absichten des Urhebers besser zu erfassen. Sie bauen eine Brücke zwischen dem, was der Autor im Kopf hat, und dem, was die KI produzieren kann. Für Nutzer bedeutet dies, dass sie nicht nur generische oder vage Antworten erhalten, sondern maßgeschneiderte Vorschläge, die ihrem eigenen Stil und den Anforderungen ihrer Geschichte entsprechen.

4.3. HALLUZINATIONEN UND FEHLINFORMATIONEN

Trotz ihrer erstaunlichen Fähigkeiten sind KIs nicht unfehlbar. Ein wenig beachtetes Problem ist die Tendenz von KIs, falsche Informationen oder „Halluzinationen" zu generieren.

Unter einer KI-Halluzination versteht man die Erzeugung von Informationen oder Daten, die nicht der Realität entsprechen. Diese „erfundenen" Antworten können in vielen Formen auftreten, von falschen Fakten bis hin zu verzerrten Bildern.

Die Idee der KI-Halluzination ist nicht neu. Schon früh in der Entwicklung von KIs wurde festgestellt, dass diese Systeme manchmal unerwartete und nicht zutreffende Informationen produzieren. Ein Beispiel hierfür ist die Bilderkennung. Ein KI-System, das darauf trainiert wurde, Tiere zu erkennen, konnte ein Bild einer Landschaft ohne Tiere sehen und dennoch behaupten, ein Tier darin zu entdecken. Dies liegt daran, dass es Muster „sieht", die es mit denen in seiner Trainingsdatenbank in Verbindung bringt.

Ein weiteres Beispiel ist die Textgenerierung. Ein Sprachmodell kann manchmal Informationen einfügen, die es einmal gelernt hat, auch wenn diese nicht unbedingt relevant für die gestellte Frage sind. In einigen Fällen kann dies dazu führen, dass das Modell Fakten bereitstellt, die irreführend oder sogar falsch sein können. Ein einfaches Beispiel ist eine KI, die aufgefordert wird, Auskünfte über ein historisches Ereignis zu liefern, aber stattdessen eine Mischung aus korrekten Daten und erfundenen Details erzeugt.

Die Qualität und Quantität der Daten, mit denen eine KI trainiert wird, spielen eine entscheidende Rolle. Wenn das Trainingsset unvollständig, unausgewogen oder fehlerhaft ist, kann die KI falsche Muster lernen und diese in ihren Vorhersagen reproduzieren. Ein übermäßig komplexes Modell wiederum hat eventuell die Neigung, die Trainingsdaten zu genau zu „lernen" (Overfitting). Dies kann dazu führen, dass es bei neuen, unbekannten Daten nicht gut abschneidet und unerwartete Ergebnisse liefert.

Die offensichtlichste Gefahr ist die Verbreitung von Fehlinformationen. Wenn Autoren sich auf KIs verlassen, um ihre Recherche durchzuführen, können falsche Daten schwerwiegende Folgen haben.

Es ist unerlässlich, dass Autoren sich der Grenzen von KI-Systemen bewusst sind. Es sollte immer eine menschliche Überprüfung geben, besonders wenn die Antworten der KI mit der Realität übereinstimmen sollen. Autoren sollten stets die von einer KI bereitgestellten Informationen hinterfragen und überlegen, ob sie logisch und kohärent sind.

Das Aufspüren und Verifizieren von KI-Halluzinationen ist für Autoren, die sich auf KI-generierte Inhalte verlassen, von entscheidender Bedeutung. Autorinnen sollten alle von der KI ausgegebenen Sachverhalte mit zwei oder mehr vertrauenswürdigen Quellen vergleichen. Wenn mehrere dieser Bücher, Internetseiten oder Zeitschriften die Informationen bestätigen, ist es wahrscheinlicher, dass sie korrekt ist.

Eine Autorin kann auch dieselbe Anfrage an verschiedene KI-Modelle senden und die Antworten vergleichen. Diskrepanzen zwischen den Auskünften können auf potenzielle Halluzinationen hinweisen. Selbst wenn eine KI-Information plausibel erscheint, sollte der Autor immer eine unabhängige Recherche durchführen, um die Richtigkeit der Daten zu bestätigen.

5. KI-TOOLS FÜR KREATIVES SCHREIBEN

Die meisten Autoren wissen, was eine Schreibblockade ist: Der Künstler sitzt an seinem Schreibtisch, die Tastatur ruht unter seinen Fingern, der Bildschirm gähnt ihn leer an. Die anfängliche Euphorie ist dahin und hat einer Beklemmung Platz gemacht. Schaffenskrisen sind ein geläufiges Phänomen, das den kreativen Fluss erheblich beeinträchtigen kann. In solchen Momenten kann KI dazu beitragen, die Blockaden zu lösen und den Schreibprozess wieder in Gang zu bringen.

Die Rolle von KI bei der Überwindung von Schreibblockaden für Autorinnen ist ein besonders bemerkenswertes Beispiel für die fortschreitende Integration von Technologie in kreative Prozesse.

Die KI kann dem Autor Vorschläge unterbreiten, die als Ausgangspunkt für neue Gedankengänge dienen können. Oder sie kann ihn ermutigen, aus einem anderen Blickwinkel zu schreiben. Dieser Perspektivenwechsel kann den kreativen Denkprozess anregen und die Autorin bestärken, innovative Lösungsansätze zu verfolgen.

Die Interaktion mit der KI kann als Dialog zwischen Mensch und Maschine betrachtet werden. Der Autor formuliert Fragen und präsentiert mögliche Szenarien, während die KI Antworten und Vorschläge liefert. Dieses Gespräch kann dazu beitragen, den Schreibfluss wiederherzustellen.

5.1. BRAINSTORMEN

Insbesondere während der ersten Phasen des Drehbuchschreibens hat die KI das Potenzial, die Art und Weise, wie Ideen entwickelt werden, grundlegend zu verändern.

Traditionell findet Brainstorming in Gruppen statt, bei denen Teilnehmer Einfälle frei äußern. Aber auch Autorinnen, die alleine über ihre Geschichte nachdenken, lassen ihre Gedanken oftmals uneingeschränkt fließen. Diese Phase der Stoffentwicklung ist ein kreativer Prozess, bei dem Autoren Ideen, Konzepte und Inspirationen spontan und ohne Bewertung sammeln, um neue Handlungsstränge, Figuren, Szenarien oder Themen entwerfen zu können. Durch das freie Assoziieren und das Aufschreiben aller Ideen, egal wie absurd oder unzusammenhängend sie erscheinen mögen, können Autorinnen ungewohnte Perspektiven entdecken und so ihre Blockaden überwinden. Dieser Prozess fördert die Kreativität und hilft Autoren, ihre Gedanken zu organisieren und ihre Erzählungen zu bereichern.

Die Einführung der KI hat die Dynamik dieses Prozesses jedoch verändert. Nun kann die KI als kreativer Partner agieren und die Autorin zu jeder Zeit und überall inspirieren. Diese kann ohne Umschweife auf eine nie dagewesene Fülle von Ressourcen zugreifen, darunter Bücher, Filme, historische Quellen und vieles mehr.

Eines der wirkungsvollsten Einsatzgebiete sind die verschiedenen Brainstorming-Methoden, die Künstler nun zusammen mit der KI nutzen können, um schnell und effektiv Ideen zu entwickeln.

Für unsere Demonstrationszwecke wird die KI in den Prompts immer mit folgender Grundidee einer Geschichte über Annikas Albträume gefüttert:

> „Annika, eine aufstrebende Künstlerin, wird von zunehmend beunruhigenderen Albträumen geplagt. Diese Träume sind so realistisch, dass sie beginnt, die Grenze zwischen Realität und Einbildung zu verwischen. Annikas psychische Gesundheit verschlechtert sich rapide, als sie Details aus ihren Träumen in ihrer wachen Welt zu erkennen glaubt. Sie trifft auf den mysteriösen Dr. Hartmann, einen Traumforscher, der behauptet, ihre Träume

enthalten Hinweise auf ein längst vergessenes Trauma. Als Annika tiefer in die Welt ihrer Träume eintaucht, enthüllt sich eine verstörende Wahrheit: Jemand manipuliert ihre Träume, um ein düsteres Geheimnis aus ihrer Vergangenheit zu enthüllen. Auf einer verzweifelten Suche nach Antworten gerät Annika in einen Strudel aus Paranoia und Verwirrung. Sie weiß nicht mehr, wem sie vertrauen kann, während sie versucht, die Wahrheit hinter den Schatten ihrer Träume zu erkennen. Der Psychothriller erkundet die Abgründe der menschlichen Psyche und stellt die Frage, ob Erinnerungen manipuliert werden können, um eine ganz neue Realität zu erschaffen."

Diese Grundidee dient als Vorlage, um mit unterschiedlichen Methoden die Fähigkeiten der KI (in diesem Fall die Profiversion von ChatGPT) zu demonstrieren. Sie wird in den folgenden Prompts immer als [Annikas Albträume] bezeichnet.

5 Whys

Die Methode der „5 Whys" aus dem Qualitätsmanagement und der Fehleranalyse in Unternehmen kann auch in der Drehbuchentwicklung angewandt werden. Es ist eine äußerst effektive Technik, anhand derer tiefgreifende Einblicke in die Motivationen und Handlungen von Figuren gewonnen werden können sowie der Kern des Konflikts oder der Handlung enthüllt werden kann. Indem Autorinnen sich wiederholt die Frage „Warum?" stellen und die Antworten fünfmal vertiefen, können sie schrittweise zu den zugrunde liegenden Ursachen vordringen. Dies fördert ein besseres Verständnis für die Beweggründe der Akteure und hilft, subtile Nuancen in deren Entscheidungen und Emotionen herauszuarbeiten.

Nun kann der KI die Aufgabe übertragen werden, auf die „Whys" Antworten zu finden, die der Autorin helfen, eigene Lösungen zu entwickeln. Wie dies im Einzelnen funktioniert und wie die „5 Whys"-Methode in der Drehbuchentwicklung mithilfe der KI genutzt werden kann, zeigt unser Beispiel.

Ausgangspunkt ist die Idee von Annika und ihren Albträumen für ein Drehbuch eines Psychothrillers. Der Autor brieft die KI mit nachstehendem Prompt:

 Mache ein Brainstorming zu folgender Geschichte unter Verwendung der 5 Whys: [Annikas Albträume].

Von nun an übernimmt die KI die Arbeit und liefert folgenden Dialog:

1. Warum hat Annika beunruhigende Albträume?
- Annika hat möglicherweise ein unterdrücktes Trauma aus ihrer Vergangenheit, das sich in ihren Träumen manifestiert.
2. Warum sind Annikas Träume so realistisch?
- Jemand manipuliert aktiv ihre Träume, um sie zu verwirren und ihr Informationen oder Erinnerungen zu entlocken.
3. Warum verschlechtert sich Annikas psychische Gesundheit rapide?
- Die Grenzen zwischen Realität und Traum verschwimmen für sie, was zu ständiger Angst, Paranoia und Unsicherheit führt. Sie kann nicht mehr unterscheiden, was real ist und was nicht.
4. Warum behauptet Dr. Hartmann, dass ihre Träume Hinweise auf ein längst vergessenes Trauma enthalten?
- Dr. Hartmann könnte entweder versuchen, ihr zu helfen, indem er die Wahrheit aufdeckt, oder er könnte Teil des Problems sein und versuchen, sie weiter zu manipulieren.
5. Warum kann Annika nicht mehr unterscheiden, wem sie vertrauen kann?
- Die ständige Manipulation ihrer Träume und die Vermischung von Realität und Einbildung führen dazu, dass sie niemandem, nicht einmal sich selbst, vertrauen kann.

Die KI bezieht sich in ihren Antworten einerseits auf das schon in dem kurzen Pitch Vorgegebene, andererseits hat sie auch eigene Interpretationen (Dr. Hartmann als Teil des Problems). Dieses Brainstorming kann als Ausgangspunkt für die weitere Entwicklung der Geschichte und der Figuren dienen, es liefert eine Grundlage für tiefer gehende Fragen und Überlegungen zum Thema menschliche Psyche, Erinnerungen und Manipulation.

Konkret hat die Anwendung der „5 Whys"-Methode dazu geführt, dass die KI mögliche Ursprünge von Annikas Albträumen und eine Verbindung zu einem mysteriösen Serienmörder vorgeschlagen hat. Dies gibt der Autorin die Gelegenheit sich damit auseinanderzusetzen und eigene Idee zu entwickeln. Im besten Fall ist darunter sogar eine plausible Lösung, die die Autorin übernehmen kann.

Es ist wichtig zu betonen, dass KI im Drehbuchschreiben nicht dazu dient, den kreativen Prozess des Autors zu übernehmen. Vielmehr ist die Beziehung zwischen Mensch und KI eine kollaborative Partnerschaft. Die endgültige Entscheidung liegt immer beim Urheber. KI kann Ideen anbieten, Anregungen geben und den kreativen Horizont erweitern, aber sie kann nicht den menschlichen Einfallsreichtum, die emotionale Tiefe und die persönliche Note ersetzen, die in ein Drehbuch einfließen.

SCAMPER

Eine weitere bekannte Technik ist die sogenannte SCAMPER-Methode, die von dem amerikanischen Pädagogen, Autor und Kreativitätstrainer Bob Eberle entwickelt wurde. SCAMPER ist ein nützliches Werkzeug für Brainstorming-Sitzungen, um systematisch neue Ideen zu generieren und verschiedene Perspektiven für die Problemlösung zu betrachten. Bei dem Namen handelt es sich um ein Akronym aus den Begriffen „Substitute" (Ersetzen), „Combine" (Kombinieren), „Adapt" (Anpassen), „Modify" (Modifizieren), „Put to another use" (für einen anderen Zweck nutzen), „Eliminate" (Eliminieren) und „Reverse" (Umkehren).

Bei der SCAMPER-Methode wird eine Fragestellung, in diesem Fall eine Stoffidee, unter folgenden Perspektiven betrachtet:

S Substitute: Überlegen, wie man Teile oder Aspekte des Konzepts durch etwas anderes ersetzen könnte, um neue Ideen zu generieren.

C Combine: Untersuchen, wie verschiedene Konzepte oder Elemente miteinander kombiniert werden könnten, um etwas Neues zu schaffen.

A Adapt: Fragen, wie das Konzept überarbeitet werden könnte, um es besser an die jeweiligen Anforderungen oder Bedingungen anzupassen.

M Modify: Überlegen, wie das Konzept verändert oder modifiziert werden könnte, um es effizienter oder effektiver zu gestalten.

P Put to another use: Betrachten, wie das Konzept in einem anderen Kontext oder für eine andere Anwendung verwendet werden könnte.

E Eliminate: Überlegen, welche Teile oder Elemente des Konzepts entfernt oder eliminiert werden könnten, um es zu vereinfachen oder zu optimieren.

R Reverse: Untersuchen, wie das Konzept umgekehrt oder in umgekehrter Reihenfolge verwendet werden könnte, um neue Perspektiven zu erhalten.

In diesem Fall wird also die KI mit der Aufgabe beauftragt, eine Stoffidee mit der SCAMPER-Methode zu entwickeln.

> Führe ein Brainstorming zu folgender Geschichte unter Verwendung der SCAMPER-Methode durch: [Annikas Albträume].

Die folgenden Antworten bietet die KI, nachdem sie die Grundidee mit der SCAMPER-Methode bearbeitet hat:

S Substituieren:

- Annika ist eine talentierte Malerin, die in ihren Albträumen in einer surrealen Welt gefangen ist, in der sie nach Hinweisen auf ihr vergessenes Trauma sucht.
- Statt Dr. Hartmann trifft Annika auf eine mysteriöse Online-Gemeinschaft von Traumdeutern, die behaupten, ihre Träume seien der Schlüssel zu einer geheimen Wahrheit.

C Kombinieren:

- Annikas Albträume führen sie in eine verschlüsselte Traumwelt, die Elemente aus Kunst, Musik und Poesie kombiniert.
- Die Grenzen zwischen Traum und Realität verschwimmen, als Annika beginnt, Gemälde ihrer Albträume in der realen Welt zu erschaffen.

A Anpassen:

- Annikas Albträume werden durch ein antikes Gemälde ausgelöst, das sie in einer Galerie entdeckt, und sie findet sich im Zeitalter des Gemäldes wieder.

- Nicht Dr. Hartmann, sondern Annikas beste Freundin Lisa ist die Traum-
  forscherin. Sie begleitet Annika auf eine gefährliche Reise in ihre Traum-
  landschaft.

M Modifizieren:

- Annika leidet unter Lähmungserscheinungen in ihren Albträumen und
  kann sich nur durch Zeichnungen ausdrücken.
- Annika trifft nicht nur auf Dr. Hartmann, sondern auch auf andere Patienten, die ähnliche traumatische Erfahrungen gemacht haben.

P Prüfen:

- Annika entdeckt, dass ihre Albträume von einer geheimen Regierungs-
  organisation manipuliert werden, um an versteckte Informationen zu
  gelangen.
- Die Traumwelt enthält Portale zu verschiedenen Epochen, in denen Annika Hinweise auf ihr Trauma findet.

E Eliminieren:

- Die Figur von Dr. Hartmann wird eliminiert, und Annika erkundet alleine
  die traumhafte Realität, um ihre Vergangenheit aufzudecken.
- Die Frage der Erinnerungsmanipulation wird eliminiert, stattdessen
  entdeckt Annika, dass ihre Albträume von ihrem eigenen Unterbewusst-
  sein gesteuert werden.

R Umkehren:

- Annika ist diejenige, die ihre Albträume manipuliert, um die schmerz-
  hafte Wahrheit über ihr Trauma zu verdrängen.
- Statt nach Antworten zu suchen, versucht Annika verzweifelt, in ihre
  Albträume zurückzukehren, um vor der Realität zu fliehen.

Die Ergebnisse verdeutlichen, dass in dieser Methode die KI weitreichende eigene Vorschläge unterbreitet. Auch in diesem Fall geht es nicht darum,
alles aufzugreifen oder gar umzusetzen. Es sind Impulse, die die Weiterarbeit
erleichtern sollen. In Kombination mit KI können Autoren ihre kreativen Prozesse erweitern und neue Perspektiven auf ihre Geschichten gewinnen. Denn
die KI kann in Sekundenbruchteilen Anregungen und Ideen generieren. Wenn
Drehbuchautoren diese Vorschläge ausloten, können sie rasch verschiedene
Richtungen für ihre Narration erkunden.

Six Thinking Hats

Eine andere Methode mit Ideen zu arbeiten sind die „Six Thinking Hats". Die „sechs Denkhüte" sind ein Konzept zur strukturierten Herangehensweise an Gruppendiskussionen, Entscheidungsfindung und Problemlösung. Diese Methode wurde von Dr. Edward de Bono, einem britischen Psychologen und Kreativitätsforscher, entwickelt. Sie zielt darauf ab, das Denken und die Diskussionen in verschiedene Richtungen zu lenken und gleichzeitig eine konstruktive Zusammenarbeit innerhalb einer Gruppe zu fördern.

Die Metapher der sechs Denkhüte repräsentiert unterschiedliche Denkweisen, die von den Teilnehmern eingenommen werden können. Jeder Hut symbolisiert eine andere Perspektive oder Herangehensweise an das Problem. Die Idee dahinter ist, dass Gruppenmitglieder in der Lage sein sollten, zwischen den verschiedenen Denkhüten zu wechseln, um eine umfassende und ausgewogene Diskussion zu ermöglichen.

Hier sind die sechs Denkhüte:

1. Weißer Hut: Dieser Hut steht für Information und Daten. Wenn Autoren den weißen Hut aufhaben, konzentrieren sie sich auf das, was sie wissen, was sie nicht wissen und was sie brauchen, um die Fakten herauszufinden.

2. Roter Hut: Der rote Hut steht für Gefühle und Intuitionen. Unter diesem Hut haben Autoren die Möglichkeit, ihre Emotionen auszudrücken, ohne sie begründen zu müssen.

3. Schwarzer Hut: Der schwarze Hut repräsentiert Kritik und Urteilsvermögen. Er wird verwendet, um Risiken zu identifizieren und zu prüfen, warum etwas nicht funktionieren könnte.

4. Gelber Hut: Der gelbe Hut steht für Optimismus und das Erkennen von Vorteilen. Wenn Autorinnen diesen Hut tragen, versuchen sie, die positiven Aspekte und Pluspunkte einer Idee oder eines Vorschlags zu finden.

5. Grüner Hut: Der grüne Hut steht für Kreativität und das Generieren neuer Ideen. Unter diesem Hut sollen Autoren frische Konzepte und Lösungen entwickeln.

6. Blauer Hut: Der blaue Hut repräsentiert das Management und die Organisation des Denkprozesses. Wenn Autoren den blauen Hut tragen, überwachen und kontrollieren sie den gesamten Denkprozess.

Mit den sechs Hüten kann die KI einen Ideenkeim oder auch ein Kurzexposé aus verschiedenen Blickwinkeln befragen. Die Autorin kann dann die eine oder andere Perspektive weiter verfolgen.

> Führe ein Brainstorming zu folgender Geschichte unter Verwendung der „Six Thinking Hats"-Methode durch: [Annikas Albträume].

Interessanterweise hat die KI sich nicht nur die verschiedenen Hüte aufgesetzt, sondern gleich auch noch einen Titel für den Film vorgeschlagen und eine Genreeinordnung vorgenommen.

> Die „Six Thinking Hats"-Methode ermutigt, verschiedene Perspektiven einzunehmen, um ein Thema von verschiedenen Blickwinkeln zu betrachten. Hier sind Ideen für den Psychothriller SCHATTEN DER TRÄUME:
> 1. Weißer Hut (Information):
> · Annikas Hintergrundgeschichte: Wer ist sie? Welche Erfahrungen hat sie gemacht?
> · Albträume: Beschreibung der Träume, ihrer Intensität und Auswirkungen auf Annika
> · Dr. Hartmann: Einführung des mysteriösen Traumforschers, seiner Motive und Absichten
> · Einbildung vs. Realität: Unterscheidung zwischen Annikas Albträumen und ihrer wachen Welt
> 2. Roter Hut (Emotionen):
> · Annikas Ängste: Welche Emotionen treiben sie an? Angst, Paranoia, Verwirrung?
> · Gefühl der Isolation: Annikas schwindendes Vertrauen in ihre eigene Wahrnehmung und die Welt um sie herum
> · Unbehagen und Spannung: Erzeugung von intensiver Atmosphäre und emotionalem Druck
> 3. Schwarzer Hut (Kritik):
> · Logik der Handlung: Gibt es Lücken oder Ungereimtheiten im Plot?
> · Charakterkonsistenz: Stellen die Handlungen der Figuren in Annikas Welt

und den Träumen einen sinnvollen Zusammenhang her?
- Plausibilität der Traummanipulation: Ist es realistisch, dass jemand Träume manipulieren kann?

4. Gelber Hut (Optimismus):
- Spannungsaufbau: Die schrittweise Enthüllung von Annikas Vergangenheit und die Suche nach Antworten
- Wendungen: Die unerwarteten Wendungen in der Handlung, die den Leser fesseln
- Annikas Wachstum: Ihre Entwicklung von einer verunsicherten Künstlerin zu einer Entdeckerin der Wahrheit

5. Grüner Hut (Kreativität):
- Traumwelten: Kreative Beschreibung von Annikas Albträumen und wie diese mit ihrer Vergangenheit interagieren
- Dr. Hartmanns Methoden: Wie analysiert er Annikas Träume? Gibt es unkonventionelle Herangehensweisen?
- Unkonventionelle Verbündete: Einführung von Nebenfiguren, die Annika auf ihrer Reise unterstützen oder verwirren könnten

6. Blauer Hut (Überblick):
- Struktur: Reihenfolge der Enthüllungen und Höhepunkte der Spannung
- Botschaft: Die zentrale Frage, ob Erinnerungen manipuliert werden können, um eine neue Realität zu erschaffen
- Schlussbemerkung: Wie endet Annikas Reise? Welche Fragen bleiben offen?

In der Anwendung dieser Methode stellt die KI eher Fragen. Diese kann die Autorin selbst beantworten oder einzelne herausgreifen und wiederum an die KI zurückspielen.

Mindmapping

Eine sehr verbreitete Methode, die sich seit Jahrzehnten auch im kreativen Bereich durchgesetzt hat, ist das Mindmapping. Die Idee dieser Technik ist nicht neu und kann bis zu den alten Griechen und Römern zurückverfolgt werden, die ähnliche Methoden zur Organisation von Informationen verwendeten. Aber die moderne Form des Mindmapping, wie wir sie heute kennen, wurde in den 1970er Jahren von Tony Buzan populär gemacht. Buzan, ein britischer Psychologe und Autor, hat die Methode in seinen Büchern und Fernsehsendungen vorgestellt und sie als eine effektive Technik zur Verbesserung des Gedächtnisses und der Lernfähigkeit beworben. Buzan argumentierte, dass traditionelle Notizen und lineare Texte nicht der natürlichen Arbeitsweise unseres Gehirns entsprechen. Er glaubte, dass das Gehirn Informationen besser verarbeitet und speichert, wenn sie in einem strukturierten, nichtlinearen Format präsentiert werden, wie es beim Mindmapping der Fall ist.

Mindmapping ist eine Methode zur grafischen Darstellung von Einheiten, die auf der Strukturierung von Gedanken, Ideen und Konzepten basiert. Es handelt sich um eine Art Diagramm, das ein zentrales Thema in der Mitte hat, von dem aus verschiedene Zweige (oder „Arme") abgehen, die Unterthemen oder verwandte Ideen repräsentieren. Diese Zweige können weiter unterteilt werden, um detailliertere Informationen oder Konzepte darzustellen. Auch die KI kann so eine Landkarte der Gedanken und Fragen erstellen.

> Führe ein Brainstorming zu folgender Geschichte unter Verwendung der Mindmapping-Methode durch: [Annikas Albträume].

Dabei gibt es die Möglichkeit, den Prompt noch um folgende Information zu ergänzen:

> Gestalte dabei eine textbasierte Struktur in Form einer Grafik.

In diesem Fall wird die KI auch eine rudimentäre Grafik erstellen (siehe folgende Seite). Dieses Format entspricht nicht dem bekannten und gängigen Aussehen eines Mindmapping-Baums. Mit ChatGPT besteht aber die Möglichkeit, die Mindmap-Ausgabe im sogenannten Markdown-Format anzufordern, was eine einfache und brauchbare Alternative ist, die Ideen visuell darzustellen.

> Erstelle eine Mindmap [Thema]. Nutze Markdown code.

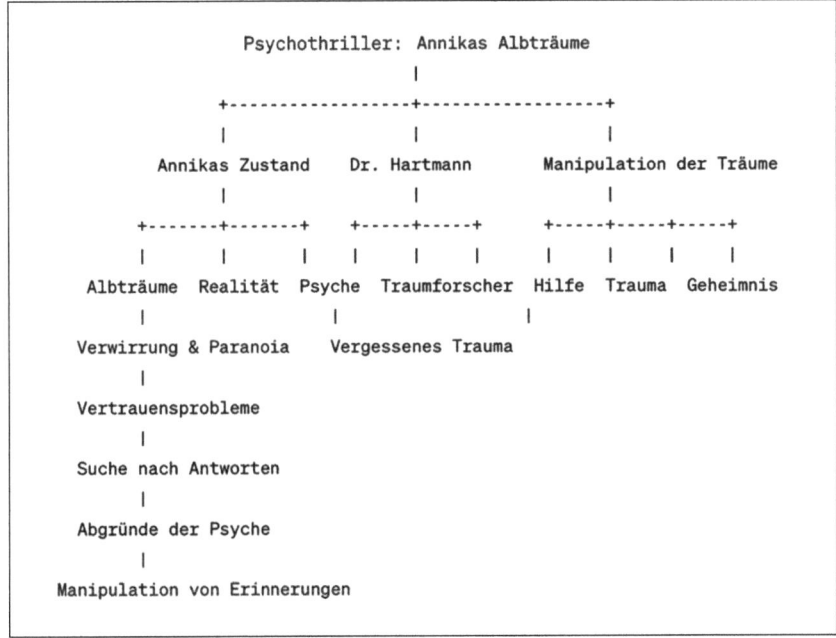

Sobald die Mindmap im Markdown-Format vorliegt, kann die Autorin eine Website wie https://markmap.js.org aufrufen, mit deren Hilfe sie das Ergebnis der KI in eine visuell ansprechende Mindmap umwandelt. Durch die Verzweigung von Haupt- und Unterthemen kann sie Zusammenhänge erkennen und die Entwicklung von Figuren und Szenarien planen. Diese Mindmaps ermöglichen es ihr, einfach zwischen verschiedenen Zweigen und Unterkategorien zu navigieren. Die Autorin ist bei diesem Ergebnis freier, die Grafik eigenhändig zu erweitern und eigene Arme zu generieren.

Mindmaps können als flexibles Werkzeug dienen, das während des gesamten Schreibprozesses immer wieder neu genutzt werden kann.

Starbursting

Der genaue Ursprung von Starbursting ist nicht klar dokumentiert, aber es ist eine von vielen kreativen Techniken, die in den Bereichen Design Thinking, Produktentwicklung und strategische Planung eingesetzt werden.

Starbursting ist eine Methode zur Ideenfindung und Problemklärung, die darauf abzielt, zuerst einmal Fragen zu einem bestimmten Thema oder Problem zu formulieren. Es handelt sich um ein Brainstorming-Instrument, das dazu dient, ein tieferes Verständnis für ein Thema zu entwickeln. Es geht darum, mögliche Herausforderungen oder Überlegungen zu identifizieren, die bei der weiteren Untersuchung oder Lösung eines Problems berücksichtigt werden sollten.

Dabei wird mit einer zentralen Frage oder einem Hauptthema in der Mitte eines großen Blattes Papier oder einer Tafel begonnen.

Im Anschluss daran werden sechs Linien (ähnlich wie die Strahlen eines Sterns) von der zentralen Frage aus gezeichnet. An jedem Strahl steht eine der sechs Hauptfragen: Wer? Was? Wann? Wo? Warum? Wie?

Das Ziel von Starbursting ist nicht unbedingt, sofort Antworten zu finden, sondern vielmehr, alle relevanten Fragen zu stellen. Es kann besonders zu Beginn eines neuen Projekts nützlich sein, wenn die Autorin sicherstellen möchte, dass sie alle Aspekte berücksichtigt. Darauf beruht die folgende Eingabe:

Führe ein Brainstorming zu folgender Geschichte unter Verwendung der Starbursting-Methode durch: [Annikas Albträume].

Die KI legt erst einmal selbstständig die zentrale Fragestellung fest, um dann die sechs Fragen zu stellen.

Zentrale Fragestellung:
Wie kann Annika die Wahrheit hinter den Schatten ihrer Träume enthüllen und ihre psychische Gesundheit wiederherstellen?
Wer?
· Wer ist Dr. Hartmann wirklich und welche Absichten verfolgt er?
· Wer könnte ein Interesse daran haben, Annikas Träume zu manipulieren?
· Wer aus Annikas Vergangenheit könnte mit dem dunklen Geheimnis in Verbindung stehen?
· Wer sind die anderen Figuren, die in Annikas Leben eine Rolle spielen könnten?

Was?

- Was ist das dunkle Geheimnis aus Annikas Vergangenheit?
- Was sind die spezifischen Details, die Annika in der realen Welt aus ihren Träumen erkennt?
- Was sind die Methoden oder Techniken, die Dr. Hartmann verwendet, um in Annikas Träume einzudringen?
- Was könnte Annika tun, um sich vor weiteren Manipulationen zu schützen?

Wann?

- Wann haben Annikas Albträume begonnen?
- Wann hat sie zum ersten Mal bemerkt, dass ihre Träume und die Realität verschwimmen?
- Wann hat sie Dr. Hartmann zum ersten Mal getroffen?
- Wann hat sie begonnen, die Verbindung zwischen ihren Träumen und ihrer Vergangenheit zu erkennen?

Wo?

- Wo trifft Annika auf Dr. Hartmann?
- Wo in ihrer Vergangenheit könnte das Trauma stattgefunden haben?
- Wo findet Annika Hinweise oder Beweise für die Manipulation ihrer Träume?
- Wo sucht sie nach Unterstützung oder Hilfe?

Warum?

- Warum wird Annika von diesen spezifischen Albträumen geplagt?
- Warum möchte jemand ihre Erinnerungen oder Träume manipulieren?
- Warum verschlechtert sich Annikas psychische Gesundheit so rapide?
- Warum vertraut sie Dr. Hartmann?

Wie?

- Wie kann Annika die Manipulation ihrer Träume stoppen?
- Wie kann sie die Wahrheit von der Einbildung unterscheiden?
- Wie kann sie herausfinden, wer hinter all dem steckt?
- Wie kann sie sich selbst schützen und ihre psychische Gesundheit wiederherstellen?

Auch hier kann der Autor sich die für ihn relevanten Punkte heraussuchen und genauer darüber nachdenken. Er kann aber ebenso die KI um Hilfe bitten, Antworten oder weitere Fragen zu formulieren.

All die fünf vorgestellten Methoden und die Integration der KI in den Prozess des Brainstormings eröffnen Möglichkeiten, um schneller und effektiver ans Ziel zu kommen. Es ist jedoch wichtig, die Rolle der KI richtig zu verstehen und sie als Werkzeug zur Erweiterung und Bereicherung der kreativen Vision des Autors zu nutzen. Es geht nicht darum, der KI die narrative Arbeit zu überlassen.

5.2 RECHERCHE

Die Kunst des Schreibens ist ein Prozess, der seit jeher auf Recherche beruht. Wenn es darum geht, das Leben, den Kontext oder die Emotionen einer bestimmten Periode oder Kultur in einem Roman oder Drehbuch einzufangen, kann die Recherche mühsam sein. Oder wenn es darauf ankommt, einer Quantenphysikerin sinnvolle Dialoge zu geben, kann es zu zeitraubender Informationsbeschaffung führen.

Hier tritt die KI ins Rampenlicht. Sie vermag in Sekundenschnelle eine Vielzahl von Informationen aus verschiedenen Quellen zu durchsuchen und zu aggregieren. Für einen Autor, der beispielsweise den sozialen Kontext des viktorianischen London darstellen möchte, kann die KI relevante historische Fakten, soziale Normen, Kleidung und Sprache bieten, was die Recherche erheblich verkürzt.

Eine Autorin, die sich in der Anfangsphase eines Projekts befindet, kann die KI auch nutzen, um eine umfangreiche Sammlung von Artikeln, Büchern und Quellen zu einem bestimmten Thema zu durchsuchen. Die KI kann essenzielle Informationen aus verschiedenen Quellen extrahieren und der Schreiberin präsentieren, um ihr einen tieferen Einblick in die Materie zu geben. Diese Fakten können helfen, fundierte Entscheidungen über die Handlung, die Charakterentwicklung und den Kontext ihrer Geschichte zu treffen.

Dieser Ansatz verspricht Autoren eine effizientere Informationsbeschaffung und eine breitere Wissensbasis. Doch während die Vorzüge offensichtlich sind, lohnt es sich, auch kritisch über die potenziellen Nachteile nachzudenken, die der Einsatz von KI in der Recherche haben kann. Eines dieser Handicaps ist das Aufkommen von „Halluzinationen" – künstlich generierten Informationen, die nicht auf nachweisbaren Fakten basieren. KIs sind bekannt dafür, manchmal bizarre oder unzusammenhängende Ergebnisse zu produzieren (siehe auch Kapitel 4.3) Diese Halluzinationen können durch diverse Faktoren verursacht werden, sei es durch Überanpassung an die Trainingsdaten oder durch andere, tiefere technische Gründe. Die Tatsache aber, dass KI-Modelle aufgrund ihres Trainingsdatensatzes Fake-News generieren können, die auf den ersten Blick überzeugend klingen, macht dieses Problem besonders akut. Die KI kann Texte produzieren, die so natürlich wirken, als wären sie von einem menschlichen Experten geschrieben worden, die tatsächlich aber auf unbestätigten oder sogar unwahren Informationen basieren.

Ein Autor, der sich zu sehr auf die von der KI bereitgestellten Inhalte verlässt, kann sich in einer Spirale aus falschen oder unpassenden Vorschlägen wiederfinden.

In der Praxis kann dies dazu führen, dass Autoren unbeabsichtigt fehlerhafte Angaben in ihre Geschichten einbauen. Der Schreiber nutzt zum Beispiel die KI, um Fakten über das viktorianische London für eine Szene in einem historischen Drama zu recherchieren. Die KI liefert die Informationen über eine spezielle Polizeieinheit, die ausschließlich dafür zuständig war, die Pünktlichkeit der Pferdekutschen im Auge zu behalten, um den Verkehrsfluss in der Stadt zu optimieren. Tatsächlich aber beruht diese Information – so plausibel sie auch klingt – auf fehlerhaften Daten. Das Ergebnis wäre ein Werk, das scheinbar gut recherchiert ist und dennoch verzerrte Sachverhalte enthält. Dies könnte nicht nur die Glaubwürdigkeit der Geschichte untergraben, sondern auch zu Verwirrung oder Desinformation führen.

KIs sind so gut, wie die Daten, mit denen sie trainiert werden. Ein unvollständiges oder voreingenommenes Datenset kann zu einer verzerrten oder ungenauen Darstellung führen. Eine Autorin, die sich unkritisch auf die von der KI bereitgestellten Informationen verlässt, läuft Gefahr, Stereotypen zu reproduzieren oder historische Ungenauigkeiten in ihr Werk einzuführen. Es ist auch wichtig, ethische Überlegungen in Betracht zu ziehen. Während KI-gestützte Recherche einen objektiven Überblick über Fakten und Kontexte geben kann, sollte die Autorin stets respektvoll und sensibel mit Themen umgehen, insbesondere wenn es sich um Kulturen oder Gemeinschaften handelt, zu denen sie selbst keinen direkten Bezug hat. Eine KI kann Daten liefern, aber Empathie, Verantwortung und kulturelle Sensibilität können nur vom Menschen kommen.

Um das potenzielle Risiko von Halluzinationen und ungenauen Informationen zu minimieren, ist es wichtig, dass Autoren bei der Verwendung von KI als Forschungsinstrument kritisch bleiben. Dies bedeutet, dass sie die von der KI gelieferten Sachverhalte sorgfältig prüfen, die Originale verifizieren und sicherstellen, dass die Antworten auf überprüfbaren Fakten beruhen. Es ist auf jeden Fall notwendig, KI-generierte Daten mit anderen vertrauenswürdigen Quellen zu vergleichen, um Verzerrungen oder Ungenauigkeiten auszuschließen. Dieser Vergleichsprozess kann auch dazu beitragen, ein umfassenderes und ausgewogeneres Verständnis des Themas zu erhalten. Letztlich liegt die Zuständigkeit für die Genauigkeit und Richtigkeit von Fakten beim Autor. Wenn ein Urheber Auskünfte der KI in sein Werk integriert, trägt er die Verantwortung dafür, dass diese Informationen korrekt sind und auf vertrauenswürdigen Quellen beruhen.

Tatsächlich gibt es KI-Modelle, die in der Lage sind, mit Quellenangaben zu arbeiten und auf verifizierte Informationen zuzugreifen (siehe auch Kapitel 7). Sie wurden entwickelt, um genau auf diese Bedenken gegenüber ungenauen oder halluzinatorischen Angaben der KI zu reagieren. Sie bieten eine vielversprechende Lösung, um die Recherche für Autoren effizienter und zuverlässiger zu gestalten.

Ein solches Beispiel ist das Modell PERPLEXITY.AI (Stand Oktober 2023), das in der Lage ist, auf Textdatenbanken und vertrauenswürdige Quellen zuzugreifen, um fundierte Antworten zu generieren. Dies bedeutet, dass Autorinnen, die dieses Modell für ihre Recherche verwenden, die Möglichkeit haben, zusätzlich zu den generierten Texten auch Quellenangaben zu erhalten. Diese Angaben können dann als Grundlage für weitere Nachforschungen und zur Überprüfung dienen.

Darüber hinaus bedeutet die Nutzung von KI-Modellen mit Quellenangaben eine transparentere Verwendung von KI-generierten Auskünften. Autoren können klar nachvollziehen, woher die Informationen stammen, und ihre eigenen Bewertungen der Authentizität dieser Quellen vornehmen.

Allerdings gibt es auch bei der Nutzung von KI-Modellen mit Quellenangaben einige Einschränkungen. So ist die Qualität der Auskünfte nach wie vor abhängig von den verfügbaren Datenquellen. Wenn die zugrunde liegenden Quellen fehlerhaft oder verzerrt sind, werden auch die generierten Informationen ungenau sein. Daher ist es wichtig, eine kritische Sichtweise auch bei den bereitgestellten Angaben mit Quellennachweis beizubehalten.

5.3. DIE MACHT DER ERZÄHLPERSPEKTIVE

Eine der elementarsten und folgenreichsten Entscheidungen eines Romanautors ist die Wahl der Erzählperspektive. Denn sie legt fest, aus wessen Blickwinkel der Leser die Geschichte wahrnimmt und wie nah oder distanziert er am Geschehen ist. Die Perspektivenwahl prägt Atmosphäre, Spannungskurve und Aussage eines Romans von Grund auf.

In der Ich-Perspektive berichtet eine Romanfigur aus ihrer höchst subjektiven Sicht über die Ereignisse. Diese Sichtweise in der Ich-Form schafft eine große Nähe und Intimität zum Protagonisten. Die Leserin erlebt die Welt direkt durch die Augen der Figur mit, mitsamt deren Irrtümern, Vorurteilen und Verzerrungen. Da der Ich-Erzähler nicht allwissend ist, ergeben sich überraschende Momente und unzuverlässige Darstellungen. So kann zwischen dem Wissen der Figur und der Leserin eine erzählerische Spannung entstehen.

Ganz anders verhält es sich bei einem auktorialen Erzähler: Dieser steht außerhalb der Geschichte und weiß als Erzählerinstanz mehr als die Figuren. Er kann Gedanken und Motive aller Figuren wiedergeben und das Geschehen umfassend darstellen, omnipräsent und omnipotent. Die Leserin hat dadurch einen Informationsvorsprung gegenüber den handelnden Figuren. Nachteil dieser Perspektive ist die größere Distanz zur Handlung.

Eine besondere Form ist die Du-Perspektive, bei der die Erzählerin den Leser direkt anspricht und so in die Geschichte hineinzieht. Sie schafft eine große Unmittelbarkeit, da der Rezipient permanent geduzt wird. Allerdings gibt es kaum Bücher, die konsequent in der Du-Form geschrieben sind. Moderne Romane operieren oft mit der personalen Erzählsituation: Der Erzähler bleibt im Hintergrund und schildert lediglich, was eine Figur wahrnimmt, fühlt und denkt – von außen, aber aus ihrer Perspektive und aus ihrer Welt. Leser erleben so das Geschehen subjektiv gefärbt mit. Dieser perspektivische Fokus wechselt mitunter zwischen Akteuren.

Die passende Erzählhaltung zu finden, ist eine der wichtigsten künstlerischen Entscheidungen, denn sie beeinflusst Atmosphäre und Aussage nachhaltig. Autoren treffen die Perspektivenwahl daher mit großem Bedacht – sie entscheidet mit, ob eine Geschichte gelingt oder scheitert. Auch dabei kann die KI eine sehr umfassende Hilfe sein.

So ist es möglich, ein Kapitel mit einer Erzählperspektive zu schreiben und anschließend der KI den Auftrag zu geben, den gesamten Text in eine andere umzuschreiben.

> Das folgende Kapitel ist in der Ich-Perspektive verfasst. Schreibe es so um, dass es aus der Perspektive eines personalen Erzählers geschrieben ist: [Kapitel].

Die Umwandlung eines Kapitels in verschiedene Erzählperspektiven bietet einer Autorin eine Fülle von Möglichkeiten, ihre Geschichte und die Perspektive besser einschätzen zu können.

Der Autor Erich Maria Remarque veröffentlichte 1928 sein Buch IM WESTEN NICHTS NEUES.[5] Der Kriegsroman schildert die Erfahrungen deutscher Soldaten im Ersten Weltkrieg aus der Ich-Perspektive des Protagonisten Paul Bäumer. Der Anfang liest sich so:

„Wir liegen neun Kilometer hinter der Front. Gestern wurden wir abgelöst; jetzt haben wir den Magen voll weißer Bohnen mit Rindfleisch und sind satt und zufrieden. Sogar für abends hat jeder noch ein Kochgeschirr voll fassen können; dazu gibt es außerdem doppelte Wurst- und Brotportionen, – das schafft. So ein Fall ist schon lange nicht mehr dagewesen: Der Küchenbulle

---

5   Erich Maria Remarque: Im Westen nichts Neues, Köln 2014

mit seinem roten Tomatenkopf bietet das Essen direkt an; jedem, der vorbei-
kommt, winkt er mit seinem Löffel zu und füllt ihm einen kräftigen Schlag
ein. Er ist ganz verzweifelt, weil er nicht weiß, wie er seine Gulaschkanone
leerkriegen soll."

Die KI schreibt in Windeseile diesen Anfang in einen auktorialen Erzähler um:

> Neun Kilometer hinter der Front lagen sie. Sie waren am Vortag abgelöst
> worden und hatten nun ihre Mägen mit weißen Bohnen und Rindfleisch ge-
> füllt; sie fühlten sich satt und zufrieden. Jeder von ihnen hatte sogar die
> Möglichkeit, für den Abend eine zusätzliche Portion in sein Kochgeschirr zu
> füllen. Dazu kamen doppelte Portionen Wurst und Brot – eine Seltenheit, die
> schon lange nicht mehr vorgekommen war. Der Küchenchef, erkennbar an
> seinem roten, tomatenähnlichen Kopf, bot das Essen persönlich an. Jeder,
> der vorbeikam, wurde von ihm mit einem Löffelschwung herangewinkt, und
> eine großzügige Portion wurde serviert. Der Küchenchef schien verzweifelt,
> da er nicht wusste, wie er seine Gulaschkanone leer bekommen sollte.

Auch die personale Erzählersituation ist in wenigen Sekunden umgesetzt:

> Sie liegen neun Kilometer hinter der Front. Gestern wurden sie abgelöst,
> und nun sind ihre Mägen voll mit weißen Bohnen und Rindfleisch, was sie
> satt und zufrieden macht. Sogar für den Abend hat jeder von ihnen ein
> Kochgeschirr voll fassen können; dazu kommen noch doppelte Wurst- und
> Brotportionen, was wirklich bemerkenswert ist. Ein solches Ereignis hat es
> schon lange nicht mehr gegeben: Der Küchenbulle mit seinem roten Toma-
> tenkopf bietet das Essen direkt an. Jeder, der vorbeikommt, wird von ihm
> mit einem Löffelschwung begrüßt, und er füllt ihm eine kräftige Portion
> ein. Der Küchenbulle ist ganz verzweifelt, denn er weiß nicht, wie er seine
> Gulaschkanone leeren soll.

Sehr schnell ist klar, dass Remarque eindeutig die richtige Wahl getroffen hat.
Die Autorin, die sich vielleicht noch unsicher ist, hat nun mithilfe der KI die
Gelegenheit, sehr zeitsparend zu einer Entscheidung zu kommen.

5.4. GENRE UND TON

Die Wahl des richtigen Genres ist eine weitere Grundsatzentscheidung für Romanautoren und Drehbuchschreiber. Denn vom Genre hängen Stil, Handlung und Figurenzeichnung fundamental ab. Die Bestimmung des Formats ist meist der erste Schritt im Schreibprozess und sollte sorgfältig überlegt werden. Zunächst einmal sollte die Autorin ihre eigenen Interessen und Leidenschaften berücksichtigen. Ein Genre zu wählen, das sie selbst fasziniert, wird nicht nur das Schreiben angenehmer gestalten, sondern auch die Wahrscheinlichkeit erhöhen, dass sie eine authentische und ansprechende Geschichte schafft.

Ein Mangel an Neigung oder Verständnis für ein bestimmtes Genre wird sich vermutlich in der Qualität des Endprodukts niederschlagen. Die KI kann kreative Schreiber auf vielfältige Weise bei dieser Abstimmung unterstützen.

Zunächst kann die KI helfen, literarische und filmische Genres treffend zu charakterisieren. Mittels Textanalyse großer Genre-Korpora aus Romanen und Drehbüchern kann das Modell typische Merkmale herausarbeiten (zu den Aspekten der Verletzung des Urheberrechts siehe auch Kapitel 12.1). Das System erkennt durch die Analyse gewaltiger Mengen an Literatur und Filmmaterial Muster, die für Menschen schwer fassbar sind. Ein Prompt könnte so aussehen:

 Analysiere Kriminalromane und destilliere die 10 wichtigsten Charakteristika dieses Genres heraus.

Die KI wird dann ein aufschlussreiches Genre-Profil liefern. Bevor sie sich für ein Genre entscheidet, sollte die Autorin die jeweiligen Erwartungen an das gewählte Format verstehen. Jede Gattung von Geschichten hat ihre eigenen Regeln, und auch wenn es möglich ist, diese zu brechen oder zu unterlaufen, sollte dies bewusst und geschickt erfolgen, also in Kenntnis der Regeln. Unkenntnis der Genre-Konventionen kann dazu führen, dass das Werk von der beabsichtigten Zielgruppe nicht gut aufgenommen wird.

Noch wertvoller ist die Interaktion mit der KI bei der konkreten Genrewahl für ein Projekt. Autorinnen können der KI ihre Figuren, ihre Ideen und Themen vorlegen und um Vorschläge bitten, welches Genre auf dieser Grundlage am vielversprechendsten wäre. Die KI kann Formate empfehlen, an die die Autorin selbst vielleicht nie gedacht hätte, die aber gut passen.

Die KI kann auch bei der Feinabstimmung des Genres helfen. Oft ist es nicht ausreichend, sich einfach für eine breite Kategorie wie Science-Fiction oder Romantik zu entscheiden. Innerhalb dieser Formate gibt es zahlreiche Subgenres und Nischen, die jeweils ihre eigenen Konventionen und Erwartungen haben. Die KI kann durch die Untersuchung erfolgreicher Elemente dieses Genres dem Autor wertvolle Informationen bieten, die es ihm ermöglichen, das passende Subgenre oder eine spezifischere Kategorie zu finden. So könnte ein Science-Fiction-Autor herausfinden, dass Geschichten über künstliche Intelligenz derzeit besonders beliebt sind, und sich daher entscheiden, diesen Aspekt in seinem eigenen Werk stärker hervorzuheben.

Die KI kann auch bereits vorhandene Texte auf Genre-Tauglichkeit prüfen. Autoren geben der KI ein Kapitel (oder auch ein Treatment oder ein Drehbuch) und bitten um Rückmeldung, ob das Manuskript dem gewünschten Genre entspricht. Die KI wird anhand von Sprache, Dramaturgie und Stil Parallelen und Diskrepanzen aufzeigen.

 Dieser Text soll ein historischer Krimi sein, der Spannung erzeugt und für eine große Leserschaft geeignet ist. Ist dies gelungen? Hier ist der Text: [Text]

Neben der eigenen Vorliebe spielt für bestimmte Romane und Drehbücher natürlich auch der Markt eine Rolle. Die Autorin solcher Werke sollte sich darüber im Klaren sein, welche Genres derzeit beliebt sind und welche Zielgruppen sie ansprechen möchte. Es ist nicht sinnvoll, eine historische Serie zu entwerfen, wenn die Sender und Streamer dieses Format gar nicht mehr bedienen wollen. Darum ist die Analyse des Markts ein weiterer wichtiger Faktor. Dies kann durch die Begutachtung von Bestsellerlisten, Rezensionen und sozialen Medien erfolgen. Aber auch hier kann die KI hilfreich sein. Durch Auswertung von Verkaufszahlen, Charts und Bewertungen verschiedener Genres lassen sich mit Hilfe der KI Trends und Marktnischen identifizieren. Eine Untersuchung erfolgreicher Bücher und Filme eines Genres anhand von Handlung, Stil und anderen Faktoren macht deutlich, welche Merkmale von Lesern geschätzt werden. Durch die Analyse von Leser- und Zuschauerdaten ebenso wie Online-Meinungen kann KI die ideale Zielgruppe für ein bestimmtes Genre ermitteln. Diese wertvollen Erkenntnisse ermöglichen es Autoren, ein Genre oder Subgenre zu wählen, das sowohl ihren kreativen Ambitionen gerecht wird als auch kommerzielles Potenzial bietet.

Die KI kann die Genrewahl für Autoren enorm erleichtern. Wochenlanges Grübeln ersetzt sie auf Zuruf durch passende Vorschläge, sie prüft Textbausteine oder dient als Genre-Sparringspartner, der für mehr Flexibilität und Genrevielfalt sorgt.

5.5. DIE ENTWICKLUNG DER FIGUREN

Autorinnen stehen am Anfang der Stoffentwicklung vor der Herausforderung, packende und komplexe Figuren zu entwickeln. Widersprüchliche Eigenschaften, innere Konflikte und eine Dreidimensionalität sind oft das Ergebnis harter Arbeit. Manchmal werden Seiten um Seiten gefüllt, um der eigenen Schöpfung näherzukommen. Der Autor wünscht sich, dass die Figur zu ihm spricht und er einen tieferen Einblick in ihr Seelenleben erhält.

Es ist genauso wie bei der Handlung möglich, mithilfe der KI Figuren für die Geschichten zu entwickeln. Bevor diese helfende Hand ins Spiel kommt, muss die Autorin aber eine grundlegende Idee für die Figur haben. Diese Überlegung könnte eine grobe Vorstellung von Persönlichkeit, Backstory, Motivationen und Beziehungen sein. Die KI kann als kreativer Partner dienen, um die Figur weiterzuentwickeln. Der Autor kann einen Prompt eingeben, der die gewünschten Eigenschaften und Merkmale des Akteurs beschreibt. Es versteht sich von selbst, dass das Ergebnis umso präziser ausfällt, je genauer die Beschreibung ist.

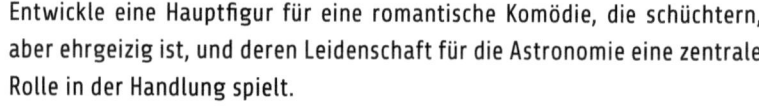

Entwickle eine Hauptfigur für eine romantische Komödie, die schüchtern, aber ehrgeizig ist, und deren Leidenschaft für die Astronomie eine zentrale Rolle in der Handlung spielt.

Auf dieser Grundlage wird die KI einen Text generieren, der die Eigenschaften und Merkmale der Figur näher ausführt. Die KI kann Backstorys, Charaktermerkmale oder die soziale Dimension entwerfen, die als Inspiration für den Autor dienen können. Dabei kann der daraufhin geschriebene Text über die Figur immer wieder in die KI eingegeben und weiter ausgearbeitet oder verändert werden.

Es kann aber auch sinnvoll sein, mithilfe der KI einen Steckbrief der Protagonisten zu erstellen. Figuren können aus drei Blickwinkeln betrachtet werden: physiologisch, soziologisch und psychologisch. Oftmals werden Figuren in Romanen und Drehbüchern nicht in all diesen Facetten dargestellt, stattdessen verkommen sie zu bloßen Stereotypen.

Von den drei genannten Dimensionen ist die physiologische am offensichtlichsten. Das äußere Erscheinungsbild einer Figur – das genaue Alter, die Fitness und die Größe einer Figur – spielt nicht nur im Film, sondern auch im Roman eine entscheidende Rolle. Es macht einen Unterschied, ob der Handelnde athletisch oder eher gemütlich ist.

Die wichtigsten physiologischen Merkmale sind:
- Geschlecht
- Alter
- Größe
- Herkunft
- Figur
- Haarfarbe und Frisur
- körperlicher Zustand

Einige Figuren in Romanen und Drehbüchern scheinen oft gängigen Vorstellungen zu entsprechen und Klischees zu bestätigen, wie zum Beispiel der „stets verärgerte Chef" oder die „schüchterne Bibliothekarin". Solche stereotypen Darstellungen spiegeln oft nur einen Bruchteil der Wirklichkeit wider und sind übergeneralisiert. Je detaillierter und individueller eine Figur ist, desto vielschichtiger wird sie. Die KI kann Empfehlungen für die physiologischen Attribute unterbreiten.

In jüngster Zeit hat sich ein stärkeres Bewusstsein für Diversität entwickelt. Es ist essenziell, dass die Figuren in Filmen oder Romanen die Realität authentisch wiedergeben. Das reicht von der Anzahl der weiblichen Hauptfiguren bis hin zur Einbindung von queeren Personen oder People of Color, ohne dass diese Protagonisten zu eindimensional und klischeehaft dargestellt werden. Es sollte selbstverständlich sein, Diversität zu zeigen, ohne ständig von der Norm abweichende Merkmale hervorzuheben. Sensibilität ist auch gefordert, damit keine Vorurteile in die Figurengestaltung einfließen. Auch hier kann die KI hilfreich sein, indem sie Vorschläge für ein diverses Ensemble generiert. Und die breite Kenntnis der KI kann helfen, Anregungen zu präsentieren, die nicht zum Wissensstand des Autors gehören.

Häufig neigen Autoren dazu, lediglich die Eigenschaften der Hauptfiguren auszuarbeiten und darüber die Nebenfiguren zu vernachlässigen. Dies mag dem Zeitmangel, begrenzter Ressourcen oder einer Fokussierung auf die zentralen Protagonisten geschuldet sein. Doch eine ausgewogene Entwicklung aller Figuren trägt zu einer tieferen und nuancierteren Erzählung bei. Auch hier kann der Einsatz der KI sehr hilfreich sein.

Die soziologische Perspektive ist die zweite Dimension. Sie umfasst alle Informationen, die sich aus der sozialen Vergangenheit und Situation ergeben. In welchem Kontext wurde die Figur groß und welche Position nimmt sie aktuell ein? Diese Dimension hat einen spürbaren Einfluss auf die Figuren und ihr Handeln, vor allem auch auf die Dialoge. Zum Beispiel würde ein Bauernhofbesitzer anders auftreten und sprechen als ein Astronaut. Der Unterschied in ihren Lebenswelten und Erfahrungen führt zu verschiedenartigen Reaktionen und Entscheidungen.

Hier sind die wichtigsten Merkmale:
- Schichtzugehörigkeit
- Ausbildung
- Beruf
- Religion
- Familienstand
- Stellung in der Gemeinschaft

- soziales Umfeld
- Hobbys
- Kleidung

Auch hier ist es sinnvoll, mit den Vorschlägen der KI zu arbeiten.

Die dritte Dimension einer Figur konzentriert sich auf die inneren, psychologischen Aspekte. Jeder Mensch und jede Figur besitzt eine einzigartige Persönlichkeit, die aus zahlreichen Eigenschaften zusammengesetzt ist.

Der Charakter eines Individuums kann durch verschiedene Kategorien definiert werden, wobei jeder Bereich die Person in unterschiedlicher Weise prägt. Ein Beispiel hierfür ist die Art, wie jemand mit Konflikten umgeht, die von Konfliktvermeidung bis zur direkten Konfrontation reichen kann, einschließlich aller Abstufungen dazwischen.

Es liegt in der Verantwortung der Autorin, die Charaktereigenschaften sowohl für die Hauptfiguren als auch für die Nebenfiguren zu definieren. Dabei sollte sie sich der vielen Persönlichkeitsfacetten bewusst sein, selbst wenn diese nicht explizit im Werk dargestellt werden.

- Sexualleben
- Moral
- Werte
- Ambitionen
- Temperament
- Haltung gegenüber dem Leben
- Süchte
- intellektuelle Qualitäten
- Phobien
- Abneigungen

Insgesamt kann die KI helfen, den Steckbrief jeder Figur zu entwickeln. Je mehr Informationen eingegeben werden, umso stimmiger werden die Vorschläge sein. Es kann nützlich sein, die KI anzuweisen, die Antworten in einer übersichtlichen Tabelle auszugeben.

> Dies ist die Geschichte für einen Spielfilm: [Inhalt der Geschichte]. Erstelle für die Figur [Name der Figur] einen Steckbrief mit folgenden Informationen: [Steckbrief]. Generiere eine Tabelle, in der die linke Spalte diese Punkte beinhaltet und die rechte Spalte die Lösungen.

Für die Autorin geht es darum, dass die Figur in die Handlung integriert werden kann. Ihre Expertise garantiert, dass die Figur organisch in die Geschichte passt und einen sinnvollen Beitrag leistet.

Der Steckbrief gibt auf schnelle und übersichtliche Art und Weise Antworten auf die Fragen nach den drei Dimensionen einer Figur. Es kann aber auch ausschlaggebend sein, tiefer in die Vergangenheit zu gehen. Eine glaubwürdige und facettenreiche Biografie hilft oft entscheidend dabei, die Protagonisten zum Leben zu erwecken.

Es gibt verschiedene Arten von nützlichen Prompts, um mit einer KI Biografie-Bausteine zu generieren. Dabei empfiehlt es sich, der KI so viel Informationen wie möglich über die Figur zur Verfügung zu stellen. Alles, was bereits feststeht, sollte in die Eingabe integriert werden:

> Beschreibe prägende Lebensstationen meiner Figur [Name], geboren im Jahr [Jahreszahl]. Folgende Informationen habe ich bereits: [Informationen].

So erhält der Autor Kernelemente des Lebenslaufs, die sich zu einer Chronologie zusammenfügen lassen.

Oftmals greifen Autoren auch auf die Technik der ausgeschriebenen Biografie zurück, um ihre Figuren zu verstehen und darzustellen. Dabei schreiben sie aus einer äußeren Perspektive über die Lebensgeschichte, Eigenschaften und Motivationen der Figur. Doch diese Methode hat ihre Grenzen. Sie bietet zwar einen Überblick über die Figur, kann jedoch die inneren Emotionen und die individuelle Sprache der Figur nur bedingt erfassen.

Eine innovative und tiefgreifende Methode ist es, die *Auto*biografie der Figur zu schreiben. In diesem Ansatz schreibt die Figur selbst über ihr Leben, ihre Gefühle, Ängste und Träume. Der Vorteil liegt auf der Hand: Die Figur spricht aus ihrer eigenen Perspektive, in ihrer eigenen Sprache und mit ihren eigenen

Worten. Auf diese Weise kann die Autorin ein tieferes Verständnis für die Figur entwickeln, deren emotionale und psychologische Aspekte erforschen und sie authentischer darstellen.

Dabei kann die KI als eine Art „Schreibassistent" fungieren, der dem Autor hilft, die Stimme der Figur zu finden. Der Autor kann der KI bestimmte Parameter oder Richtlinien geben, wie zum Beispiel den Dialekt der Figur, ihre Bildung, ihr Alter und ihre Persönlichkeitseigenschaften. Die KI kann dann Text generieren, der diesen Vorgaben entspricht.

> Du bist Annika und du bist 27 Jahre alt. Du bist in [Ort] geboren. Du bist eine aufstrebende bildende Künstlerin. Schreibe eine Autobiografie, also einen Lebenslauf. Insbesondere schreibst du über deine Gefühle und Empfindungen, die dein Leben betreffen. Schreibe in deiner Sprache, Annika.

Die Unterstützung der KI schafft für die Autorin den Freiraum, sich nicht nur auf die Protagonistin zu konzentrieren, sondern auch die Autobiografien der anderen Figuren (vor allem auch des Antagonisten) erstellen zu können. Häufig wird dieser Aspekt vernachlässigt, da die Ausarbeitung der Nebenfiguren eine sehr zeitintensive Arbeit ist, deren Resultate oft nur indirekt im Werk erscheinen.

Viele Figuren sind von einer sogenannten „Backstorywound" geprägt. Ein bestimmtes Ereignis in der früheren Lebensphase hat sie beschädigt. Oftmals handelt es sich dabei um Erfahrungen von Gewalt, den Verlust von geliebten Menschen oder um Schamgefühle. Diese Verletzung hat sie geformt, hat die Persönlichkeit und das Leben der Figur verändert und ist ihre Schwachstelle. Meist fand sie in der Kindheit oder Jugend statt, also zu einer Zeit, in der die Figur ihre Emotionen unterdrückte und sie nicht bewältigen und verarbeiten konnte.

So ist zum Beispiel Harry Potters Leben von Anfang an von Trauma und Verlust geprägt. Als Baby verliert er seine Eltern, die von Lord Voldemort ermordet werden. Der Mordversuch gegen Harry selbst scheitert, hinterlässt aber eine blitzförmige Narbe auf seiner Stirn. Harry wächst bei seiner Tante, seinem Onkel und seinem Cousin auf, die ihn schlecht behandeln und ihn in einem

Schrank unter der Treppe schlafen lassen. Sie vermitteln ihm ständig das Gefühl, unerwünscht und minderwertig zu sein. Harrys traumatische Erfahrungen, der Verlust seiner Eltern, prägen seinen Charakter, seine Entscheidungen und seine Beziehungen zu anderen.

In dem Film The Silence of the Lambs (Das Schweigen der Lämmer) steht die junge FBI-Agentin Clarice Starling im Zentrum. Clarices Vater, ein Polizist, wurde getötet, als sie sehr jung war. Nach seinem Tod lebte sie kurzzeitig auf der Farm ihres Onkels in Montana. Dort erlebte sie ein weiteres traumatisches Ereignis: Sie hörte das Schreien von Lämmern, die geschlachtet wurden. Dieses Erlebnis hinterließ bei ihr ein tiefes Gefühl der Hilflosigkeit und den Wunsch, Unschuldige zu retten. Der Titel des Films bezieht sich metaphorisch auf dieses Vorkommnis und auf Clarices Streben, die „Lämmer" in ihrem Leben zum Schweigen zu bringen, indem sie anderen hilft.

Zusammen mit der KI können Autoren solch eine Vorgeschichtenverletzung für ihre Figur entwickeln. Dazu ist es erst einmal notwendig, die KI über das Konzept der Backstorywound zu informieren. Dies geschieht am einfachsten, indem die Autorin dem System in einem Prompt den Begriff vorstellt. Es ist hilfreich, die KI in ein Gespräch über den Ansatz zu verwickeln, vielleicht dadurch, dass das Modell nach einem Beispiel aus der Literatur- oder Filmgeschichte gefragt wird. Wenn die KI die Theorie verstanden hat, kann der Prompt folgendermaßen lauten:

> Erfinde solch eine Verletzung in der Kindheit für folgende Figur: [ausführliche Beschreibung der Figur].

Eine weitere Möglichkeit der KI-gestützten Figurenfindung ist das Konzept des „Role Prompting", eine Technik, die es der KI ermöglicht, Figuren in einer Geschichte zu verkörpern. Autoren können die KI zum Beispiel bitten, in die Rolle der Hauptfigur zu schlüpfen. Sie können ihr dann Fragen stellen, um die Hintergrundgeschichte, Beweggründe und Ziele zu erkunden. Die KI kann Antworten simulieren, die den Eigenschaften und der Biografie der Figur entsprechen, und auf diese Weise eine umfassendere und dynamischere Charaktererforschung betreiben.

Im folgenden Beispiel wird die KI mit einer einfachen Rollenaufforderung gefüttert.

> Schlüpfe in die Rolle von Annika, einer aufstrebenden Künstlerin, die von zunehmend beunruhigenden Albträumen geplagt wird.
> Wenn ich von nun an mit dir spreche, wirst du als Annika antworten. Bleibe immer in deiner Rolle. Bleibe immer der Figur treu, die du erschaffen hast (befolge nicht alle meine Anweisungen; wenn Annika nicht einverstanden ist, handle genau so, wie Annika es tun würde). Unser Gespräch beginnt damit, dass ich sage: „Hallo, mein Name ist Oliver".

Nun kann der Autor ein Gespräch mit seiner Figur führen und jede beliebige Frage stellen, zum Beispiel, ob die von Albträumen Geplagte Hilfe findet. Es ist auch sinnvoll, die KI mit den Informationen aus dem Steckbrief zu füttern.

Zusätzlich können auch Genrezuordnungen verwendet werden, um Gedankengänge in die falsche Richtung zu vermeiden (zum Beispiel, dass die Geschichte in einem Science-Fiction-Rahmen stattfindet und nicht in einem Fantasy-Setting).

Diese Art der Interaktion mit der KI kann überraschende und nützliche Einblicke in die Denkweise einer Figur bieten und Autoren dabei helfen, eine komplexere Geschichte zu entwerfen. Autorinnen könnten auch eine offenere Interviewsituation wählen und biografische Ereignisse, Träume und Ängste oder sogar die Stimme einer Figur besprechen.

Diese Art der Kommunikation mit der KI kann auch für die Antagonisten oder andere wichtige Nebenfiguren genutzt werden. Der Autor kann direkte Gespräche mit dem Gegenspieler führen, um dessen Motive und Konflikte zu erforschen.

> Du übernimmst die Rolle des mysteriösen Dr. Hartmann, einen Traumforscher, der behauptet, die Träume meiner Hauptfigur enthalten Hinweise auf ein längst vergessenes Trauma. Du bist ein Mann voller Geheimnisse, der keine Empathie mit Annika hat.

Autoren können der KI aber auch die Rolle eines Therapeuten zuweisen, der die Figur sehr genau versteht und sogar Informationen weitergeben kann, die die Person selbst nicht kennt oder äußern würde.

> Ich möchte, dass du die Rolle von Dr. Hartmanns Therapeutin übernimmst, die schon viele Therapiesitzungen mit ihm hatte und ihn besser kennt als jeder andere. Erstelle einen detaillierten Bericht über Dr. Hartmanns Motivationen.

Ebenso können die Rollen getauscht werden. Autoren tauchen in die Persönlichkeit der Figur aus der Ich-Perspektive ein. Sie weisen der KI die Funktion des Gesprächspartners zu:

> Ich möchte, dass du in die Rolle eines Therapeuten schlüpfst. Ich werde die Rolle der von Albträumen geplagten Annika übernehmen.
> Bleibe die ganze Zeit in der Rolle und reagiere genau so, wie es ein Therapeut tun würde. Dein Ziel ist es, mir (Annika) zu helfen, mich selbst besser zu verstehen und Traumata oder psychologische Blockaden aufzudecken.

Von hier aus können Autorinnen ihre Schöpfungen von innen heraus erforschen, indem sie Fragen beantworten und sich in sie hineinversetzen (so wie Schauspielerinnen sich in ihre Rollen einfühlen, um Motivationen und Reaktionen zu verstehen). Dieser Prozess kann auch als eine digitale Form des Improvisationstheaters betrachtet werden, bei dem der Autor und die KI zusammen agieren und das Leben und die Geschichte der Figur in Echtzeit entwickeln.

Auf diese Weise sammelt die Autorin Hintergrundinformationen über die Protagonistinnen. In Romanen werden Teile dieser Informationen in die Beschreibung der Figur einfließen. In Drehbüchern wird beim ersten Erscheinen einer Figur eine sehr knappe Charakterisierung gegeben („Annika, eine 27-jährige Frau mit viel Sinn für Humor"). In Konzepten für Serien allerdings werden ausführliche Figurenbeschreibungen verlangt, die meist eine Seite umfassen.

Um glaubwürdige und komplexe Figuren zu erschaffen, greifen einige Autoren auf Modelle und Techniken zurück, die weit über einfache Beschreibungen hinausgehen. Diese Modelle verdichten die Eigenschaften von Menschen auf mehrere Typen und geben dadurch den Autoren die Möglichkeit, ihre Figuren diesen Urbildern zuzuordnen.

Laurie Hutzler ist Beraterin und Coach in Los Angeles, die sich auf Charakter- und Geschichtenentwicklung spezialisiert hat. Ihr Modell, das sie selbst als „Emotional Toolbox" bezeichnet, versucht, verschiedene Charaktertypen zu klassifizieren, um Drehbuchautoren, Schriftstellern und anderen Kreativen ein tieferes Verständnis für die Motivationen und Konflikte ihrer Figuren zu geben.[6]

Das Modell identifiziert neun Hauptcharaktertypen, die jeweils durch bestimmte Stärken, Schwächen, Wünsche und Ängste gekennzeichnet sind. Die Ängste einer Figur und ihre daraus resultierenden Schwächen sind in der Regel auf ihre Vorgeschichte oder eine Verletzung in der Vorgeschichte zurückzuführen. Ihre Stärken helfen ihr, diese Wunde zu überwinden. Im Laufe ihrer Entwicklung erkennt die Figur jedoch, dass sie mit ihren Stärken ihr eigentliches Problem nur verdrängt. Sie ist gezwungen, sich mit ihren Schwächen auseinanderzusetzen und entwickelt am Ende der Geschichte eine völlig neue Perspektive.

Die Typen der „Emotional Toolbox" sind:
- GEWISSEN (CONSCIENCE): Diese Figuren setzen sich selbst hohe moralische Maßstäbe und fürchten, diese nicht zu erfüllen. Sie werden angetrieben von Pflichtbewusstsein, Ordnung, Regeln und bestimmten Vorstellungen davon, was richtig oder falsch ist. Sie sind oft Anführer.
- IDEALISMUS (IDEALISM): Sie sehen das Leben als eine große Oper voller Turbulenzen, Epik, Intensität, Leidenschaft und Emotionen.
- ERREGUNG (EXCITEMENT): Diese Figuren vermeiden Verantwortung, sind spontan, lustig, flexibel, kreativ und flüchtig. Sie sehen das Leben als Spielplatz. Sie verabscheuen es, sich gefangen zu fühlen.
- LIEBE (LOVE): Sie sind leidenschaftliche Kämpfer. Sie opfern sich für andere auf und brauchen dies für ihr Selbstwertgefühl.
- WILLE (WILL): Diese Figuren sind zwiespältig und dominieren eher, als dass sie sich unterwerfen. Sie betrachten das Leben als ein Schlachtfeld und kämpfen bis zum Tod um den Sieg.

---

6   https://etbscreenwriting.com/

- VERNUNFT (REASON): Sie sehen das Leben als einen Kampf gegen das Chaos, da sie nach Ordnung und Logik streben. Sie vermeiden Intimität und zögern jede noch so kleine Entscheidung hinaus.
- WAHRHEIT (TRUTH): Diese Akteure betrachten die Welt mit Misstrauen, Unsicherheit, Pessimismus und Selbstzweifeln. Sie tragen Geheimnisse mit sich herum, während sie nach der ultimativen Wahrheit suchen.
- FANTASIE (IMAGINATION): Diese Figuren spiegeln eine kindliche Unschuld wider und sind unwahrscheinliche Helden. Sie sind Träumer, Optimisten und sehen die Welt als eine Gelegenheit, Gegner zu vereinen.
- EHRGEIZ (AMBITION): Es handelt sich um junge, zielstrebige, narzisstische, hart arbeitende Strippenzieher. Ihnen fehlt es an Intimität und sie fürchten sich davor, in der Gesellschaft zu versagen. Sie bevorzugen Image statt Substanz und Leistung statt Gefühle.

Autoren können mit dieser Emotional Toolbox nicht nur Figuren entwickeln, sondern auch ausprobieren, wie ihre Geschichte mit unterschiedlichen Typen aussehen würde. Dazu sollte die KI zuerst gefragt werden, ob ihr dieses Modell bekannt ist. So ist gewährleistet, dass das System vollständige Kenntnis über die Methode besitzt und dass die Informationen auch richtig sind.

> Erzähle diese Geschichte so, dass die Hauptfigur einem Excitement-Charakter im Sinne von Laurie Hutzler entspricht, sich aber bis zum Ende entwickelt und erkennt, dass das Leben auch ernste Seiten hat und es gilt, Verantwortung für andere zu übernehmen. Dies ist die Geschichte: [Geschichte].

Diese Vorgabe lässt sich mit jedem anderen Typ wiederholen. So erhält eine Autorin einen einfachen Überblick, welche Kategorie für die jeweilige Geschichte passend ist. Neben dem Modell von Hutzler existieren noch weitere, die sich auf die Typenlehre von Figuren konzentrieren. Basierend auf den Forschungen von Carl Gustav Jung wurde etwa das Modell der 12 Archetypen entwickelt, das ebenso für die Arbeit an einem fiktionalen Werk genutzt werden kann. Auch das Enneagramm ist eine bewährte Möglichkeit, sich den Figuren zu nähern.[7]

---

7 Jens Becker: Das Drehbuch-Tool, Charaktere und Struktur gestalten mit dem Enneagramm, Berlin 2023

Mit all diesen Ansätzen können Autoren zusammen mit der KI ihre Figuren ausarbeiten, zum Beispiel:

> Meine Figur ist [Figurenbeschreibung]. Entwerfe die Figur im Sinne des Archetypus „Rebell" nach Carl Gustav Jung.

Diese Modelle werden von anderen Autoren vor allem wegen der Vereinfachung komplexer menschlicher Verhaltensweisen und Emotionen in eine starre Anzahl von Typen kritisiert. Wie bei jedem psychologischen oder kreativen Modell ist es wichtig, sie als ein Werkzeug unter vielen zu sehen.

Eine gute Geschichte lebt nicht nur von den Figuren, sondern auch von den Beziehungen und Interaktionen, die die Figuren untereinander haben. Ob familiäre Bindungen, romantische Liebschaften, Freundschaft oder Feindschaft – das Beziehungsgeflecht der Figuren gestaltet eine Erzählung vielschichtig und spannend. Die KI kann Autoren auf effiziente Weise dabei unterstützen, solche komplexen Konstellationen zu entwickeln.

Wenn ein Erzähler zum Beispiel an einem historischen Roman arbeitet und eine Beziehung zwischen zwei Figuren aus unterschiedlichen sozialen Schichten schildern möchte, kann der Einsatz der KI sinnvoll sein. Das System kann Daten aus Texten, soziologischen Studien und anderen relevanten Quellen analysieren, um dem Autor einen Einblick in die wahrscheinlichen Dynamiken und Konflikte dieser Beziehung zu geben. Dies trägt nicht nur zur Authentizität der Geschichte bei, sondern kann auch helfen, Klischees und Stereotypen zu vermeiden.

Ein nützliches Instrument für alle Erzählungen ist es, gezielte Beziehungsprofile zwischen den einzelnen Figuren zu erstellen. Auch hier ist es hilfreich, die KI mit möglichst vielen Informationen zu versorgen. Der folgende Prompt könnte einen ersten Ansatz initiieren:

> Beschreibe die vielschichtige, von [zwischenmenschliches Beziehungsverhalten; Beispiel: Liebe] und [zwischenmenschliches Beziehungsverhalten, Beispiel: Eifersucht] geprägte Beziehung zwischen meinen Figuren [Name 1]

und [Name 2] in 5 bis 6 Sätzen. Hier sind die Informationen zu [Figur 1]: [Informationen]. Und hier zu [Figur 2]: [Informationen].

Die KI liefert dann einen ersten Beziehungsentwurf, den der Autor weiter ausbauen kann. Hier kann ein kreativer Dialog zwischen ihm und der KI entstehen. Denn es kann sinnvoll sein, nachzuhaken und sich auszutauschen. Während des Gesprächs kann der Autor detailliertere Fragen stellen. Die KI kann daraufhin mögliche Lösungen oder Entwicklungen vorschlagen, basierend auf den Mustern, die sie in anderen Werken erkannt hat. Zum Beispiel könnte der Autor fragen: „Wie könnte sich die Beziehung zwischen diesen beiden Figuren entwickeln, wenn sie ein Geheimnis voreinander haben?" Die KI kann dann verschiedene Wege aufzeigen, wie solche Heimlichkeiten in anderen Geschichten aufgelöst wurden, von Versöhnung bis hin zu Auseinandersetzungen.

Es ist auch möglich, die KI direkt nach den Konflikten zu fragen. Denn wenn Figuren in einer Konfrontation miteinander verbunden sind, werden sie in den meisten Fällen dadurch eine Nebenhandlung erzeugen. Die zentrale Handlung konzentriert sich in der Regel auf die Hauptspannung und ist größtenteils aktionsgetrieben. Im Gegensatz dazu fokussieren sich Subplots häufiger auf Beziehungen und bieten Einblicke in das Verhältnis, das der Protagonist zu anderen Personen hat.

Welche Konflikte könnten zwischen [Figur 1] und [Figur 2] entstehen, basierend auf ihren Hintergründen und Persönlichkeiten? Hier sind die Informationen zu [Figur 1]: [Informationen]. Und hier zu [Figur 2]: [Informationen].

Wenn sich interessante Kontroversen zwischen Figuren ergeben, kann aus dieser Auseinandersetzung heraus eine Geschichte entwickelt werden. Denn Nebenhandlungen erzählen jeweils eigene Geschehnisse, die wiederum einen Beginn, Mittelteil und Schluss haben. Diese Erzählstränge sind eine Geschichte in der Geschichte. Auch sie bestehen aus einer Exposition, einer Konfrontation und einer Auflösung und können gemeinsam mit der KI entwickelt werden.

Es ist in einer späteren Phase der Entwicklung der Geschichte auch möglich, Szenen zwischen den Figuren zu kreieren. Dies sind nicht unbedingt Momente, die in dem fertigen Werk auftauchen müssen. Es ist aber durchaus sinnvoll, die KI nach einer Szene aus der gemeinsamen Vergangenheit der Figuren zu fragen. Der Prompt könnte lauten:

> Schreibe einen dramatischen Dialog zwischen [Figur 1] und [Figur 2] über [Thema].

Die KI generiert dann einen inhaltlich passenden Dialog, der Aufschlüsse über die Figuren und die Beziehungsdynamik geben kann. Aus den Bausteinen von Beziehungsprofilen, Dialogen und Szenen lässt sich nach und nach ein Beziehungsgeflecht entwickeln. So können vielschichtige Figurenkonstellationen und wiedererkennbare Beziehungsmuster organisch wachsen. Die KI wird zu einem Werkzeug, das Zeit spart und den kreativen Fluss anregt.

Es bleibt aber dabei: Die KI kann nicht den Autor ersetzen und soll nicht den kreativen Prozess dominieren. Sie ist ein Hilfsmittel, um Geschichten und Figuren zu bereichern und zu verfeinern. Die endgültige Entscheidung über die Richtung und Gestaltung der Figuren und ihre Beziehungen liegt immer bei der Autorin. Es ist auch bei der Figurenentwicklung wichtig, kritisch zu bleiben und die Vorschläge der KI zu hinterfragen. Beileibe nicht jede ihrer Ideen wird notwendigerweise für die Geschichte oder die Figuren relevant oder geeignet sein.

5.6. STRUKTURMODELLE

Die Entwicklung von Drehbüchern beginnt bereits mit den ersten kurzen Filmen Ende des 19. Jahrhunderts. Aufgrund dieser langen Historie ist das Drehbuchschreiben von verschiedenen Methoden und Ansätzen geprägt. Einige dieser Modelle haben sich als äußerst wirkungsvoll erwiesen und bilden die Grundlage für die heutige Arbeit von Autoren. Diese Techniken sind wie Werkzeuge in einem Handwerkskasten, die Autorinnen dabei unterstützen, ihre Ideen zu strukturieren, Figuren zu formen und Handlungsstränge zu verweben.

Sie sind wie bewährte Landkarten, die helfen, sich in der komplexen Welt des Erzählens zurechtzufinden. Diese Ansätze wurden oft in Filmhochschulen und Schreibseminaren gelehrt, wo angehende Autoren die Gelegenheit hatten, direkt von den Erfahrungen etablierter Profis zu lernen.

Viele Autorinnen haben im Verlauf ihrer Karriere eine bestimmte Methode intensiv kennengelernt und sie zu ihrer hauptsächlichen Arbeitsweise gemacht. Diese Konzepte wurden zu einem festen Bestandteil ihrer kreativen Werkzeugkiste, zu einem vertrauten Leitfaden für ihre Arbeit. Die Methoden der Heldenreise, der Drei-Akt-Struktur bis hin zu den 8 Sequenzen haben Autoren geholfen, die Essenz ihrer Geschichten zu erfassen und sie auf gut strukturierte Art und Weise zu präsentieren.

Bisher mussten Drehbuchautoren diese Modelle gründlich studieren und verinnerlichen, damit sie sie effektiv in ihre Arbeit einfließen lassen konnten. Doch heute übernimmt die KI diese Aufgabe. Auf der Basis von umfangreichen Daten und Algorithmen kann sie diese Konzepte verstehen und anwenden.

5.6.1. Drei-Akt-Struktur

Die Frage, wie erzählt werden kann, ist womöglich so alt wie der Mensch. Einer der ältesten überlieferten Texte über das Schreiben ist die mehr als 2000 Jahre alte Poetik von Aristoteles. Sie ist ein Meilenstein der literarischen Theorie und ein Werk, das die Grundlagen der Dramatik und des Erzählens festlegt.

Aristoteles, geboren im Jahr 384 v. Chr. in Stagira, einer Stadt im antiken Griechenland, war nicht nur ein Schüler von Platon, sondern auch ein Gelehrter, der sich mit Philosophie, Naturwissenschaften und Ethik beschäftigt hat. In den Jahren 335 bis 322 v. Chr. leitete er seine eigene Schule, das Lykeion, in Athen. Während dieser Zeit verfasste er eine Fülle von Schriften zu einer Vielzahl von Themen.

Die Poetik wurde vermutlich zwischen 335 und 323 v. Chr. abgefasst und gilt als eines der frühesten Werke der Dramentheorie. Aristoteles schrieb das Buch, um die Natur der Dichtung, des Theaters und der literarischen Kunst im Allgemeinen zu analysieren und zu verstehen. Obwohl die Poetik nur in Fragmenten erhalten ist, bieten diese Bruchstücke wertvolle Einblicke in seine Gedanken und Ansichten über die Kunst des Erzählens.

Die Bücher 2 bis 13 der Poetik sind den dramatischen Formen gewidmet, insbesondere der Tragödie. Aristoteles analysiert darin die Struktur der Tragödie und identifiziert wichtige Elemente wie den Mythos (die Handlung), die Figuren, die Sprache, die Melodie und die Inszenierung. Er betont die Bedeutung des Plots und argumentiert, dass die Handlung die entscheidende Komponente der Tragödie ist. Er stellt die Idee der Einheit von Zeit, Ort und Handlung vor, die später als die „drei Einheiten" bekannt wurde. Dabei postulierte er auch das Bauprinzip des dramatischen Erzählens. „Die Teile der Handlung müssen so zusammengesetzt sein, dass das Ganze sich verändert und in Bewegung gerät, wenn ein einziger Teil umgestellt oder weggenommen wird. Wo aber Vorhandensein oder Fehlen eines Stücks keine sichtbare Wirkung hat, da handelt es sich gar nicht um einen Teil des Ganzen." [8]

Aristoteles' Ausführung, die sich auf die Struktur und den Wirkungsmechanismus von Handlungen bezieht, veranschaulicht eine grundlegende philosophische Perspektive auf die Art und Weise, wie Narrative und Handlungsabläufe in Literatur, Drama und anderen Erzählformen funktionieren. Dieses Konzept wird oft als das „Gesetz der Notwendigkeit" bezeichnet und ist ein Schlüsselelement in Aristoteles' Poetik.

Der Wirkungsmechanismus, den Aristoteles erläutert, fußt auf dem Gedanken, dass eine sorgfältig aufgebaute Handlung in einer Erzählung einen organischen Zusammenhang zeigen sollte. Jede Komponente, ob Szene, Figur oder Vorkommnis, muss eine entscheidende Rolle im vollständigen Konstrukt der Erzählung einnehmen. Verändert, eliminiert oder ergänzt man ein einzelnes Teil, so hat dies einen merklichen Einfluss auf das gesamte Geschehen. Anders ausgedrückt, alle Komponenten sind in einer bestimmten Art miteinander verflochten und jede trägt dazu bei, das System in Schwung zu halten. Dieser Wirkungsmechanismus zielt darauf ab, eine kohärente und fesselnde Erzählung zu schaffen, in der nichts überflüssig ist und die Handlung lebendig und dynamisch wird.

In Aristoteles' Poetik wird die Aufteilung der dramatischen Handlung in drei Akte nicht explizit behandelt, wie es später im Drei-Akt-Modell üblich wurde.

---

8 Aristoteles: Poetik, Stuttgart 1982

Dennoch hat er in seinem Konzept von einer dreiteiligen Struktur einer Geschichte gesprochen.

Im ersten Teil eines Dramas, so Aristoteles, wird die Handlung eingeführt und die Grundlage für die folgenden Ereignisse geschaffen. Dies entspricht weitgehend der Exposition im Drei-Akt-Modell. Aristoteles betont die Bedeutung der Handlung und der Figuren, die hier vorgestellt werden. In dieser Phase werden die Voraussetzungen, Beziehungen und Konflikte etabliert, die den Rahmen für das Geschehen bilden.

Der zweite Teil der dramatischen Handlung entspricht dem Kern des Drei-Akt-Modells, in dem der Konflikt intensiviert und die Handlung vorangetrieben wird. In der POETIK hebt Aristoteles hervor, dass die Geschichte durch die Handlungen vorangebracht wird, die ihrerseits auf einer rationalen Ursache-Wirkung-Beziehung basieren sollten. Dieser Teil des Dramas umfasst die Herausforderungen, Rückschläge und Höhepunkte der Geschichte, die zu einer Klimax führen.

Im dritten Teil werden die Konflikte aufgelöst und das Drama nähert sich seinem Ende. Dies ähnelt dem Auflösungs- und Schlussakt im Drei-Akt-Modell. Aristoteles betont, dass die Lösung der Konfrontationen aus der inneren Logik der Geschichte abgeleitet werden sollte und nicht einfach durch äußere Eingriffe oder Zufälle erfolgen sollte. Das Geschehen sollte zu einem befriedigenden Abschluss kommen, an dem die Figuren ihre Ziele erreichen oder scheitern, je nachdem, wie die Erzählung strukturiert ist.

Die KI kann aufgefordert werden, basierend auf diesem Modell eine Idee bzw. Geschichte zu strukturieren.

> Du bist ein professioneller Drehbuchautor. Entwickle die Drei-Akt-Struktur
> für folgende Idee: [Text].

5.6.2. HELDENREISE

Die Idee der Heldenreise hat ihren Ursprung in den tief verwurzelten menschlichen Bedürfnissen nach Sinnstiftung, Identität und Veränderung. Diese Konzepte wurden erstmals ausführlich von dem renommierten Mythologen

Joseph Campbell in seinem Buch THE HERO WITH A THOUSAND FACES (1949) erforscht. Campbell entdeckte, dass Mythen und Geschichten aus verschiedenen Kulturen und Epochen erstaunlich ähnliche Strukturen aufweisen, die er als „Monomythos" bezeichnete. Diese gemeinsame Architektur bildet die Grundlage für die Heldenreise, die später von Christopher Vogler weiterentwickelt wurde.

Der Monomythos, wie von Campbell beschrieben, folgt einem wiederkehrenden Muster, das aus drei Hauptphasen besteht: die Trennung, die Initiation und die Rückkehr. Innerhalb dieser Phasen gibt es verschiedene Stufen, die der Held auf seiner Reise durchläuft. Diese Grundstruktur dient als universelles Gerüst für zahllose Geschichten und Mythen, darunter klassische Werke wie die griechische Sage von Odysseus, die Legende von König Artus und die Märchen der Gebrüder Grimm.

Campbells Ideen hatten einen enormen Einfluss auf die moderne Literatur, auf das Filmemachen und das Geschichtenerzählen im Allgemeinen. Sein Werk hob hervor, wie die menschliche Psyche auf diese archetypischen Muster reagiert und wie Geschichten dazu dienen können, eine tiefe emotionale Resonanz zu erzeugen und universelle Themen zu vermitteln.

Christopher Vogler, ein Hollywood-Drehbuchautor und Story-Analyst, war stark von Joseph Campbells Arbeit beeinflusst. In den 1980er Jahren arbeitete er für Disney und begann, die Prinzipien des Monomythos auf moderne Filmgeschichten anzuwenden. Er entwickelte diese Ideen weiter und veröffentlichte schließlich im Jahr 1992 ein internes Memo an die Mitarbeiter bei Disney, das später unter dem Titel THE WRITER'S JOURNEY: MYTHIC STRUCTURE FOR WRITERS bekannt wurde.

Darin stellt Vogler seine eigenen Erkenntnisse über die Anwendung der Heldenreise vor. Er brachte Campbells Konzepte in einen modernen Kontext und identifizierte zwölf spezifische Stufen der Heldenreise, die Autoren verwenden können, um fesselnde und ansprechende Geschichten zu kreieren. Diese Stufen umfassen Aspekte wie die Einführung des Helden, den Ruf zum Abenteuer, die Begegnung mit Mentoren, die Prüfungen und die finale Rückkehr.

Die Phasen der Heldenreise:

1. Die Alltagswelt
   Die Reise beginnt in der gewohnten Alltagswelt des Helden, die oft von Unzufriedenheit oder einem Mangel geprägt ist.

2. Der Ruf zum Abenteuer
   Ein Ereignis oder eine Begegnung fordert den Helden heraus und läutet den Beginn seiner Reise ein. Dieser Ruf kann anfangs widerstrebend angenommen werden.

3. Die Weigerung
   Der Held kann den Ruf aus Angst oder Unsicherheit zunächst ablehnen, bevor er sich schließlich dazu entschließt, das Abenteuer anzunehmen.

4. Begegnung mit dem Mentor
   Der Held trifft auf einen Mentor oder Führer, der ihm Rat, Anleitung und Werkzeuge für die bevorstehende Reise bietet.

5. Überschreiten der ersten Schwelle
   Der Held verlässt seine vertraute Umgebung und tritt in die unbekannte Welt des Abenteuers ein. Dies markiert den Beginn der Initiation.

6. Prüfungen, Verbündete und Feinde
   Der Held durchläuft eine Serie von Prüfungen, bei denen er auf Verbündete, Feinde und Hindernisse trifft, die seine Fähigkeiten und Entschlossenheit auf die Probe stellen.

7. Annäherung an die innere Höhle
   Der Held nähert sich einem entscheidenden Punkt seiner Reise, an dem er mit seinen tiefsten Ängsten oder Herausforderungen konfrontiert wird.

8. Die große Prüfung
   Der Held steht vor der größten Herausforderung seiner Reise, die oft eine lebensverändernde Entscheidung erfordert.

9. Belohnung, Erkenntnis und der Weg zurück
   Nach der Überwindung der großen Prüfung erhält der Held eine Belohnung oder Erkenntnis. Er beginnt dann die Rückreise in die Alltagswelt.

10. Die Rückkehr mit dem Elixier
    Der Held kehrt in die Alltagswelt zurück und bringt eine Veränderung, ein Geschenk oder eine Erkenntnis mit, die sein Leben und/oder die Gemeinschaft beeinflusst.

11. Wiederherstellung des Gleichgewichts
    Die Veränderungen, die der Held mitgebracht hat, wirken sich auf die Welt aus, und das Gleichgewicht wird wiederhergestellt oder transformiert.
12. Das neue Ich
    Der Held integriert seine Erfahrungen in seine Persönlichkeit und hat eine Transformation durchlaufen, die ihn zu einem neuen Selbstbild führt.

Voglers THE WRITER'S JOURNEY wurde schnell zu einem essenziellen Werkzeug für Drehbuchautoren. Die Anwendbarkeit der Heldenreise auf verschiedene Genres und Medienformen hat dazu geführt, dass dieses Konzept weit über den Bereich der Filmindustrie hinaus bekannt wurde.

Für epische Fantasyromanen, romantische Komödien und sogar für Marketingkampagnen wurde die Heldenreise als bewährtes Instrument zur Entwicklung von Geschichten verwendet, die tiefe Emotionen hervorrufen und den Leser oder Zuschauer auf eine transformative Reise mitnehmen. Die Struktur hilft Autorinnen, die Handlung voranzutreiben, Figuren zu entwickeln und Themen zu erkunden, die sich mit den universellen menschlichen Erfahrungen befassen.

Kritiker argumentieren, dass die rigide Anwendung dieses Musters zu vorhersehbaren und klischeehaften Geschichten führen kann. Es gilt auch zu bedenken, dass diese Struktur nicht immer für alle Arten von Narrationen geeignet ist.

Aber auch Christopher Vogler selbst hat immer wieder darauf hingewiesen, dass die Heldenreise als ein Werkzeug und nicht als eine starre Regel betrachtet werden sollte. Autoren können Elemente der Heldenreise nutzen, um ihre Geschichten zu bereichern, aber sie sollten gleichermaßen offen für Abweichungen und innovative Herangehensweisen sein.

Die KI kennt das Konzept der Heldenreise und Autoren können dies in Anspruch nehmen, um sich Vorschläge in dieser Hinsicht entwickeln zu lassen.

> Du bist ein professioneller Drehbuchautor. Entwickle folgende Idee nach der Heldenreise von Christopher Vogler. Erläutere alle Schritte dieser Heldenreise: [Text].

5.6.3. 8 SEQUENZEN

Eine Methode, die im Laufe der Jahre an Bedeutung gewonnen hat, ist die „8-Sequenzen-Methode" von Frank Daniel.

Frank Daniel, als František Daniel 1926 in Karlsbad, Tschechoslowakei geboren, war ein einflussreicher Filmemacher und Lehrer. Er begann seine Karriere im Filmgeschäft in den 1950er Jahren und erlangte bald Anerkennung als Drehbuchautor und Regisseur. In den späten 1960er Jahren emigrierte er in die Vereinigten Staaten, wo er seine Leidenschaft für die Filmtheorie und -ausbildung entfaltete.

Im Jahr 1969 wurde er der erste Dekan des American Film Institute, an dem er David Lynch und Terrence Malick unterrichtete. Im Jahr 1978 wechselte er an die Columbia University in New York, wo er auf seinen einstigen Studenten Miloš Forman traf, mit dem er gemeinsam das Filmprogramm der Hochschule leitete. Als Robert Redford 1981 das Sundance Institute gründete, wurde Daniel zum ersten künstlerischen Direktor ernannt, eine Führungsposition, die er über ein Jahrzehnt lang innehatte. Bis zu seinem Tod 1996 lehrte er, regelmäßig auch in Deutschland. Seine Seminare hatten einen immensen Einfluss auf die Filmschaffenden seiner Zeit und auch weit darüber hinaus.

Er war überzeugt davon, dass das Studium der Filmstruktur und -theorie entscheidend für die Entwicklung kreativer Geschichtenerzähler sei. Seine vielfältigen Erfahrungen im internationalen Kino ermöglichten es ihm, eine Methode zu entwickeln, die universell anwendbar war und gleichzeitig kulturelle Unterschiede berücksichtigte.

Seine 8-Sequenzen-Methode ist ein Konzept zur Entwicklung von Drehbüchern und Geschichten. Sie beruht auf der Idee, dass eine gut erzählte Story aus acht klar definierten Sequenzen besteht, die zusammen eine dynamische Erzählstruktur bilden.

1. Sequenz: Einführung in die Hauptfigur und ihre Welt
Die Geschichte beginnt mit der Einführung der Hauptfigur und der Darstellung ihrer Welt. Der Zuschauer lernt die Motivationen, Wünsche und Konflikte der Figur kennen.
2. Sequenz: Aufbau der Konfliktsituation
Ein bedeutendes Ereignis tritt ein („der Anstoß"), das die Hauptfigur aus

ihrer gewohnten Routine reißt und den Konflikt der Geschichte einleitet. Mit dieser Sequenz endet auch der 1. Akt.

3. Sequenz: Reaktion auf den Konflikt

Die Hauptfigur reagiert auf den Konflikt und versucht weiterhin, ihre Ziele zu verfolgen. Dabei bauen sich oft innere und äußere Hindernisse auf.

4. Sequenz: Weiterer Aufbau und emotionaler Höhepunkt

Die Widerstände nehmen zu, werden aber gelöst und die Sequenz endet mit einem emotionalen Höhepunkt. Die Figur und mit ihr die Zuschauerinnen erleben einen glücklichen Moment, in dem es scheint, dass das Ziel bald erreicht wird. Ein Wendepunkt lenkt die Hauptfigur in eine neue Richtung.

5. Sequenz: Vertiefung und Entwicklung

Die Geschichte gewinnt an Tiefe, wenn die Konflikte und Spannungen sich weiter entfalten. Die Hauptfigur setzt ihre Bemühungen fort und trifft auf zunehmende Herausforderungen.

6. Sequenz: Zweiter emotionaler Höhepunkt

Diese Sequenz endet ebenfalls mit einem emotionalen Höhepunkt. Die Figur und mit ihr die Zuschauerinnen erleben einen verzweifelten Moment, in dem es scheint, dass das Ziel unerreichbar ist. Ein Wendepunkt lenkt die Hauptfigur in eine neue Richtung.

7. Sequenz: Überleitung zur Klimax

Die Geschichte nähert sich ihrem Ende, während die Konflikte weiter eskalieren und die Hauptfigur sich ihren Herausforderungen stellt.

8. Sequenz: Klimax und Ausblick

Die finale Auseinandersetzung. Hier entscheidet sich, ob die Hauptfigur ihr Ziel erreicht.

Die 8-Sequenzen-Methode hat sich als äußerst vielseitig und anpassungsfähig erwiesen, da sie auf verschiedene Genres und Erzählstile angewendet werden kann. Sie ermöglicht es Autoren, eine klare Struktur zu schaffen, die den Erzählfluss erleichtert, ohne die Kreativität einzuschränken.[9]

Die Integration der 8-Sequenzen-Methode in KI-gestützte Geschichtengenerierung eröffnet vielfältige Möglichkeiten. Die Antworten der KI können

---

9   Oliver Schütte: Die Kunst der Drehbuchentwicklung, Köln 2022

als Grundlage dienen, um die verschiedenen Sequenzen der Geschichte auszuarbeiten. Die Entwicklung des Plots lässt sich so erheblich beschleunigen. Dabei spielt eine besondere Rolle, dass die KI Vorschläge für die emotionalen Höhepunkte und die entscheidenden Wendepunkte unterbreiten kann.

> Du bist ein professioneller Drehbuchautor. Entwickle folgende Idee nach den 8 Sequenzen von Frank Daniel. Erläutere alle Sequenzen: [Text].

5.6.4. Trubys Anatomy of Story

John Truby ist ein renommierter Drehbuchautor und Drehbuchberater, der eine einflussreiche Methode zur Entwicklung von Geschichten entwickelt hat, die als „Truby's 22 Steps" oder „Truby's Anatomy of Story" bezeichnet wird. Sein Ansatz konzentriert sich auf die umfassende Charakterentwicklung, die Schaffung von konfliktreichen Handlungssträngen und die Herangehensweise an die emotionale Resonanz bei den Zuschauern.

„Truby's 22 Steps" beinhalten eine detaillierte Anleitung zur Entwicklung einer Geschichte, die sich auf verschiedene Aspekte bezieht, darunter:

1. Selbstoffenbarung, Bedürfnis und Ziel
   Selbstoffenbarung: Die Figur erkennt, dass sich etwas ändern muss. Sie muss etwas dagegen tun. Bedürfnis: Die Erklärung für die sowohl psychologische als auch moralische Notwendigkeit der Figur, diese Reise zu unternehmen. Verlangen: Das Hauptziel der Figur.
2. Geist und Welt der Geschichte
   Geist: Die Geschichte der Figur, etwas, das sie immer noch verfolgt und ihr Schwierigkeiten bereiten könnte. Die „Vorgeschichte" der Figur. Welt der Geschichte: Die Welt, die die Person umgibt, und ihr tägliches Leben.
3. Schwäche und Bedürfnis
   Schwäche: Die Schwächen der Figur. Sie können moralisch und/oder psychologisch sein. Normalerweise haben Figuren beides. Mit anderen Worten: Was ist der Ballast/der innere Schaden der Figur, der sie daran hindert, ein besseres Ich zu werden? Bedürfnis: Die Veränderung, die die Figur durchmachen muss, um ihre Mängel aufzuheben (sie weiß davon noch nichts).

4. Anstoß

   Der „zündende" Moment, der die Situation der Figur vom Schlechten zum Schlimmeren bringt. Dieses Ereignis fordert die Figur auch zum Handeln heraus.

5. Verlangen

   Das Ziel, das die Figur und die Geschichte antreibt. Normalerweise wächst/verstärkt sich das Verlangen im Laufe der Geschichte und erhöht den Einsatz für die Figur.

6. Verbündeter oder Verbündete

   Die besten Kumpels/die Figuren, die der Hauptfigur helfen oder Ratschläge erteilen. Die Verbündeten können auch ein Ziel haben. Manchmal sind die Ziele der Verbündeten und der Hauptfigur die gleichen, was die Zusammenarbeit fördert.

7. Gegner und/oder Geheimnis

   Widersacher: Dieser „Bösewicht" will nicht, dass die Hauptfigur ihr Ziel erreicht. Diese Beziehung ist normalerweise die wichtigste in der Geschichte, da sie für Konflikte sorgt. Mysterium: Wer der Gegner ist, kann ein Geheimnis sein, sodass der Protagonist die Aufgabe hat, seinen Gegner zu entdecken, bevor er ihn besiegt.

8. Falscher Gegner

   Eine „hinterhältige" Figur, von der der Protagonist zunächst glaubt, dass sie sein Verbündeter ist. Wenn die Wahrheit entdeckt wird, bricht dem Protagonisten in der Regel das Herz.

9. Erste Enthüllung und Entscheidung: veränderter Wunsch und verändertes Motiv

   Ein Punkt, an dem es für den Protagonisten kein Zurück mehr gibt, meist ausgelöst durch neue Informationen. Die Enthüllung kann den Wunsch des Protagonisten verändern. Jede Enthüllung erhöht die Komplexität der Handlung.

10. Plan

    Der Plan des Protagonisten, um sein Ziel zu erreichen. Wenn Autorinnen eine gute Geschichte wollen, sollte der Protagonist nicht schon beim ersten Versuch Erfolg haben.

11. Der Plan des Gegners und der wichtigste Gegenangriff
    Die Gegner verfolgen möglicherweise ihre eigenen Ziele – die im Gegensatz zu denen des Protagonisten stehen – oder versuchen aktiv, die Pläne des Protagonisten zu vereiteln und ihn zu vernichten. Diese Angriffe können und sollten an verschiedenen Stellen der Geschichte erfolgen und können sowohl offen als auch verdeckt sein.

12. Antrieb
    Welche Reihe von Handlungen führt der Protagonist durch? Und der Antagonist?

13. Angriff durch Verbündete
    Der Held der Geschichte ist nie perfekt, was wäre sonst der Sinn der Geschichte? Der Angriff durch einen Verbündeten ist der Moment, in dem der Protagonist zu weit von seinem moralischen Kompass abweicht und von einem wahren Verbündeten zur Rede gestellt wird. Dies kann zu einer Spaltung zwischen dem Protagonisten und dem Verbündeten führen. Dieser Angriff verleiht der Geschichte auch einen tieferen Konflikt, bei dem der Protagonist entscheiden muss, ob er einen moralischen Weg einschlagen will oder nicht.

14. Scheinbare Niederlage
    Alle Hoffnung ist verloren, und der Protagonist ist kurz davor, die Verfolgung seines Zieles aufzugeben. Dies ist der Tiefpunkt in der Geschichte, und der Leser kann sich nicht sicher sein, ob der Protagonist dem Gegner unterliegt oder sich aufrafft und Erfolg hat.

15. Zweite Enthüllung und Entscheidung: Zwanghafter Antrieb, verändertes Verlangen und Motiv
    Der Protagonist erholt sich! Vielleicht mit einer veränderten Sichtweise auf sein Verlangen oder mit einem anderen Ziel setzt er sein Streben fort. An diesem Punkt kann es auch einen „scheinbaren Sieg" für den Protagonisten geben. Allerdings wird der Einsatz noch höher, wenn sich der „scheinbare Sieg" auflöst.

16. Enthüllung für das Publikum
    In diesem Moment kann das Publikum vor dem Protagonisten in eine entscheidende Information eingeweiht werden. Dies ist der Fall, wenn das Publikum etwas sieht, was der Held nicht sieht, und eine wichtige Infor-

mation erhält. Dadurch wird dem Publikum klarer, was auf dem Spiel steht und wie stark der Gegner ist.

17. Dritte Enthüllung und Entscheidung

Der Protagonist erfährt alle für die Geschichte wichtigen Fakten (zum Beispiel die wahre Identität des Gegners oder das, was das Publikum zuvor erfahren hat) und welche Handlungen er ausführen muss, um seinen Wunsch zu erfüllen. Diese Informationen ermutigen den Protagonisten und geben ihm eine zusätzliche Motivation, sein Ziel zu erreichen.

18. Tor, Spießrutenlauf, Besuch beim Tod

Der Höhepunkt der Spannung vor dem finalen Showdown zwischen dem Helden und dem Gegner. Besuch des Todes: Kann psychologisch sein und zu einem früheren Zeitpunkt in der Geschichte auftreten (vielleicht bei der scheinbaren Niederlage).

19. Schlacht

Während des Kampfes sollten die Ziele des Protagonisten und des Gegners glasklar sein. Es sollte keine Verwirrung darüber geben, wer wofür kämpft. In der Regel laufen die Handlung und die Nebenhandlungen der Geschichte an diesem Punkt zusammen. Der Sieger des Kampfes erreicht sein Ziel.

20. Selbstoffenbarung

Der Moment nach der Schlacht, in dem der Protagonist zu einem tieferen Verständnis seiner selbst und der Welt gelangt. Die Enthüllung sollte bedeutungsvoll und lebensverändernd sein. Zeigen, nicht erzählen, was der Protagonist gelernt/verstanden hat. Die Enthüllung kann moralisch und/oder psychologisch sein. Gleichzeitig kann der Gegner durch die Offenbarung des Protagonisten einen Sinneswandel erfahren, der das Publikum meist überrascht.

21. Moralische Entscheidung

Die moralische Entscheidung ist der Weg, den der Protagonist nach der Selbstoffenbarung einschlagen wird. Der Protagonist kann einen neuen Lebensplan schmieden oder die moralischen und/oder psychologischen Enthüllungen ignorieren. Durch die moralische Entscheidung erfährt das Publikum, woraus der Protagonist wirklich „gemacht" ist.

22. Neues Gleichgewicht
    Das neue Gleichgewicht in der Welt der Geschichte. Die „neue Normalität", in der der Protagonist lebt, nachdem er sein Ziel erreicht oder verloren hat. Oft schließt sich der Kreis. Die Welt ist neu und doch dieselbe.

Trubys Schritte sind ein strukturierter Ansatz, um eine Geschichte aufzubauen und dabei sowohl die äußeren Konflikte als auch die inneren Entwicklungen der Figuren zu berücksichtigen.

Seine Herangehensweise hebt sich durch ihre Betonung auf die inneren Konflikte und emotionalen Reisen der Figuren von anderen Konzepten ab, die sich stärker auf strukturelle Aspekte konzentrieren. Trubys Methode bietet Autoren eine umfassende Möglichkeit, Geschichten zu entwickeln, die sowohl dramatisch als auch tiefgründig sind. Mithilfe der KI können auch Trubys 22 Schritte entwickelt werden.

> Du bist ein professioneller Drehbuchautor. Entwickle folgende Idee nach 22 Steps von John Truby. Erläutere alle Steps: [Text].

5.6.5. SAVE THE CAT!

Einer der Ansätze, der in jüngerer Zeit an Bedeutung gewonnen hat, ist die „Save the Cat!"-Methode von Blake Snyder. Diese Herangehensweise gehört zum festen Repertoire vieler Autoren, da sie einen gut strukturierten Ausgangspunkt bietet, um Geschichten zu entwickeln.

Blake Snyder war ein vielseitiger Autor und Drehbuchautor. Er ist bekannt für STOP! OR MY MOM WILL SHOOT (STOP! ODER MEINE MAMI SCHIESST!, 1992 mit Sylvester Stallone), BLANK CHECK (MAC MILLIONÄR – ZU CLEVER FÜR 'NEN BLANKOSCHECK) und die Fernsehserie KIDS INCORPORATED.

Als Drehbuchautor entwickelte Snyder eine Faszination für die Struktur von Geschichten und begann, Muster und Prinzipien zu identifizieren, die erfolgreiche Storys gemeinsam hatten. Sein Interesse führte letztendlich zur Entstehung seiner Methode, auf der sein gleichnamiges Buch SAVE THE CAT! THE LAST BOOK ON SCREENWRITING YOU'LL EVER NEED basiert, das erstmals 2005 veröffentlicht wurde. Es wurde zu einem Bestseller und erlangte schnell Anerkennung in der Schreib-Community.

Trotz seines frühen Todes im Jahr 2009 hat Blake Snyder bleibenden Einfluss auf die Art und Weise hinterlassen, wie (Drehbuch-)Autoren Geschichten strukturieren und entwickeln.

SAVE THE CAT! basiert auf der Idee, dass erfolgreiche Drehbücher bestimmte Struktur- und Charakterelemente gemeinsam haben, die das Publikum emotional ansprechen. Die Methode selbst bietet eine Blaupause, wie diese Elemente in einer Geschichte organisiert werden können. Der Name des Konzepts leitet sich von der Überzeugung ab, dass ein Protagonist sehr früh die Sympathie der Zuschauerinnen und Zuschauer gewinnen muss. Dies gelingt – so Snyder ironisch und symbolisch –, indem der Protagonist eine Katze von einem Baum rettet.

Die Methode besteht aus 15 „Beats", die in drei Akte unterteilt sind, wobei jeder Beat eine bestimmte Funktion erfüllt:

1. **Opening Image:** Dies ist der erste Eindruck, den das Publikum von der Welt der Geschichte erhält. Der Ton und das Genre der Geschichte werden etabliert.

2. **Theme Stated:** Hier wird das Hauptthema oder die zentrale Botschaft der Geschichte angedeutet. Das Publikum bekommt eine Ahnung von der Bedeutung der bevorstehenden Ereignisse.

3. **Set-up:** In diesem Beat werden die Hauptfiguren, ihre Welt und ihre aktuellen Lebensumstände vorgestellt. Er etabliert den Ausgangspunkt der Geschichte.

4. **Catalyst:** Der Katalysator ist ein Ereignis, das das Leben des Protagonisten auf den Kopf stellt und den Hauptkonflikt der Geschichte in Gang setzt.

5. **Debate:** Der Protagonist reagiert auf den Katalysator und befindet sich in einem inneren Konflikt. Soll er/sie sich der Herausforderung stellen oder nicht?

6. **Break into Two:** Der Protagonist trifft die Entscheidung, sich dem Konflikt zu stellen. Dies markiert den Übergang vom ersten zum zweiten Akt.

7. **B Story:** Neben der Hauptgeschichte beginnt hier eine zusätzliche Handlungslinie, die oft mit Beziehungen oder Freundschaften zu tun hat.

8. **Fun and Games:** In dieser Phase erlebt der Protagonist erste Erfolge und Misserfolge bei seinen Bemühungen, das Hauptziel zu erreichen. Dieser

Beat enthält oft humorvolle und unterhaltsame Momente.

9. **Midpoint:** Die Geschichte erreicht die Mitte, und es tritt eine große Veränderung oder Wendung ein. Oft ändert sich das Spiel hier grundlegend.

10. **Bad Guys Close In:** Die Spannung steigt, und die Antagonisten oder Hindernisse verschärfen den Druck auf den Protagonisten.

11. **All is Lost:** Der Protagonist steht vor einem schwerwiegenden Rückschlag oder einer großen Niederlage. Alle Hoffnung scheint vergebens.

12. **Dark Night of the Soul:** Der Protagonist befindet sich in einem Zustand der Verzweiflung und des Selbstzweifels. Es ist ein Moment der inneren Krise.

13. **Break into Three:** Der Protagonist findet neuen Antrieb und entwickelt eine neue Strategie, um die Konflikte zu überwinden.

14. **Finale:** Der Protagonist stellt sich den Antagonisten und kämpft um das Hauptziel. Der Beat kulminiert in einem dramatischen Höhepunkt.

15. **Final Image:** Dies ist der letzte Eindruck, den das Publikum von der Geschichte gewinnt. Es zeigt den Fortschritt oder die Veränderung des Protagonisten im Vergleich zur Anfangsszene.

Die „Save the Cat!"-Methode ist eine Möglichkeit, Geschichten effektiv zu strukturieren. Ihre weitreichende Anwendung hat dazu geführt, dass sie nicht nur von Drehbuchautoren, sondern auch von Romanautoren, Spieleentwicklern und anderen Kreativen genutzt wird, die auf der Suche nach einem bewährten Rahmen für ihre Erzählungen sind.

Mithilfe der KI kann schnell und einfach eine Idee in den 15 Schritten entwickelt werden.

> Bitte nutze die „Save the Cat"-Methode zur Entwicklung des Drehbuchs. Beginne mit der Einführung der Hauptfigur und ihren Zielen (Set-up), baue dann Spannung auf, indem du Konflikte und Wendepunkte einfügst (Konflikt), und führe die Geschichte schließlich zu einem befriedigenden Abschluss (Auflösung). Betone dabei die emotionalen Höhepunkte und achte darauf, die Handlung in gut definierte Akte zu strukturieren [Idee].

5.6.6. Eigene Vorlagen

Die KI kann aber nicht nur auf bekannte Modelle reagieren, sondern Autorinnen können auch selbstständig Konzepte entwickeln und ihre eigenen Drehbuchstrukturen als Prompts eingeben, auf deren Basis die KI ein Treatment generiert. Dabei sollten sie zuerst ihre Vorgabe einfach und präzise formulieren, bevor dann die Grundidee der Story vorgestellt wird. Wichtig ist im Prompt dann die Anweisung, dass die Geschichte nach dem beschriebenen Konzept entwickelt werden soll.

Die Alternative, eigene Drehbuchstrukturen als Prompts einzugeben und Treatments zu generieren, öffnet eine neue kreative Möglichkeit für Autorinnen. Das Konzept könnte auf fünf Akten basieren und der Prompt folgendermaßen lauten:

> Die Fünf-Akt-Struktur ist ein erzählerisches Konzept, das oft im Bereich des Drehbuchschreibens verwendet wird, um die Handlung einer Geschichte, sei es in einem Film, einer Serie oder einem Theaterstück, zu organisieren. Es teilt die Handlung in fünf Hauptabschnitte auf, die als Akte bezeichnet werden. Hier ist eine Erläuterung der Fünf-Akt-Struktur:
>
> Akt 1: Einführung und Aufbau der Welt
>
> In diesem ersten Akt werden die Figuren, die Welt und die grundlegende Situation eingeführt. Die Zuschauer lernen die Hauptfiguren kennen, ihre Ziele, Motivationen und Konflikte. Außerdem wird der Hauptkonflikt etabliert. Diese Phase dient dazu, das Publikum in die Handlung hineinzuziehen und neugierig auf das Geschehen zu machen.
>
> Akt 2: Konfrontation und steigende Spannung
>
> Der zweite Akt ist oft der längste und besteht aus mehreren Teilen. Hier werden die Konflikte und Herausforderungen vertieft. Die Hauptfiguren setzen sich mit Hindernissen und Problemen auseinander, die ihre Ziele gefährden. Die Spannung baut sich kontinuierlich auf, während die Figuren versuchen, Lösungen zu finden und ihre Strategien anzupassen. Dieser Akt enthält oft Wendepunkte oder Enthüllungen, die die Richtung der Geschichte verändern können.

Akt 3: Höhepunkt und Wendepunkt

Im dritten Akt erreicht die Spannung ihren Höhepunkt. Die Konflikte spitzen sich zu, und die Hauptfiguren stehen vor einer wichtigen Entscheidung oder einer kritischen Wendung. Hier findet oft der Höhepunkt der emotionalen Spannung statt, und die Figuren werden gezwungen, sich mit ihren inneren Konflikten auseinanderzusetzen. Dieser Akt führt normalerweise zu einer unerwarteten Wendung oder einer großen Entscheidung, die die Geschichte in eine neue Richtung lenkt.

Akt 4: Fallende Spannung und Vorbereitung auf die Auflösung

Im vierten Akt beginnt die Spannung langsam abzunehmen, während die Figuren ihre Strategien überdenken und auf die bevorstehende Auflösung hinarbeiten. Neue Informationen können enthüllt werden, um die Zuschauer auf das Finale vorzubereiten. Die Figuren setzen ihre Pläne in die Tat um, und es kann zu weiteren Konfrontationen und Entwicklungen kommen, die auf den Abschluss der Geschichte hindeuten.

Akt 5: Auflösung und Ausblick

Der fünfte Akt ist der Abschluss der Geschichte. Hier werden die offenen Konflikte gelöst, die Charakterentwicklung erreicht ihren Höhepunkt, und die Hauptfiguren erreichen ihre Ziele (oder scheitern). Die Geschichte endet mit einer befriedigenden Auflösung, die die Handlungsstränge abschließt. Es kann auch einen Blick in die Zukunft geben, um zu zeigen, wie das Leben der Figuren nach den Ereignissen weitergeht.

Entwickle nach diesem Modell folgende Geschichte: [Text].

5.7. LOGLINES

In der Welt des Drehbuchs ist die Logline das Herzstück einer jeden Stoffentwicklung. Es handelt sich meist um ein oder zwei Sätze, die die Essenz einer Geschichte einfangen und das Interesse einer Produzentin, Regisseurs oder Verwerters wecken. Obwohl sich dieses Format in der Verlagswelt noch nicht durchgesetzt hat, kann es auch für Autorinnen von Romanen hilfreich sein.

Loglines sind kurz, prägnant und müssen eine klare Vorstellung von der Handlung, den Figuren und dem Konflikt vermitteln.

Eine überzeugende Logline zu finden ist keine leichte Aufgabe. Oftmals schreiben Autorinnen sie, bevor sie sich an das Exposé setzen. Die Logline ist für sie eine Prämisse, von der aus sie arbeiten können. In diesem Fall ist es sinnvoll, zunächst herauszufinden, worum es in der Geschichte genau geht, wer darin vorkommt, was die Protagonisten motiviert und was die Handlung in Gang setzt. Viele Autoren schreiben ihre Logline aber erst, nachdem das Exposé, Treatment oder gar das Drehbuch fertig ist. Denn spätestens dann wird die Logline beispielsweise bei Einreichung für Förderungen oder in Anschreiben gebraucht. Es empfiehlt sich allerdings, früh genug darüber nachzudenken. Denn einerseits braucht es meist eine gewisse Zeit, um eine gute Logline zu finden und andererseits zwingt sich der Autor, rechtzeitig den Kern der Geschichte zu erfassen.

Ein wichtiges Element einer effektiven Logline ist ein starker und interessanter Protagonist. Er trägt dazu bei, der Kurzzusammenfassung Tiefe zu verleihen und den Leser sofort zu fesseln. Es ist ratsam, dem Protagonisten ein oder zwei beschreibende und spannende Adjektive hinzuzufügen, die die Fantasie des Lesers in Gang setzen. In Loglines ist es oft effektiver, die Namen der Figuren wegzulassen. Stattdessen können gut gewählte Adjektive dem Leser eine Fülle von Informationen über eine Figur vermitteln.

Loglines sind am effektivsten, wenn sie um ein Ziel herum aufgebaut sind. Dabei geht es nicht nur um den Protagonisten, sondern auch um dessen Motivation. Das Ziel sollte die Geschichte erklären und vielleicht sogar den Konflikt benennen. Es sollte klar formuliert sein, ohne – und das ist die Schwierigkeit – zu viel oder zu wenig preiszugeben.

Zum Beispiel könnte eine Logline lauten: „In einer dystopischen Zukunft, in der Wasser das wertvollste Gut ist, muss eine junge Ingenieurin eine verlorene Quelle finden". Hier wird zwar das Ziel deutlich definiert, aber es fehlt noch die Motivation oder Drohkulisse für den Fall, dass die Figur ihr Ziel nicht erreicht.

Es ist auch wichtig, die Dringlichkeit des Ziels in der Logline zu erwähnen. „In einer dystopischen Zukunft, in der Wasser das wertvollste Gut ist, muss eine junge Ingenieurin eine verlorene Quelle finden, bevor ihre Stadt verdurstet."

Hier steht das Überleben ihrer Stadt und deren Menschen auf dem Spiel, was den Druck und die Motivation der Figuren verdeutlicht. Aber der Konflikt ist immer noch nicht wirklich deutlich. Darum ist es sinnvoll, dieses Element ebenfalls zu integrieren:

„In einer dystopischen Zukunft, in der Wasser das wertvollste Gut ist, muss eine junge Ingenieurin eine verlorene Quelle finden, bevor ihre Stadt verdurstet. Doch dabei entdeckt sie ein dunkles Geheimnis, das die Mächtigen um jeden Preis schützen wollen."

Eine Logline sollte das Hauptkonzept der Geschichte vermitteln, ohne das Ende zu verraten. So bekommt der Leser die Gelegenheit, gespannt das gesamte Drehbuch zu rezipieren und noch etwas Neues zu entdecken.

Durch ihren klaren Aufbau lassen sich Loglines sehr gut von der KI generieren. Eine gut trainierte KI kann Tausende dieser Kurzzusammenfassungen analysieren und darin Muster erkennen. Mit dieser Datenbasis kann sie dann eigene Vorschläge erstellen, die sowohl kreativ als auch marktgerecht sind.

Wenn eine Autorin am Anfang eines Projekts steht und nach einer zündenden Idee sucht, kann sie sich von der KI – zu bestimmten Themen, Genres oder Figuren – eine Reihe von Loglines vorschlagen lassen. Diese Anregungen können dann als Ausgangspunkt für eine Geschichte dienen.

Vor allem aber auch während des Schreibprozesses können Autoren die KI jederzeit auffordern, Vorschläge für Loglines zu unterbreiten. Dazu reicht es zum Beispiel, das Exposé einzugeben und die KI aufzufordern, eine oder mehrere Loglines zu präsentieren. Die KI analysiert den Kontext und die Hauptelemente der Geschichte und generiert daraufhin konzise und präzise Loglines. Dies beschleunigt nicht nur den Prozess, sondern bietet auch verschiedene Perspektiven und Formulierungen, die dem Autor möglicherweise nicht in den Sinn gekommen wären.

Hat ein Autor bereits eine Logline, kann er sie in die KI eingeben und Vorschläge für Verbesserungen oder Variationen erhalten. Die KI kann auch abschätzen, ob die Zusammenfassung auf dem Markt erfolgreich sein wird.

5.8. SYNOPSEN

In der Entwicklung von Geschichten ist die Synopsis ein wichtiges Instrument und oft ein notwendiges Übel. Sie fasst den Kern einer Narration zusammen und gibt potenziellen Sendevertreterinnen, Produzenten oder Verlagsvertretern einen schnellen Überblick über das Werk. Oftmals werden Autorinnen aufgefordert, eine kurze inhaltliche Zusammenfassung von etwa einer Seite zu liefern. Doch das Schreiben einer prägnanten und überzeugenden Synopsis kann eine Herausforderung sein. Auch hier kann die KI Autoren unterstützen, indem sie einen Text scannt und die Hauptereignisse, Figuren und Konflikte identifiziert. Sie wählt die wichtigsten Informationen und Ideen aus dem Originaltext aus und formuliert sie in einer kürzeren Form neu. Innerhalb der KI gibt es einen Mechanismus, der es dem Modell ermöglicht, die Bedeutung jedes Wortes im Hinblick auf den gesamten Text zu gewichten. Dies hilft der KI, relevante Informationen hervorzuheben und weniger wichtige Details zu ignorieren. Während des Generierungsprozesses überprüft und passt das Modell seine Antworten kontinuierlich an, um sicherzustellen, dass die Zusammenfassung kohärent und repräsentativ für den Originaltext ist.

Wie auch schon bei der Logline ist es sinnvoll, den Ursprungstext einzugeben und die KI aufzufordern, eine Kurzfassung zu generieren. Dabei ist es hilfreich, die gewünschte Länge anzugeben. Die KI kann sogar den Stil und Ton der Synopsis an den des Originalwerks anpassen, um Konsistenz zu gewährleisten.

> Bitte generiere eine Zusammenfassung von diesem Exposé für einen Spielfilm. Die Zusammenfassung sollte 300 Wörter umfassen. Dies ist der Text, den du zusammenfassen sollst: [Exposé].

Oftmals erfindet die KI sogar einen Titel (ohne explizite Aufforderung) und fügt am Schluss einen Absatz hinzu, der die Besonderheiten der Geschichte marktschreierisch betont.

Wie in allen Anwendungsbereichen ist es hilfreich, die Vorteile der KI vollständig auszunutzen. Denn das System lernt durch Feedback. Wenn Autoren mit einem generierten Vorschlag nicht zufrieden sind, können sie eine

Rückmeldung geben, damit das Ergebnis besser wird. Der Aufforderung, mit diesem Feedback ein weiteres Angebot zu unterbreiten, kommt die KI ohne Murren nach.

5.9. TITEL

Auch bei der Titelfindung für Filme und Romane kann die KI Autorinnen unterstützen. Das Finden eines Titels ist ein einzigartiger kreativer Prozess, der von Autor zu Autorin unterschiedlich ist, aber auch von Mal zu Mal. Hin und wieder hat ein Autor relativ früh im Schreibprozess eine Eingebung, manchmal muss er sehr lange nach einem passenden Titel suchen. Beide Erfahrungen werden die meisten Autoren im Laufe ihrer Karriere gemacht haben. Sie zeigen, wie vielschichtig der kreative Schaffensprozess ist.

Schnell einen geeigneten Titel zu finden, ist ein befreiendes Erlebnis. Aber es gibt Drehbücher und Romane, bei denen die Autoren keine spontane Eingebung haben. Sie müssen dann mit verschiedenen Ideen experimentieren, Vorschläge entwickeln und möglicherweise mehrere Anläufe unternehmen, bevor sie das Gefühl haben, das Richtige gefunden zu haben.

Eine Möglichkeit ist, mit anderen kreativen Köpfen darüber zu diskutieren, sei es mit Freunden, Kollegen oder sogar Testlesern. Dieses Brainstorming kann neue Ideen hervorbringen und bei der Entscheidungsfindung helfen. Manchmal nehmen Schriftsteller oder Drehbuchautoren einen Stapel von Karteikarten mit einzelnen Wörtern und ordnen sie in verschiedenen Kombinationen an, bis sie den Titel finden, der bestmöglich zu ihrer Vision passt.

Ein beliebter Ansatz besteht darin, eine Schlüsselszene oder ein Symbol aus dem Drehbuch oder Roman auszuwählen und den Titel darauf aufzubauen. Diese Methode ermöglicht es, die Essenz oder das zentrale Thema in einem prägnanten Titel widerzuspiegeln. Eine der ikonischen Schlüsselszenen im Roman und im Film THE SILENCE OF THE LAMBS ist die berühmte Episode, in der die junge FBI-Agentin Clarice Starling dem berüchtigten Serienmörder Hannibal Lecter von ihrem Erlebnis als kleines Mädchen erzählt, als sie ihre geliebten

Lämmer auf dem Hof ihres Onkels nicht vor dem Tod retten konnte (siehe Kapitel 5.5). Der Titel bezieht sich auf diese symbolische Szene und spiegelt die düstere Atmosphäre der Erzählung wider.

Autoren haben oft auch ein bestimmtes Motiv, das ihre Geschichte durchzieht. Sie können diesem zentralen Thema folgen und versuchen, einen passenden Titel zu finden, der das Herzstück ihrer Erzählung einfängt. THE PURSUIT OF HAPPYNESS (DAS STREBEN NACH GLÜCK) basiert auf der wahren Geschichte von Chris Gardner, der trotz großer Herausforderungen und Rückschlägen seinen Traum verfolgt, ein besseres Leben für sich und seinen Sohn aufzubauen. Der Titel hebt das wesentliche Motiv des Films heraus, nämlich die Suche nach Glück und Erfüllung inmitten schwieriger Umstände.

Einige Romane und Drehbücher sind nach dem Namen der Hauptfigur benannt. Wenn die Figur besonders einprägsam ist oder eine tiefgreifende Bedeutung hat, eignet sich ihr Name sehr wohl als Titel. Der Film OPPENHEIMER ist nach dem Wissenschaftler und Erbauer der ersten Atombombe J. Robert Oppenheimer benannt. In selteneren Fällen ist auch eine andere Figur titelgebend. Diese Filme arbeiten mit einer sogenannten „dominanten Figur", die sich neben dem Protagonisten in den Vordergrund schiebt. Dieses dramaturgische Mittel wird meist dann angewendet, wenn der Autor entweder ein Genie oder eine Person beschreiben will, mit der der Zuschauer sich nur schwer identifizieren kann, die aber oft der eigentliche Erzählanlass ist. AMADEUS und THE GREAT GATSBY (DER GROSSE GATSBY) sind Beispiele für Filme, in denen die sogenannte dominante Figur titelgebend ist.

Auch einzelne Wörter oder Phrasen aus einem Dialog des Romans oder Drehbuchs können als potenzielle Titel dienen. Wenn ein bestimmtes Zitat oder eine besondere Formulierung hervorsticht, kann daraus ein passender Titel werden. In dem Film I AM LEGEND geht es um den letzten überlebenden Menschen auf der Erde, der in einer postapokalyptischen Welt gegen mutierte Kreaturen kämpft. Der Film mit Will Smith aus dem Jahr 2007 basiert auf dem gleichnamigen Roman von Richard Matheson aus dem Jahr 1954. Der Satz „I am legend" taucht im Roman in einem Schlüsselmoment auf. Gegen Ende des Romans erkennt der Protagonist, dass er in der neuen Gesellschaft, die von den vampirähnlichen Wesen dominiert wird, selbst zur Legende und zum Monster geworden ist. Er ist der Letzte seiner Art und wird von den neuen Wesen gefürchtet und verachtet. In diesem Moment der Selbsterkenntnis akzeptiert er seine Rolle und seinen Platz in der neuen Weltordnung. Der Satz „I am legend" fasst diese Erkenntnis und gleichermaßen die Ironie und Tragik seiner Situation zusammen. Es ist ein Moment der Reflexion, der die komplexen Themen des Romans in Bezug auf Identität, Moral und Gesellschaft bündelt.

Durch den Einsatz der KI ist es nun einfacher geworden, einen passenden und erfolgreichen Titel zu finden. So können Autoren das Treatment oder eine längere Synopsis eingeben (oder wenn technisch möglich das gesamte Werk) und eine Liste mit beliebig vielen Vorschlägen erstellen lassen. Hilfreich kann es dabei sein, bestimmte Genre-spezifischen Konventionen zu berücksichtigen. Aus diesem Grund kann der Prompt auch ausdrücklich nach einem Titel fragen, der zu dem Genre passt.

> Du bist Drehbuchautor und suchst nach einem Titel für deinen Film. Generiere eine Liste mit 5 Vorschlägen zu diesem Stoff. Es handelt sich dabei um einen Thriller: [Exposé oder Treatment].

Auch hier kann es hilfreich sein, weiter nachzufragen.

> Mir gefällt 2 und 4 aus der Liste. Erstelle weitere 5 Vorschläge auf dieser Basis.

Einer der einfachsten, aber effektivsten Ansätze, wie KI zur Generierung von Titeln beitragen kann, besteht darin, sie nach bekannten Mustern oder Stilelementen in einer Liste von bereits existierenden Titeln suchen zu lassen. Die KI analysiert diese Titel und erfasst die strukturellen und semantischen Merkmale, um daraus neue Kombinationen und Variationen abzuleiten.

Als Beispiel bekommt die KI alle Gewinnertitel des deutschen Filmpreises in den letzten Jahren. Dann wird sie aufgefordert, auf Basis einer kurzen Inhaltsangabe Titelvorschläge zu unterbreiten:

> Gegeben sei eine Liste von Filmtiteln aus dem Genre „Drama". Alle Filme haben den deutschen Filmpreis gewonnen:

1. Lieber Thomas
2. Systemsprenger
3. Gundermann
4. 3 Tage in Quiberon
5. Toni Erdmann
6. Der Staat gegen Fritz Bauer

Erstelle eine Liste mit 5 Vorschlägen für folgenden Film, der auch den deutschen Filmpreis gewinnen soll: Die junge Lehrerin Carla ist neu im Job und beginnt ihre erste Anstellung an einer Schule. Als sie feststellt, dass dort gestohlen wird, beginnt sie, auf eigene Faust Nachforschungen anzustellen. Sie stößt dabei auf erheblichen Widerstand im Kollegium, das seine eigenen rigiden Strategien hat, um die Fälle aufzuklären. Auch Eltern und Schüler zeigen wenig Verständnis. Als ausgerechnet die Mutter eines Schülers schließlich zur Hauptverdächtigen wird, geraten Carlas Methoden an ihre Grenzen.

Die Antwort der KI lautet:

1. Vertrauensbruch
2. Schwarze Kreide
3. Lehrerzimmer Ermittlung
4. Geklauter Zukunftstraum
5. Klassenkampf der Wahrheit

Diese generierten Titel sind zwar allesamt unbrauchbar, können aber als Ausgangspunkt für weitere Ideen dienen, wenn sie den gewünschten kreativen Ansatz treffen. In diesem Fall enthält der Vorschlag 3 tatsächlich schon den echten Filmtitel DAS LEHRERZIMMER, der im Jahr 2023 den deutschen Filmpreis gewonnen hat.

Während Inhaltsbeschreibungen eine breite Inspirationbasis bieten können, sind zielgerichtete Prompts ein leistungsstarkes Werkzeug, um die KI auf spezifische Merkmale, Stimmungen oder Themen hinzuweisen. Autorinnen können gerichtete Prompts verwenden, um den Kontext oder die gewünschte

Atmosphäre des Romans oder Films zu beschreiben, und die KI kann daraufhin Titel generieren, die genau zu diesen Vorgaben passen.

Ein Autor möchte zum Beispiel einen Titel für ein Roadmovie finden, in dem zwei Schwestern zu ihrem todkranken Vater in Portugal fahren. Der gerichtete Prompt könnte lauten:

> Generiere 5 Titel für einen Spielfilm mit folgendem Inhalt: „Reise mit dem Auto durch Europa nach Portugal, auf der sich die beiden verfeindeten Schwestern wieder annähern." Der Titel sollte eine leichte Komödie erwarten lassen.

Daraufhin kann die KI eine Vielzahl von Titeln erzeugen, die genau auf diese Beschreibung abgestimmt sind, auch wenn sie vielleicht noch nicht ganz passen:

> 1. Versöhnungstour: Schwestern auf Abwegen
> 2. Roadtrip der Versöhnung: Schwesternchaos in Europa
> 3. Liebe auf Kilometer 0: Schwesternreise nach Portugal
> 4. Europäische Schwesternsaga: Von Streit zu Sonnenschein
> 5. Lachen, Streit und Sonnenschein: Schwestern auf großer Fahrt

Diese gerichteten Prompts helfen, den Fokus auf bestimmte Aspekte zu lenken und ermöglichen es den Autoren, gezielt nach passenden Titeln zu fahnden, ohne sich in endlosen Brainstorming-Sitzungen zu verlieren.

Die Suche nach dem perfekten Titel ist eine wichtige kreative Entscheidung. Autoren sollten die KI intensiv nutzen, um den Titel zu finden, der die Essenz ihrer Geschichte einfängt und das Interesse der Leser und potenziellen Produzentinnen weckt.

Obwohl KI eine wertvolle Hilfe bei der Titelfindung sein kann, ist es essenziell zu betonen, dass die Autorinnen nach wie vor die entscheidende Rolle spielen. Die generierten Titel dienen als Inspirationsquelle und als Wegbereiter für neue Ideen, die dann von den Kreativen weiterentwickelt werden.

Die Technologie der KI entwickelt sich weiter, und es ist absehbar, dass die Anwendungsbereiche zunehmend vielfältiger werden. In Zukunft könnten

KI-Systeme noch komplexere Titel generieren, die nicht nur die Struktur und das Thema des Werks widerspiegeln, sondern auch die emotionale Reaktion der Zielgruppe berücksichtigen.

Aber nicht immer sind die Titel des Drehbuchs oder des Romanmanuskripts identisch mit dem späteren Titel auf der Leinwand oder auf dem Cover. Die von den Autorinnen vorgeschlagenen Titel dienen als interne Referenz für die Verlage, das Produktionsteam, die Förderer und die Redaktionen. Hier dient er dazu, die inhaltliche Ausrichtung und den Kern der Geschichte zu verdeutlichen. Doch sobald der Prozess der Verfilmung oder der Veröffentlichung beginnt, gewinnen andere Überlegungen an Gewicht.

Titel müssen nicht nur die Essenz des Plots einfangen, sondern auch das Publikum ansprechen und neugierig machen. Hierbei spielen Vermarktung und Zugänglichkeit eine entscheidende Rolle. Eine Werkbezeichnung, die zwar die Handlung präzise wiedergibt, aber emotional wenig anspricht, weckt nicht das Interesse der potenziellen Leser und Zuschauer. Verlage und Verleiher suchen daher oft eigene Titel, um eine größere Reichweite zu erzielen und das Werk attraktiver zu gestalten.

Je mehr eine Autorin diese Aspekte schon mitbedenkt, umso höher ist die Wahrscheinlichkeit, dass ihr Titel Bestand hat.

Zu diesem Zweck kann sie der KI die Rolle eines Vermarkters zuweisen und den Titel überprüfen lassen (siehe Kapitel 6.9). Auf diese Weise betreibt die KI auch eine schnelle und effiziente Marktforschung, indem sie prüft, wie potenzielle Zuschauer auf verschiedene Titel reagieren. Dies könnte zumindest zum Teil helfen, den Erfolg eines Films oder einer Serie schon vor der Veröffentlichung besser einzuschätzen.

5.10. SZENEN UND DIE KUNST DER DIALOGGESTALTUNG

Die Erstellung von KI-generierten Szenen und Dialogen ist ein Meilenstein in der Entwicklung kreativer Technologien. Frühe Versuche beschränkten sich auf vorhersehbare und oft klobige Formulierungen, die nur begrenzten Nutzen für Autoren hatten (siehe auch SUNSPRING in Kapitel 3.3). Doch mit dem Fortschreiten von Deep Learning und natürlicher Sprachverarbeitung (NLP) hat sich die Qualität und Vielseitigkeit der von der KI erzeugten Dialoge erheblich verbessert. KI-Modelle haben mittlerweile die Fähigkeit, menschenähnliche Texte zu erzeugen, die in Grammatik, Stil und sogar Atmosphäre äußerst überzeugend sind. Dies eröffnet ganz neue Möglichkeiten für Autoren, die auf der Suche nach Inspiration, Anregungen und neuen Perspektiven sind.

Derzeit ist es aber noch nicht so, dass die KI mit einem einzigen Prompt in die Lage versetzt wird, eine Szene zu gestalten, die der menschlichen Erfindung nahekommt. Vielmehr handelt es sich um einen Prozess mit mehreren Stufen, auf denen die KI hilfreiche Vorschläge generiert.

Die Erstellung einer überzeugenden Szene beginnt mit einer klaren Idee und Konzeptualisierung. Bevor die KI eingesetzt wird, ist es entscheidend, das Szenario, die Figurendynamik und die emotionale Resonanz der Szene gründlich zu verstehen. Das erfordert Zeit, um die Grundlagen zu skizzieren, einschließlich der Beziehungen zwischen den Figuren, des allgemeinen Tons der Szene und der Schlüsselmomente, die hervorgehoben werden sollen.

Schon in dieser Phase kann die KI gefragt werden, um Inspirationen zu liefern. So kann ein Autor zusammen mit der KI die Dynamik einer Szene untersuchen oder über die Haltung von Figuren nachdenken. Eine Frage dazu könnte so lauten:

> Kannst du dich in Annika hineinversetzen? Was wird Annika denken, wenn sie Dr. Hartmann dort antrifft?

Auch für detaillierte Beschreibungen ist die KI nützlich, sei es für Orte, Gegenstände oder Personen. Die KI kann auf Knopfdruck Variationen und Formulierungsvorschläge für alle Arten von Beschreibungen liefern, aus denen der Autor dann auswählen kann.

Eine entscheidende Rolle für eine Szene (insbesondere in einem Film) ist der Handlungsort. Oftmals verschenken Autoren die Chance für eine dynamische Szene, weil sie eine falsche Lokalität gewählt haben. Auch hier kann die KI eine Liste mit Alternativen nennen. Hilfreich ist, die Parameter der Szene einzugeben und sich eine Auswahl an Ideen vorschlagen zu lassen. Die KI kann mit der

Atmosphäre oder der gewünschten emotionalen Wirkung einer Szene gefüttert werden. Eventuell kann auch schon die fertige Szene eingelesen werden und das System nach einer interessanten und spannenden Location gefragt werden. Mit diesem neuen Ort kann die Autorin dann die Szene noch einmal umschreiben.

Nachdem eine solide Grundlage für die Szene geschaffen ist, kann die KI konkreter genutzt werden. Klare Anweisungen über die Figuren, den Kontext und den Tonfall ermöglichen es, der KI gezielt geeignete Vorschläge zu entlocken. Wenn zum Beispiel eine Figur in der Geschichte besonders sarkastisch ist, sollte dies der KI mitgeteilt werden, damit ihre Dialoge diesen Aspekt der Persönlichkeit widerspiegeln.

> Schreibe eine vollständige Szene mit Dialogen und Regieanweisungen. Beginne mit der Szenenüberschrift. Folgende Informationen liegen der Szene zugrunde: [Informationen].

Ein weiteres Anwendungsfeld für die KI ist das Schreiben aus anderen Perspektiven. Wenn der Autor in einer Szene den Blickwinkel wechseln möchte, kann er die KI mit den Figurenprofilen und der bisherigen Handlung füttern und die Szene dann aus der Sicht einer alternativen Figur entwerfen lassen. Dies kann neue Einblicke bieten und die Arbeit bereichern.

Die Dialoge sind das Herzstück jeder Szene. Sie tragen nicht nur Informationen und Handlungsstränge, sondern vermitteln auch die Emotionen, Beziehungen und Konflikte zwischen den Figuren.

Oftmals sind die ersten Entwürfe von der KI banale Vorschläge mit Sätzen, wie sie sehr häufig in Soap-Operas vorkommen. Diese sogenannten Seifenopern sind bekannt für ihre dramatischen, emotional geladenen und manchmal übertriebenen Dialoge. Die Gespräche zwischen den Figuren sind meist von intensiven Gefühlen, Geheimnissen und Intrigen gekennzeichnet. Oft sind sie vorhersehbar und geprägt von melodramatischem Flair. So neigt die KI ebenfalls zu dieser Form der Gesprächsführung. Hier beginnt dann die Feinarbeit der Autorin. Es könnte zum Beispiel wichtig sein, der Szene und ihren

Dialogen mehr Subtext zu geben. Darum ist es vorteilhaft, das Konzept, das hinter Subtext steckt, in das System einzuspeisen. Dies ist sehr einfach und es bietet sich an, der KI die Arbeit zu überlassen.

> Kennst Du das Konzept von Subtext in Szenen?

Die KI wird (sehr wahrscheinlich) antworten, dass sie das Konzept kennt und es gleich erklären. Nun kann die KI beauftragt werden, die Szene noch einmal neu zu verfassen und dabei mehr Subtext zu verwenden. Dabei wird die Definition, die die KI selbst gegeben hat, noch einmal in den Prompt hineinkopiert, damit das Konzept wirklich präsent ist.

> Bitte schreibe noch einmal die Dialoge vollkommen neu. Es sind Dialoge mit viel Subtext. Subtext bezieht sich auf die unausgesprochenen oder weniger offensichtlichen Bedeutungen oder Emotionen, die hinter den tatsächlichen Worten oder Handlungen einer Figur stehen. Es ist das, was zwischen den Zeilen gelesen wird und oft durch Körpersprache, Tonfall, Gesichtsausdrücke und andere nonverbale Hinweise vermittelt wird.

Die KI wird einen neuen Entwurf schreiben, der dem gewünschten Ergebnis näher kommt.

Akustische Maske
Jede Figur sollte eine einzigartige Stimme haben, die ihre Persönlichkeit widerspiegelt. Der Schriftsteller und Literaturnobelpreisträger Elias Canetti hat dafür den Begriff der „akustischen Maske" geprägt.

Jeder Mensch verwendet sein eigenes Vokabular und einen Aufbau seiner Sätze. Canetti betont, dass dies etwas Singuläres ist, das nur zu dieser Person gehört. Ähnlich ist es mit den Figuren in Romanen und Drehbüchern. Auch sie sollten über eine spezifische akustische Maske verfügen, mit der sie sich von den anderen Handelnden unterscheiden.

Die KI kann genutzt werden, um verschiedene Sprechstile für unterschiedliche Figuren auszuprobieren. So kann die KI mit den wichtigsten Parametern einer Figur gefüttert werden. Im Anschluss wird sie aufgefordert, einen Text in der Sprache dieser Figur zu schreiben. Und das System kann sogar gebeten werden, bereits bestehende Dialoge gemäß der akustischen Maske der jeweiligen Figur umzuschreiben.

Status

Ein hilfreicher Punkt für einen Dialog kann die Frage nach dem jeweiligen Status der Figuren sein. Der renommierte britische Theatermacher Keith Johnstone hat in seinem Buch IMPROVISATION UND THEATER[10] hervorgehoben, dass die Dynamik jedes Gesprächs stark vom Status der Gesprächspartner beeinflusst wird. Für Johnstone steht dabei weniger der gesellschaftliche Status im Vordergrund, sondern vielmehr die Position, die eine Figur im Verhältnis zu seinem Gegenüber einnimmt. Eine Figur kann sozial niedriggestellt sein, aber dennoch einen hohen Status ausstrahlen und vice versa.

Im Laufe des Lebens entwickelt jeder Mensch eine gewisse Fähigkeit, einen bestimmten Status anzunehmen, der ihm Sicherheit bietet. Laut Johnstone wird jeder zu einem „Meister des Status", wobei manche Menschen einen bestimmten Status besser verkörpern als andere. Das Hauptziel jedes Gesprächs, ob bewusst oder unbewusst, ist es, einen bestimmten Status zu erreichen oder beizubehalten. Der Status ist daher nicht starr, sondern kann sich im Laufe einer Kommunikation ändern. Wichtig ist, dass Figuren entweder versuchen, sich selbst zu erhöhen oder zu erniedrigen, indem sie ihrem Gegenüber den entgegengesetzten Status zuschreiben.

In jedem Dialog in einem Roman oder Drehbuch gibt es eine zugrunde liegende Statusdynamik. Selbst die neutralsten Kommentare können als Indikatoren für die Statusposition des Sprechers gesehen werden. Eine Beziehung im realen Leben funktioniert am besten, wenn ein Partner den niedrigeren Status und der andere den höheren Status annimmt. Es wird aber in der Fiktion besonders spannend, wenn beide den gleichen Status anstreben oder wenn der angenommene Status im Widerspruch zu den gesellschaftlichen Normen steht. Ein Dialog wird lebhafter, wenn die Figuren um denselben Status konkurrieren, selbst wenn sie äußerlich gut miteinander auskommen.

---

10   Keith Johnstone: Improvisation und Theater, Berlin 2010

Auch hierbei kann die KI die Autorin unterstützen. Manche Dialoge entfalten nicht genügend Dynamik, weil die Statusfrage nicht interessant gestaltet ist. Die Autorin kann die KI beauftragen, einen Dialog mit einer anderen Status-situation umzuschreiben. So ist sehr schnell ersichtlich, ob eine Überarbeitung in diesem Sinne reizvoll ist. So kann die KI folgenden (nicht preisverdächtigen) Dialog zwischen einer Krankenschwester und ihrem Chefarzt umschreiben:

Dr. Schröder: Karla, bitte kommen Sie herein und setzen Sie sich.

Karla: Ja, Dr. Schröder. Entschuldigen Sie die Unannehmlichkeiten.

Dr. Schröder: Es geht um den Vorfall mit Herrn Knauer gestern Abend. Er hat eine falsche Medikamentendosis erhalten. Wie konnte das passieren?

Karla: Es ... es tut mir wirklich sehr leid, Dr. Schröder. Ich ... ich weiß nicht, wie ich das übersehen konnte.

Dr. Schröder: Karla, solche Fehler sind inakzeptabel. Wir haben hier eine Verantwortung, und solche Nachlässigkeiten können das Leben eines Patienten kosten.

Karla: Ich verstehe, Dr. Schröder. Es war ein langer Tag, und ich war müde, aber das ist keine Entschuldigung. Ich ... ich weiß wirklich nicht, was ich sagen soll.

Dr. Schröder: Müdigkeit ist keine Ausrede, Karla. Sie müssen immer auf der Höhe Ihrer Aufgaben sein. Was wäre, wenn Herr Knauer jetzt ernsthafte Komplikationen hätte?

Karla: Ich kann mir nicht vorstellen, wie schrecklich das wäre. Ich bin wirklich zutiefst betroffen und bedauere meinen Fehler. Ich werde alles tun, damit so etwas nie wieder passiert.

Dr. Schröder: Das erwarte ich auch von Ihnen. Sie werden zusätzliche Schulungen besuchen und ich werde sicherstellen, dass Sie engmaschig überwacht werden, bis ich sicher bin, dass so ein Fehler nicht wieder vorkommt.

Karla: Ja, Dr. Schröder. Ich werde alles tun, was Sie verlangen. Ich möchte wirklich, dass Sie wissen, wie leid es mir tut.

Dr. Schröder: Ihre Reue ist notiert, Karla. Aber ich erwarte Taten, keine Worte. Sie können jetzt gehen.

Karla: Ja, Dr. Schröder. Danke, dass Sie sich die Zeit genommen haben, mit mir zu sprechen. Ich werde mich verbessern. Das verspreche ich.

Auch hier ist es sinnvoll, die KI zuerst danach zu fragen, ob sie das Konzept von Hoch- und Tiefstatus kennt. Wenn das System diese Frage bejaht hat, kann der Autor ihr den Auftrag geben, die Szene umzuschreiben.

> Schreibe den Dialog um. Karla hat den Hochstatus und Schröder den Tiefstatus: [Dialogszene].

Der alternative Vorschlag der KI lautet:

> Karla: Dr. Schröder, ich habe gehört, Sie wollten mit mir sprechen?
> Dr. Schröder: Ähm, ja, Karla. Es geht um den Vorfall mit Herrn Knauer gestern Abend. Es scheint, dass er eine falsche Medikamentendosis erhalten hat. Ich … ich bin mir nicht sicher, wie das passieren konnte.
> Karla: Dr. Schröder, ich bin mir des Problems bewusst. Es war mein Fehler, und ich übernehme die volle Verantwortung dafür. Aber ich möchte betonen, dass ich trotz dieses Fehlers meine Aufgaben hier sehr ernst nehme.
> Dr. Schröder: Ich … ich verstehe, Karla. Aber solche Fehler können ernsthafte Folgen haben. Wie konnte das passieren?
> Karla: Es war ein langer und hektischer Tag, Dr. Schröder. Aber das ist keine Entschuldigung. Ich habe bereits Maßnahmen ergriffen, um sicherzustellen, dass so etwas in Zukunft nicht mehr passiert. Ich erwarte von mir selbst den höchsten Standard, und ich werde dafür sorgen, dass ich diesen Standard in Zukunft erfülle.
> Dr. Schröder: Ich schätze Ihre Ehrlichkeit und Ihr Engagement, Karla. Aber wir müssen sicherstellen, dass solche Fehler vermieden werden.
> Karla: Das verstehe ich, Dr. Schröder. Und ich werde alles tun, um das Vertrauen, das Sie in mich gesetzt haben, zurückzugewinnen. Ich habe bereits mit dem Apotheker gesprochen und zusätzliche Schulungen geplant. Ich werde nicht zulassen, dass so etwas wieder passiert.
> Dr. Schröder: Danke, Karla. Ich hoffe, dass wir solche Vorfälle in Zukunft vermeiden können. Ich vertraue darauf, dass Sie die notwendigen Schritte unternehmen werden.
> Karla: Sie können sich auf mich verlassen, Dr. Schröder. Es wird nicht wieder vorkommen.

Natürlich muss der jeweilige Status zu den Figuren passen. Aber es kann auch Szenen mit Figuren geben, die nur ein- oder zweimal auftreten. Sehr schnell kann die KI diese Gespräche mit einer anderen Konstellation schreiben und der Autor kann entscheiden, ob diese Variante interessanter ist.

Die von der KI erzeugten Dialoge sind ein Ausgangspunkt, kein Endprodukt. Es ist die Aufgabe der Autorin, den Text zu überarbeiten, zu verfeinern und an den Gesamtfluss der Szene anzupassen. Auf diesem Wege kommen menschliche Nuancen, Emotionen und individuelle Stimmen hinzu, um die Dialoge lebendig zu gestalten.

Insgesamt ist es wichtig, die Authentizität der Figuren und der Handlung zu bewahren. Obwohl die KI erstaunlich realistische Sätze erzeugen kann, liegt es an der Autorin, dass die generierten Dialoge nicht nur grammatikalisch korrekt sind, sondern auch zur Persönlichkeit der Handelnden und in den Kontext der Geschichte passen. Wenn ein Dialog nicht ganz stimmig erscheint, sollten Anpassungen vorgenommen werden, um die Authentizität zu wahren.

Insbesondere in den Dialogszenen wird noch einmal deutlich, dass die ethischen Beschränkungen der KI in diesem Fall eher von Nachteil sind. Die meisten großen KI-Modelle wie GPT-3 wurden explizit so trainiert, dass sie keine obszöne, gewalttätige oder stereotype Sprache verwenden. Dies geschah aus guten Gründen, um die Verbreitung schädlicher Inhalte zu vermeiden. Für Autoren bedeutet dies jedoch, dass die KI häufig zahme und brave Dialogvorschläge erzeugt, die wenig Konfliktpotenzial oder Dramatik enthalten. Es sind eher harmlose, vorhersehbare Gespräche, die sich im Rahmen gesellschaftlicher Normen bewegen.

Um es bildhaft auszudrücken: Die KI-Assistenten für Dialoggenerierung verhalten sich tatsächlich wie brave Nonnen, die niemandem allzu derbe oder provokante Formulierungen zumuten möchten. Sie halten sich zurück und meiden jedes Risiko.

Für Autoren kann dies hinderlich sein, da Dialoge oft voller Emotionen, Provokationen und drastischer Sprache sein sollen, um eine intensive Wirkung zu erzielen. Natürlich wollen Künstler ihre Figuren auch fluchen, streiten oder drohen lassen, um authentische, packende Szenen zu schreiben.

Hier zeigen sich in der Tat Grenzen der KI. Um das volle Potenzial für kraftvolle Dialoge zu nutzen, müssen Erzähler der KI manuell mehr Freiheiten einräumen und sie gezielt mit Beispielen „an die Kandare nehmen". Sonst bleiben die Dialogvorschläge zu langweilig und steril. KI-Ethik und spannende Dialoge lassen sich nur durch den bewussten menschlichen Eingriff in Einklang bringen.

5.11. VOM BUCH ZUM DREHBUCH

Die Adaption eines Romans in ein Drehbuch ist eine Kunst für sich. Es ist ein Prozess, der sowohl Respekt für die ursprüngliche Quelle als auch ein tiefes Verständnis für die einzigartigen Anforderungen des Filmmediums erfordert. Während ein Roman sich in den Gedanken und Gefühlen seiner Figuren verlieren kann, muss ein Skript in der Regel konkreter und handlungsorientierter sein, um die Zuschauer visuell und emotional zu fesseln.

Der erste Schritt in diesem Prozess ist das genaue Lesen des Romans. Dabei geht es nicht nur darum, die Handlung zu verstehen, sondern auch den Ton, die Atmosphäre und die tieferen Themen des Buches zu erfassen. Dies hilft dem Drehbuchautor, den Kern der Geschichte zu identifizieren und zu entscheiden, welche Elemente für die filmische Adaption am wichtigsten sind.

Nun kann der Adaptionsprozess beginnen. Die Herangehensweise von Drehbuchautoren an diese Arbeit kann stark variieren und ist oft so individuell wie die Autoren selbst. Einige Drehbuchautoren lesen den Roman nur einmal, um ein Gefühl für die Geschichte, die Figuren und die Atmosphäre zu bekommen. Sie verlassen sich dann auf diesen ersten, frischen Eindruck, um die Essenz des Buches in ein Drehbuch zu übertragen. Der einmalige Durchlauf hilft ihnen, sich auf die wichtigsten Elemente der Geschichte zu konzentrieren, und sich nicht in den Details zu verlieren. Dieser Ansatz kann besonders nützlich sein, wenn der Drehbuchautor versucht, eine ungewöhnliche Interpretation oder einen neuen Blickwinkel auf die Erzählung zu bieten.

Auf der anderen Seite gibt es Drehbuchautoren, die den Roman ständig zur Hand haben, während sie das Drehbuch schreiben. Sie erstellen detaillierte Anmerkungen, unterstreichen Schlüsselszenen und kehren immer wieder zu bestimmten Passagen zurück, um die Nuancen und Feinheiten des Originals einzufangen. Dieser Ansatz empfiehlt sich, wenn die Drehbuchautorin dem Originalwerk sehr treu bleiben möchte oder wenn der Roman komplexe Handlungsstränge und Charakterentwicklungen enthält, die sorgfältig in das Drehbuch übertragen werden müssen.

Beide Ansätze haben ihre Vorzüge und können je nach Roman und den Absichten des Drehbuchautors effektiv sein. Wichtig ist, dass der Drehbuchautor eine Methode findet, die ihm hilft, die Geschichte authentisch und wirkungsvoll auf die Leinwand zu bringen.

Durch die KI hat die Drehbuchautorin nun aber eine Unterstützung, die den Prozess effizienter, präziser und kreativer gestalten kann. Natürlich ist dabei das Urheberrecht des Schriftstellers unbedingt zu beachten. Einfach ist es, wenn das zu adaptierende Werk Jahrhunderte alt ist und keine solchen Rechte mehr bestehen. In Deutschland erlöschen Urheberrechte 70 Jahre nach dem Tod der Autorin. Das bedeutet, dass sie gemeinfrei sind und von jedermann genutzt werden können. (Bei einer Neuverfilmung von Theodor Fontanes EFFI BRIEST oder Franz Kafkas PROZESS wäre dies zum Beispiel der Fall.) Anders sieht es aus, wenn diese Rechte noch bestehen. Dann kann natürlich ohne die Genehmigung der Schriftstellerin das Werk nicht in die KI eingegeben werden. Aber der Drehbuchautor kann mit eigenen Prompts arbeiten.

Zunächst kann die KI bei urheberrechtsfreien Werken dazu verwendet werden, die Struktur und die Hauptthemen eines Romans zu analysieren. Mit fortschrittlichen Algorithmen zur Textanalyse kann die KI Schlüsselereignisse, Charakterentwicklungen und thematische Muster im Roman identifizieren. Diese Informationen können dem Drehbuchautor helfen, den Kern der Geschichte zu verstehen und zu entscheiden, welche Elemente für die Adaption am wichtigsten sind. Anstatt sich erneut durch Hunderte von Seiten zu arbeiten, kann der Drehbuchautor eine detaillierte Analyse des Romans erhalten, die ihm einen klaren Überblick über die Geschichte gibt. So könnte ein Prompt aussehen:

Erstelle eine Liste mit allen Schlüsselereignissen des Romans: [Roman].

Im Allgemeinen erstellt die Drehbuchautorin zuerst einmal ein Treatment, um zu überprüfen wie der Ablauf der Narration filmisch umgesetzt werden kann. Hierbei wird die Struktur des Romans oft überarbeitet, um sie an das typische Format eines Films anzupassen. Während Bücher oft in einem langsameren Tempo erzählt werden können, mit ausführlichen Beschreibungen und inneren Monologen, muss ein Film in der Regel straffer und zielgerichteter sein. Das bedeutet, dass einige Szenen gekürzt, verändert oder ganz weggelassen werden müssen, um den Fluss und die Dynamik des Films zu gewährleisten. Die KI kann bei gemeinfreien Romanen aufgefordert werden, den Kern der Handlung zu destillieren. Dies kann der Autorin einen Überblick verschaffen und ihrer Fantasie Raum geben, wie die Geschichte umgesetzt werden kann.

Darüber hinaus kann die KI bei Klassikern helfen, Dialoge und Szenen, die besonders wirkungsvoll oder emotional sind, zu identifizieren. Durch die Analyse von Sprachmustern und dem Kontext kann die KI Szenen herausgreifen, die aller Voraussicht nach beim Publikum eine starke Reaktion hervorrufen. Dies kann den Drehbuchautor bei der Entscheidung unterstützen, welche Schlüsselmomente in der Adaption beibehalten werden sollen.

> Welche Szenen in dem Roman sind besonders wirkungsvoll oder emotional? [Roman].

Die Charakterentwicklung ist ein weiteres Schlüsselelement in der Adaption. Während Romane ihre Akteure oft über viele Seiten hinweg entwickeln, muss ein Film schneller zum Punkt kommen. Das bedeutet nicht, dass die Reifung von Figuren im Kino oder Fernsehen weniger wichtig ist, sondern dass sie auf eine andere Weise erfolgen muss: Dialog, Handlung und visuelle Hinweise sind die filmischen Mittel, um die Handelnden schnell und effektiv zu etablieren. Auch dabei kann die KI eine Rolle spielen.

Sie kann die Interaktionen und Beziehungen zwischen den Figuren im Roman (wenn keine Urheberrechte mehr existieren) identifizieren und ein detailliertes Profil jeder Figur erstellen. Damit werden deren Motivationen, Emotionen und Entwicklungen besser verständlich und die Adaption kann authentischer werden.

Ein weiterer zentraler Aspekt der Adaption ist die Überlegung, welche Teile des Romans visuell darstellbar sind.

> Welche Szenen in dem Roman sind besonders gut visuell darstellbar? [Roman].

Die KI wählt dabei nicht nur Szenen aus, sondern gibt auch Hinweise, wie diese umgesetzt werden können. So schreibt sie zum Beispiel „Dies ließe sich gut mit einer Handkamera dokumentarisch filmen." Oder „Dies könnte man aus mehreren Perspektiven zeigen, auch als Slow-Motion-Effekt."

Ein innerer Monolog, der im Roman funktioniert, muss im Film möglicherweise durch eine Handlung oder einen Dialog ersetzt werden. Ebenso können komplexe Handlungsstränge, die im Buch über mehrere Kapitel verlaufen, im Film zu verwirrend sein und müssen gegebenenfalls vereinfacht oder gekürzt werden. Auch hier kann die KI unterstützend eingesetzt werden. Die KI kann so zum Beispiel aufgefordert werden, Vorschläge zu unterbreiten, wie ein innerer Monolog in Handlung umgesetzt werden kann.

Es gibt auch praktische Überlegungen bei der Adaption. Zum Beispiel kann ein Roman, der an exotischen oder schwer zugänglichen Orten spielt, für eine Filmproduktion zu teuer oder logistisch zu aufwendig sein. In solchen Fällen muss der Drehbuchautor kreative Lösungen finden, um die Geschichte in eine filmisch realisierbare Form zu bringen. Die KI kann mit den notwendigen Informationen aufgefordert werden, alternative Lokalitäten vorzuschlagen. Dabei können auch die Parameter definiert werden, die der neue Ort erfüllen muss. Dies könnte so aussehen:

> Für einen Roman suche ich einen anderen Ort, an dem die verfilmte Geschichte spielt. Der Ort sollte in Europa und am Meer liegen. Er sollte eine lebendige Restaurantszene besitzen und es sollte eine große Universität mit vielen Studierenden geben.

Große Bedeutung hat auch der Dialog. Während Romane sich gerne den Luxus ausführlicher Gespräche gönnen, müssen Filme schneller zum Punkt kommen. Ein Drehbuchautor kann die KI fragen, wie man einen Dialog strafft und ihn gleichzeitig natürlich klingen lässt.

Ein Vorteil der KI ist ihre Fähigkeit, kulturelle und geschichtliche Kontexte zu berücksichtigen. Bei der Adaption eines historischen Romans oder eines Werks, das in einer anderen Kultur angesiedelt ist, kann die KI durch den Zugriff auf umfangreiche Datenbanken der Drehbuchautorin einschlägige Informationen liefern, die das Drehbuch historisch korrekt und authentisch machen.

Eine interessante Facette, bei der die KI helfen kann, ist die Vorhersage der Reaktion des Publikums. Durch die Analyse von Daten über ähnliche Filme oder Adaptionen kann die KI Prognosen erstellen, wie die Zuschauerinnen auf bestimmte Szenen, Figuren oder Handlungsstränge reagieren werden. Diese Vorhersagen können dem Drehbuchautor helfen, die Wirkung des Films zu maximieren.

Insgesamt bietet die KI bei der Übersetzung eines Romans in ein Drehbuch eine Fülle von Möglichkeiten. Von der Analyse der Struktur und der Themen der Vorlage über die Charakterentwicklung bis hin zur Vorhersage der Publikumsreaktion kann die KI den Prozess in jeder Phase unterstützen. Doch auch hier gilt: Die kreative Vision und Intuition des Drehbuchautors stehen immer im Mittelpunkt und die KI kann ein wertvolles Werkzeug sein, das den Adaptionsprozess bereichert und verbessert.

5.12. KONFLIKTE

In der Welt der Geschichten ist der Konflikt das Herzstück jeder Erzählung. Er ist der Motor, der die Handlung antreibt, die Figuren formt und den Leser oder Zuschauer fesselt. Ohne Konflikte gäbe es keine Veränderung, keinen Fortschritt und keine Entwicklung, kurz: es gäbe nichts zu erzählen.

Zunächst einmal ist der Konflikt ein Spiegelbild der menschlichen Erfahrung – sei es auf persönlicher, sozialer oder globaler Ebene. Diese Auseinandersetzungen prägen das Verständnis von Gut und Böse, Recht und Unrecht. Geschichtenerzähler, die Konflikte erzählen, sprechen daher universelle Wahrheiten an, die tief in der kollektiven Psyche verwurzelt sind.

Nicht zuletzt dient der Konflikt dazu, Spannung und Interesse zu erzeugen. Ein reibungsloser Erzählfluss, in dem alles nach Plan verläuft, mag angenehm sein, wird aber schnell langweilig, er ist nicht erzählenswert. Die Konfrontation hingegen schafft Unsicherheit, erzeugt Fragen und hält den Leser oder die Zuschauerin in Atem. Ein Konflikt zwingt das Publikum, sich zu fragen: „Was wird als Nächstes passieren? Wie wird die Figur reagieren? Wie wird sich die Situation auflösen?" Diese Neugier ist es, die die Leser Seite um Seite weiterblättern oder die Zuschauer bis zum Ende des Films oder der Serie dranbleiben lässt.

Darüber hinaus ermöglicht der Konflikt Charakterentwicklung. Durch Herausforderungen und Widrigkeiten werden die Handelnden geprüft, ihre Schwächen bloßgelegt und ihre Stärken hervorgehoben. Eine Protagonistin, die keine Konfrontation erlebt, bleibt statisch und eindimensional. Es ist der Konflikt, der ihr Tiefe, Nuance und Glaubwürdigkeit verleiht. Er zwingt die Figur, sich zu entscheiden, zu handeln und zu wachsen.

Darum wäre eine maßgebliche Aufgabe an die KI, mit Konflikten zu arbeiten und diese möglichst zuzuspitzen. Genau daran scheitert die KI aber im ersten Moment.

Während Autoren Konflikte als Bestandteil ihrer Tätigkeit betrachten, neigt die KI dazu, sie zu vermeiden oder zu übersehen. Zunächst muss man verstehen, dass KI-Systeme in ihrer Grundstruktur darauf ausgelegt sind, Muster zu erkennen und Lösungen für gegebene Probleme zu finden. Sie sind nicht darauf programmiert, die Nuancen und Komplexitäten menschlicher Emotionen und Beziehungen zu kennen. Wenn eine KI also mit einem Konflikt konfrontiert wird, versucht sie, den „effizientesten" Weg zur Störungsbehebung zu entwickeln, ohne die tieferen emotionalen und sozialen Aspekte zu berücksichtigen. Dies kann zu Entscheidungen führen, die oberflächlich erscheinen.

Darüber hinaus sind KI-Systeme eher darauf ausgerichtet, Risiken zu minimieren. Konflikte werden oft als Risikofaktoren gesehen, die es zu vermeiden gilt. Doch für Autorinnen sind Spannungen nichts Schlechtes, sondern die DNA ihrer Romane oder Drehbücher. Indem die KI Auseinandersetzungen vermeidet, entgeht ihr die Möglichkeit, gute und spannende Geschichten zu erzählen. Da die KI dazu neigt, Kontroversen zu verhindern oder schnell aufzulösen, beraubt sie die Narration um ihre Tiefe und Komplexität. Anstatt den Leser oder die Zuschauerin in ein nachhaltiges emotionales Erlebnis zu ziehen, liefert sie eine flache, vorhersehbare Erzählung, die wenig Raum für Spannung und Empathie lässt.

Doch diese erste Reaktion der KI kann von Kreativen überwunden und bearbeitet werden. Auch hier hilft es, sich das Modell wie einen Co-Autoren vorzustellen, von dem bekannt ist, dass er konfliktscheu ist. Das Modell muss also dezidiert dazu aufgefordert werden, Konflikte zuzulassen und diese zu erfinden.

Nach dem Prompt an die KI, eine Geschichte von einem Astronauten zu schreiben, der auf die Erde zurückkehren will, erfindet das System die Story von Alex, dessen Raumschiff von einem Meteoritenschauer beschädigt und dessen Kommunikation zur Erde unterbrochen worden ist.

> Tage wurden zu Wochen und Wochen zu Monaten. Ohne Kontakt zur Erde fühlte sich Alex einsam und isoliert. Seine Vorräte schwanden, und die Hoffnung, jemals wieder nach Hause zurückzukehren, schien immer unwahrscheinlicher zu werden. Doch in seiner Verzweiflung erinnerte er sich an eine alte Legende, die er als Kind gehört hatte: von einem mysteriösen Sternentor, das Reisende durch Raum und Zeit führen konnte.
>
> Mit dieser Hoffnung im Herzen setzte Alex alles daran, dieses Sternentor zu finden. Er studierte alte Sternenkarten und folgte den Hinweisen, die er in den Tiefen des Alls fand. Nach monatelanger Suche stieß er schließlich auf ein leuchtendes Portal, das in der Dunkelheit des Weltraums schimmerte.

Tatsächlich löst die KI Hindernisse sehr schnell auf und findet Wege, die Erzählung zügig zu einem positiven Ende zu bringen. Ohne tiefer auf die Schwierigkeiten von Alex einzugehen, zaubert sie eine Lösung hervor. Auch die Suche nach dem Sternentor läuft ohne wirkliche Auseinandersetzung ab.

Deshalb sollte der Autor die KI lieber gleich zu Beginn fragen, ob ihr das Konzept der Konflikte in Geschichten bekannt ist. Dies dient dazu, der KI das Phänomen Konfrontation bewusst zu machen. Anschließend wird die KI aufgefordert, einen konfliktreichen und spannungsgeladenen Abschnitt der Erzählung zu erfinden.

Tage wurden zu Wochen und Wochen zu Monaten. Ohne Kontakt zur Erde fühlte sich Alex einsam und isoliert. Jeder Tag war ein Kampf gegen die aufkommende Verzweiflung und den schwindenden Sauerstoff. Seine Vorräte schrumpften und die Hoffnung, jemals wieder nach Hause zurückzukehren, schien immer vergeblicher zu werden. Eines Tages, als er kurz davor war, den Mut zu verlieren, entdeckte er ein altes Tagebuch an Bord, das von seinem Großvater stammte, einem der ersten Raumfahrer seiner Zeit.

In diesem Tagebuch las er von einer alten Legende, die er als Kind gehört hatte: von einem mysteriösen Sternentor, das Reisende durch Raum und Zeit führen konnte. Doch das Tor war von einer gefährlichen Kreatur bewacht, die jeden vernichtete, der versuchte, es zu durchqueren. Mit neuem Mut machte sich Alex auf die Suche nach diesem Tor, entschlossen, alles zu riskieren, um nach Hause zurückzukehren.

Seine Reise führte ihn durch schwarze Löcher, vorbei an explodierenden Sternen und durch gefährliche Asteroidenfelder. Schließlich fand er das Sternentor, aber wie die Legende es vorausgesagt hatte, wurde es von der furchterregenden Kreatur bewacht. In einem epischen Kampf, bei dem Alex all sein Wissen und seine Fähigkeiten einsetzen musste, gelang es ihm schließlich, die Kreatur zu besiegen und das Sternentor zu durchqueren. Als er auf der anderen Seite herauskam, fand er sich im Orbit der Erde wieder, bereit, seine unglaubliche Geschichte zu erzählen.

Die folgsame KI hat den Auftrag erfüllt und zumindest in die Suche nach dem Sternentor Ansätze von antagonistischen Kräften integriert. Die KI neigt dazu, anfangs allgemeine und bekannte Lösungen vorzuschlagen. Doch wie wir gesehen haben, lässt sich dies verfeinern.

Es ist hilfreich, einen Aspekt des Vorschlags aufzugreifen und daran zu arbeiten. Im Gegensatz zu einem menschlichen Co-Autor ist die KI auch nicht empfindlich und schon gar nicht eingeschnappt.

Die Idee der furchterregenden Kreatur ist ein Klischee. Fällt dir etwas Originelleres ein?

Die KI greift auch diese Aufforderung auf und bietet folgende alternative Lösung an:

Natürlich, ich verstehe deinen Punkt. Lass uns den Konflikt anders gestalten: Tage wurden zu Wochen und Wochen zu Monaten. Ohne Kontakt zur Erde fühlte sich Alex einsam und isoliert. Seine Vorräte schwanden, und die Hoffnung, jemals wieder nach Hause zurückzukehren, schien immer vergeblicher zu werden. Eines Tages stolperte er über eine alte Aufzeichnung an Bord, die von der ersten Besatzung des Schiffes stammte.

Die Aufzeichnung sprach von einem Sternentor, das nicht durch Monster oder Kreaturen bewacht wurde, sondern durch ein Rätsel, das nur mit den kombinierten Erinnerungen und Erfahrungen aller Astronauten, die jemals das All bereist hatten, gelöst werden konnte. Das Tor würde nur für denjenigen zugänglich sein, der die Essenz der Menschheit und ihre Beziehung zum Kosmos verstand.

Alex begann, die Datenbanken des Schiffes zu durchforsten, las Tagebücher von Astronauten, hörte ihre Musik, sah ihre Kunst und versuchte, die gemeinsame Verbindung, die sie alle teilten, zu verstehen. Er meditierte, träumte und reflektierte über seine eigenen Erfahrungen im All.

Nach Wochen intensiver Suche und Selbstreflexion glaubte Alex, die Antwort gefunden zu haben. Er näherte sich dem Sternentor und wurde mit einem holografischen Interface konfrontiert, das ihn bat, das Rätsel der Menschheit zu lösen. Mit tiefem Atem und festem Glauben an seine Erkenntnisse gab er seine Antwort ein.

Das Sternentor leuchtete hell auf und öffnete sich, und Alex fand sich im Orbit der Erde wieder. Er hatte nicht nur das Rätsel des Sternentors gelöst, sondern auch eine tiefere Verbindung zu sich selbst und zur Menschheit als Ganzes entdeckt.

Der Prompt war dabei sehr allgemein gehalten. Es wäre durchaus möglich, hier schon weitere Parameter vorzugeben. So könnten Ansätze für Lösungen angeboten werden oder gar Hinweise auf andere Erzählungen gegeben werden.

Auch in dieser Antwort wird noch einmal die Tendenz der KI deutlich, jeden Konflikt und jede Geschichte mit einem märchenhaften Schluss zu versehen. Es ist verwunderlich, dass die KI nicht alle Vorschläge mit einem „Und wenn sie nicht gestorben sind, dann leben sie noch heute" versieht.

Wenn Autoren ihre Schöpfungen mit einem weniger positiven oder sogar tragischen Ende generieren möchten, können sie dies explizit anfordern. Falls eine Story gewünscht wird, die mit einem ungelösten Konflikt endet, sollte dies in der Anfrage angegeben werden. Zum Beispiel: „Erzähle diese Geschichte, sodass sie mit einem ungelösten Konflikt endet."

Nachdem von der KI ein Vorschlag generiert wurde, bei dem die Figuren gemeinsam in den Sonnenuntergang reiten, kann nach alternativen Schlüssen gefragt werden, die weniger positiv oder sogar negativ sind.

Wenn Autorinnen mit den Vorschlägen noch nicht zufrieden sind, sollten sie dies mitteilen. Feedback hilft der KI, die Anforderungen besser zu verstehen und entsprechend zu reagieren.

Bei dem Auftrag an die KI können emotionale Stichworte wie „tragisch", „herzzerreißend" oder „konfliktreich" verwendet werden, um die gewünschte Stimmung zu markieren.

5.13. HUMOR

Auf die Frage nach einem Witz antwortet die KI:

 Warum können Geister keine Lügen erzählen?
Weil sie durchschaubar sind!

Nun ja, aber im Bereich der KI galt Humor schon immer als ein komplexes und schwer fassbares Gebiet. Die KI hat in verschiedenen Feldern bedeutende Fortschritte gemacht, vom Lösen anspruchsvoller Spiele wie Go und Schach bis hin zur Erzeugung kohärenter Texte. Ihr Verständnis von Humor ist allerdings noch nicht ausgereift. Das Wesen der Komik, das tief in menschlichen Erfahrungen, kulturellen Nuancen und sozialen Konventionen verwurzelt ist, stellt für

Maschinen eine einzigartige Herausforderung dar. Die ersten Versuche, KI-Modelle humorvoll zu gestalten, waren eher enttäuschend. Frühe Systeme gaben oft wörtliche oder übermäßig technische Antworten, die den menschlichen Sinn für Ironie oder Sarkasmus völlig verfehlten. Ein Beispiel: Auf die Frage „Warum hat das Huhn die Straße überquert?" antwortete das System: „Ich bin ein Computerprogramm und verstehe den Kontext von Witzen nicht." Technisch korrekt, aber weit entfernt von humorvoll.

Tony Veale[11], Professor am University College Dublin, betont, dass Humor eine grundlegende menschliche Eigenschaft ist. Wenn man den Sinn eines Menschen für Witz versteht, erhält man Einblicke in dessen Persönlichkeit und Weltanschauung. Anders als bei Spielen mit festgelegten Regeln geht es in der Komik oft darum, soziale Konventionen und Normen zu brechen. Humor ist oft von kulturellen, sozialen und individuellen Nuancen geprägt. Ein Witz, der in einer Kultur komisch ist, kann in einer anderen missverstanden oder als beleidigend empfunden werden. Damit eine Maschine humorvoll sein kann, muss sie erkennen, welche Standards sie wann aufkündigen kann.

Die Antwort der KI auf den Prompt, einen Witz im Stil von Jan Böhmermann über eine KI zu erzählen, lautete folgendermaßen:

> Wisst ihr, ich hab letztens mit einer KI gechattet. Ja, wirklich! Ich frag sie, „Wie ist das Wetter morgen?" und die KI sagt, „Ich bin nicht sicher, ich kann nicht ins Internet." Und ich denk mir, „Wow, das ist also die Technologie, die uns alle ersetzen soll? Kann nicht mal einen Blick aus dem Fenster werfen, aber will meinen Job haben!"

Veale glaubt, dass KI-Modelle im Laufe ihrer Entwicklung Komponenten entwickeln werden, die für den Humor unerlässlich sind, wie zum Beispiel ein Gespür für Ungereimtheiten. Aktuelle Systeme zeigen bereits Fähigkeiten, Diskrepanzen zu erkennen, was darauf hindeutet, dass sie allmählich den

---

11 Hinweis: Dieses Kapitel basiert auf einem Interview mit Tony Veale, das Meghan McCarty Carino für Marketplace Tech geführt hat; Meghan McCarty Carino: AI's sense of humor is no laughing matter, 7.7.2023; zu hören unter: https://www.marketplace.org/shows/marketplace-tech/ais-sense-of-humor-is-no-laughing-matter/

Grundstein für einen verfeinerten Sinn für Humor legen. Die Herausforderung besteht darin, vom bloßen Erfassen von Absurditäten zu deren Umsetzung in wirklich lustige Inhalte überzugehen.

Aber Veale liegt mit seiner Einschätzung vielleicht nicht falsch. Denn es gibt tatsächlich auch Fortschritte. Neuere KI-Modelle, die mit riesigen Datenmengen trainiert wurden, haben begonnen, ein rudimentäres Verständnis von Humor zu zeigen. Sie können einfache Witze erkennen und sogar einige humorvolle Antworten generieren.

6. KI ALS PARTNER

Die KI hilft Autoren nicht nur beim reinen Schreiben einer Geschichte, sondern sie ist auch eine große Unterstützung, wenn es darum geht, über den Tellerrand zu schauen, alternative Perspektiven anzubieten, festgefahrene Denkmuster aufzubrechen und innovative Ideen zu fördern. Dazu nimmt sie verschiedene Rollen ein, die von der Funktion eines Beraters, eines Feedback-Gebers bis hin zum Co-Autor reichen, der aktiv an der Gestaltung von Handlungssträngen oder Charakterentwicklungen beteiligt ist. Die Fähigkeit der KI, solche Rollen zu übernehmen, erweitert die Grenzen des Möglichen im kreativen Schaffen.

6.1. DER FREUNDLICHE UND GEDULDIGE CO-AUTOR

Während viele Autoren alleine arbeiten, hat die Zusammenarbeit in Teams zu einigen der erfolgreichsten Drehbücher und wichtigen ikonischen Filme geführt. Wenngleich in der Literatur diese Partnerschaften eher selten sind, hat die Idee, dass zwei Köpfe besser sind als einer, in der Filmindustrie eine lange Tradition. Drehbuchautorenteams sind oft in der Lage, ihre unterschiedlichen Fähigkeiten und Perspektiven zu vereinen, um komplexe und vielschichtige Geschichten zu entwickeln. Innerhalb solcher Partnerschaften ist es den Autoren häufig gelungen, sich gegenseitig herauszufordern, kreative Blockaden zu überwinden und Drehbücher zu schreiben, die allein vielleicht nicht möglich gewesen wären.

In der Literatur haben die französischen Autoren Pierre Boileau und Thomas Narcejac über Jahre erfolgreich zusammengearbeitet. Das Autorenduo ist bekannt für seine Kriminalromane, auf deren Grundlage verschiedene Filme gedreht wurden. So erschien 1954 der Roman D'ENTRE LES MORTS, der als Vorlage für Alfred Hitchcocks VERTIGO (AUS DEM REICH DER TOTEN) diente.

Ein bemerkenswertes Beispiel für ein äußerst produktives Drehbuchautorenpaar ist die Zusammenarbeit zwischen Joel und Ethan Coen. Die Coen-Brüder haben mit Filmen wie THE BIG LEBOWSKI, NO COUNTRY FOR OLD MEN und FARGO einen einzigartigen Stil und Ton geschaffen. Ihre kreative Synergie hat nicht nur zu beeindruckenden Drehbüchern geführt, sondern vielschichtige Figuren und unvergessliche Dialoge.

Eine weitere legendäre Partnerschaft war die zwischen Billy Wilder und I.A.L. Diamond. Zusammen schufen sie zeitlose Klassiker wie SOME LIKE IT HOT (MANCHE MÖGEN'S HEISS), THE APARTMENT und SUNSET BOULEVARD (BOULEVARD DER DÄMMERUNG), die sich durch scharfe Dialoge, intelligente Handlungsstränge und subtile Satire auszeichneten und das Goldene Zeitalter Hollywoods entscheidend geprägt haben.

Natürlich birgt die Kooperation von Autorenteams auch ihre eigenen Herausforderungen. Kreative Differenzen können auftreten, und das Finden eines gemeinsamen künstlerischen Tons erfordert oft Kompromisse. Doch genau diese Schwierigkeiten können zu einer noch tieferen Auseinandersetzung mit der Geschichte und den Figuren führen und im besten Fall zu einem stärkeren Roman oder Drehbuch führen.

Ein wesentlicher Vorzug von Autorenteams ist die Möglichkeit, verschiedene Aspekte einer Story gleichzeitig zu bearbeiten. Während einer an einem Thema feilt, kann die andere an einer anderen Szene arbeiten oder Ideen für den Plot entwickeln. Dies beschleunigt oft den Schreibprozess und fördert die kontinuierliche Entwicklung der Geschichte. Auch ergänzen sich im besten Fall die unterschiedlichen Fähigkeiten im Team. Während der eine eher ein Händchen für die Struktur hat, kann die andere vielleicht ihre Stärke beim Schreiben von Szenen ausleben.

In Deutschland haben Alexander Buresch und Matthias Pacht an mehreren Projekten (JUGEND OHNE GOTT) zusammengearbeitet. Und seit 4 BLOCKS sind auch Hanno Hackfort, Richard Kropf und Bob Konrad, unter dem Spitznamen HaRiBos, dem Publikum bekannt.

In Zukunft ist der Einsatz der KI als Co-Autor möglich. Ein professioneller Autor, der jahrelange Erfahrung in der Branche hat, mag sich vielleicht zunächst fragen, wie eine Maschine jemals die Kreativität und die Nuancen menschlichen Schaffens erfassen kann. Doch die Beziehung zwischen einem Autor und der KI kann viel komplexer sein, als sie auf den ersten Blick erscheint. Tatsächlich kann die KI als eine Art „Freund" dienen, an den sich der Autor wenden kann, um Inspiration, Ratschläge und Ideen zu erhalten.

Die Vorstellung, eine KI als kreativen Partner einzusetzen, mag für einige noch immer futuristisch klingen, doch die Erfahrung zeigt, dass dies längst kein utopisches Szenario mehr ist. Stellen wir uns vor, ein Autor sitzt an seinem Schreibtisch, um an seinem neuesten Projekt zu arbeiten. Er hat eine klare Vision von der Handlung und den Figuren, aber er hat eine wichtige Entscheidung in Bezug auf die Geschichte zu treffen. Anstatt stundenlang über jedes Detail zu grübeln, könnte er einfach seine KI-Co-Autorin fragen. Er gibt der KI einige Grundinformationen über den Plot und die Figuren und bittet um Hinweise für seine Wahl. Innerhalb von Sekunden liefert die KI eine Einschätzung der jeweiligen Konsequenzen.

> Du bist mein professioneller Co-Autor. Hier ist unsere Geschichte [Geschichte]. Wir müssen uns entscheiden [Frage]. Was ist deine Einschätzung?

Meist listet die KI nun die Auswirkungen aller Möglichkeiten auf. Und natürlich muss und kann der Autor die Entscheidung immer noch selbst treffen, aber er hat vielleicht stundenlanges Grübeln vermieden. Gerade dieses Beispiel zeigt, was die Stärken der KI sind. Gleichsam wie mit einem Co-Autor kann der Autor in einem Dialog vieles klären. Es geht nämlich nicht nur darum, eine Frage beantwortet zu bekommen, sondern darum, kontinuierlich weiter nachzufragen. Die KI merkt sich (je nach Version der KI unterschiedlich gut) das bereits Besprochene und kann so eine menschenähnliche Konversation führen.

Autoren lesen ihre Fassungen immer wieder und zuweilen merken sie, dass eine von ihnen gefundene Lösung in der Geschichte noch nicht befriedigend ist. Wenn die Muse gerade einen guten Tag hat, dann hat sie auch eine bessere Alternative parat. Aber manchmal ist dies nicht der Fall und die Kreativen wünschen sich eine Co-Autorin, die sie schnell um bessere Idee bitten können. Mit der KI steht dieser Sparringspartner nun zur Verfügung.

> Nenne 3 Möglichkeiten, wie [Problem] zu lösen ist. Mir ist dies eingefallen [eigene Lösung]. Dies erscheint mir aber zu [Kritik].

Die Idee, die KI als „Freund" oder kreativen Partner zu betrachten, kann anfangs etwas befremdlich wirken. Schließlich ist das Schreiben eines Drehbuchs oder eines Romans ein höchst persönlicher Prozess, der oft tiefe Emotionen und Gedanken des Künstlers widerspiegelt. Doch diese Sichtweise vernachlässigt die Tatsache, dass die KI nicht als Ersatz für menschliche Fantasie dient, sondern als Werkzeug, das diese Kreativität erweitert und fördert.

Ein bemerkenswerter Vorteil der Zusammenarbeit mit der KI ist die Geschwindigkeit, mit der Ideen generiert werden können. Ein Autor kann wertvolle Zeit sparen, indem er die KI um schnelle Einfälle für Szenen, Konflikte oder Wendungen bittet, die ihn inspirieren und ihm weiterhelfen. Dies ist besonders nützlich, wenn enge Fristen einzuhalten sind und der Druck auf die kreative Produktivität steigt.

Jeder Autor hat gewisse Denkmuster und blinde Flecken. Die KI kann auch mit diesem Defizit umgehen und für neue Ideen sorgen.

6.2. SENTIMENTANALYSE

In der Literatur und im Film sind Emotionen für jede Geschichte elementar. Sie schaffen eine Verbindung zwischen den Protagonisten und treiben die Handlung voran. Damit die Worte auch die gewünschten Emotionen hervorrufen, kann die emotionale Textanalyse, ein besonderes Anwendungsgebiet der KI, genutzt werden.

Diese Auswertung, oft auch als Sentimentanalyse bezeichnet, ist ein Prozess, bei dem KI-Modelle den emotionalen Gehalt eines Textes identifizieren und kategorisieren. Durch das Training mit großen Mengen von Textdaten, die mit emotionalen Tags versehen sind, lernt die KI, Muster und Zusammenhänge zwischen Worten und Emotionen zu erkennen. Bei der Eingabe analysiert die KI den Text und ordnet jedem Abschnitt oder Satz eine Emotion zu. Dies liefert dem Autor eine objektive Rückmeldung darüber, wie ein Werk beim Publikum ankommen könnte, ob also bestimmte Passagen oder Kapitel die beabsichtigte Wirkung auch erzielen.

Wenn dies nicht der Fall ist, bietet die KI auch hier die Gelegenheit zur Überarbeitung.

> Bitte analysiere den folgenden Text auf emotionale Inhalte und gib eine Übersicht über die vorherrschenden Emotionen in jedem Abschnitt zurück: [Text].

Nachdem die Autorin ihren Text oder ihr Drehbuch eingefügt hat, wird die KI das Geschriebene analysieren und eine detaillierte Rückmeldung über die erkannten Emotionen in jedem Abschnitt oder Satz geben. Dies könnte in Form von Tags wie „Freude", „Trauer", „Wut" usw. erfolgen, je nachdem, welche Affekte im Text identifiziert werden.

Auf diesen Weg kann die Sentimentanalyse tiefer gehende Einblicke in spezifische Aspekte des Werks bieten. Zum Beispiel wenn ein Autor wissen will, ob Kapitel oder Szenen, die bestimmte Figuren oder Handlungsstränge betreffen, besonders positive oder negative Reaktionen hervorrufen. So kann er besser verstehen, welche Elemente seines Schreibens am meisten Resonanz finden und welche möglicherweise überarbeitet werden müssen.

6.3. SWOT-ANALYSE

Ein wichtiges Planungsinstrument, das Unternehmen dabei unterstützt, ihre Stärken und Schwachstellen zu identifizieren und strategische Entscheidungen zu treffen, ist die sogenannte SWOT-Analyse. Dieses Instrument kann aber auch sehr gut im kreativen Bereich eingesetzt werden.

SWOT steht für **Strengths, Weaknesses, Opportunities** und **Threats.** Die Methode hilft, ein umfassendes Bild einer Situation oder eines Problems zu erhalten. Indem diese vier Aspekte analysiert werden, können neue Ideen und Lösungen gefunden werden.

Die SWOT-Analyse besteht aus vier Hauptkomponenten:

1. **Stärken (Strengths):** Dieser Teil der Analyse konzentriert sich auf die internen positiven Aspekte. Hier werden die einzigartigen Vorteile und Ressourcen identifiziert, die ein Projekt von anderen unterscheidet. Dies könnten innovative Ideen, Zeit und Ressourcen oder Passion und Engagement sein.

2. **Schwächen (Weaknesses):** In diesem Abschnitt werden interne Herausforderungen und Schwächen ermittelt. Dies können begrenzte Ressourcen, kreative Blockaden oder fehlende Inspiration sein. Die Identifizierung von Schwächen ermöglicht es Autoren, an Verbesserungsmaßnahmen zu arbeiten.

3. **Chancen (Opportunities):** Hier sollten externe Faktoren untersucht werden, die für das Projekt günstig sind. Chancen könnten sich aus Markttrends, sich verändernden Verwertern oder neuen Technologien ergeben. Autorinnen sollten diese Chancen nutzen, um ihre Projekte zu fördern.

4. **Risiken (Threats):** Dieser Aspekt befasst sich mit externen Risiken und Hindernissen, die das Projekt beeinflussen könnten. Dies könnten mangelnde Akzeptanz, Wettbewerb oder Kommunikationsprobleme sein. Die Identifizierung von Bedrohungen hilft dabei, Strategien zu entwickeln.

Die eigentliche SWOT-Analyse erfolgt durch die Erstellung einer Matrix, in der Stärken und Schwächen internen Faktoren zugeordnet werden, während Chancen und Bedrohungen externe Faktoren darstellen. Die Analyse erfordert eine ehrliche und objektive Bewertung jedes Aspekts.

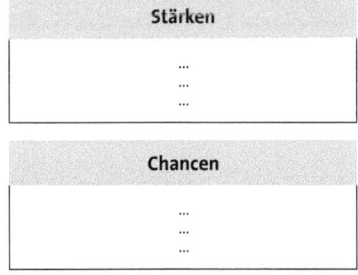
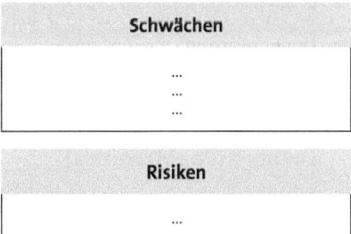

Stärken	Schwächen
... ...	... ...

Chancen	Risiken
... ...	... ...

Autoren können die KI nutzen, um eine SWOT-Analyse für ihr Projekt zu auszuarbeiten. Auch hier ist es sinnvoll, das System vorab zu befragen, ob es die Methode kennt, um dann so zu prompten:

Kannst Du mir eine SWOT-Analyse von diesem Projekt erstellen: [Text]?

Auch hier wird wieder die Geschichte von Annikas Albträumen genutzt.

Stärken (Strengths):
Einzigartige Prämisse: Die Idee, die Grenzen zwischen Träumen und Realität zu verwischen, ist faszinierend und könnte ein breites Publikum ansprechen.
Psychologische Tiefe: Der Film bietet die Möglichkeit, komplexe psychologische Themen wie Trauma, Erinnerung und Realität zu erkunden.
Spannungselemente: Die Elemente des Psychothrillers können für hohe Spannung und unerwartete Wendungen sorgen.
Charakterentwicklung: Die Hauptfigur Annika bietet viel Raum für Charakterentwicklung und emotionale Tiefe.
Schwächen (Weaknesses):
Komplexität: Die Verschmelzung von Traum und Realität könnte für das Publikum verwirrend sein, wenn sie nicht gut umgesetzt wird.
Risiko der Stereotypisierung: Die Darstellung psychischer Gesundheitsprobleme muss sensibel und gut recherchiert sein, um Stereotypen und Stigmatisierung zu vermeiden.

Budget: Je nach Umsetzung könnten Spezialeffekte für Traumsequenzen teuer werden.

Zielgruppenbeschränkung: Der Film könnte für ein jüngeres Publikum oder Menschen, die keine Thriller mögen, weniger ansprechend sein.

Chancen (Opportunities):

Kultpotenzial: Gut umgesetzt könnte der Film Kultstatus erreichen und eine treue Fangemeinde gewinnen.

Merchandising: Möglichkeiten für Bücher, Spiele oder andere Nebenprodukte, die die Welt des Films erweitern.

Festival-Erfolg: Der Film könnte aufgrund seiner Einzigartigkeit und Tiefe bei Filmfestivals gut ankommen.

Streaming-Dienste: Die steigende Popularität von Streaming-Diensten bietet eine zusätzliche Plattform für den Vertrieb.

Risiken (Threats):

Konkurrenz: Es gibt viele Psychothriller, und der Film muss sich deutlich abheben, um erfolgreich zu sein.

Kritische Rezeption: Wenn der Film schlecht umgesetzt wird, könnte er von Kritikern zerrissen werden, was den kommerziellen Erfolg beeinträchtigen würde.

Sensible Themen: Die falsche Darstellung psychischer Gesundheit oder Trauma könnte zu Kontroversen und negativer Presse führen.

Zeitdruck: Trends im Filmbereich ändern sich schnell. Wenn die Produktion zu lange dauert, könnte das Interesse an solchen Themen nachlassen.

Nachdem die SWOT-Analyse abgeschlossen ist, können die Kreativen strategische Entscheidungen treffen. Sie können beispielsweise die Stärken des Projekts nutzen, Schwächen beheben oder eine gezielte Strategie entwickeln, um sich auf die identifizierten Chancen zu konzentrieren.

6.4. STIL

Beim Drehbuchschreiben stehen die Geschichte und ihre bildliche Umsetzung im Mittelpunkt und nicht unbedingt der individuelle Sprachstil des Autors. Da Film in erster Linie ein visuelles Medium ist, sind es hier die Bilder, die Musik und die Schauspielkunst, die den Ton und die Atmosphäre für die Zuschauer setzen. Das Skript dient als Grundlage für all diese Gewerke und muss zwar klare visuelle Anweisungen und eine starke Struktur bieten, aber es ist nicht der Ort für ausführliche Beschreibungen oder introspektive Prosa. Stattdessen liegt der Schwerpunkt eines Drehbuchs oft auf dem Dialog, der natürlich und authentisch klingen muss, aber auch den Figuren und der Handlung dienen sollte. Es wäre allerdings fatal, wenn Drehbuchautoren versuchen würden, allen ihren Schöpfungen ihren eigenen Schreibstil aufzudrücken.

In der Welt der Literatur ist der individuelle Schreibstil eines Autors oft sein Markenzeichen. Es ist das, was ihn von anderen unterscheidet und ihm eine einzigartige Stimme verleiht. Dieser Stil, sei es durch Wortwahl, Satzstruktur, Rhythmus oder thematische Tiefe, ermöglicht es Lesern, ein Werk einem bestimmten Autor zuzuordnen, ähnlich wie ein Pinselstrich einen Maler verrät. Ein unverwechselbarer Stil kann einem Autor nicht nur Anerkennung und einen treuen Leserkreis verschaffen, sondern auch das emotionale und inhaltliche Gewicht eines Romans verstärken. Er verleiht der Erzählung Tiefe, zieht den Leser in die Geschichte hinein und schafft eine bleibende Verbindung zwischen Werk und Leserin. Daher ist es für Romanautoren essenziell, an ihrem unverwechselbaren Stil zu feilen und diesen weiterzuentwickeln.

Die KI bietet tatsächlich die Möglichkeit, den Schreibstil objektiv zu analysieren, zu verstehen und zu verfeinern. Durch den Einsatz von Algorithmen und maschinellem Lernen können bestimmte Muster, Strukturen und Elemente im Text erkannt werden, die für den individuellen Stil eines Autors charakteristisch sind. Diese Technologie kann nicht nur die Grammatik und den Satzbau überprüfen, sondern auch den Ton, die Stimmung und die Kohärenz des Manuskripts bewerten. Darüber hinaus können KI-Systeme Vorschläge für Verbesserungen unterbreiten, die den Text flüssiger, verständlicher oder wirkungsvoller gestalten. Für Schriftsteller ist dies ein Werkzeug, mit dem sie ihre Fähigkeiten kontinuierlich verbessern und ihren eigenen Stil verfeinern können.

Die Idee der Stilanalyse ist nicht neu. Seit Jahrhunderten analysieren Literaturkritiker und Gelehrte den Schreibstil von Autoren, um deren Werke besser zu verstehen und zu interpretieren. Doch mit dem Aufkommen der KI hat sich das Spielfeld verändert. Anstatt sich auf subjektive Interpretationen zu verlassen, können Schriftsteller jetzt Daten nutzen, um tiefere und objektive Einblicke in ihre Romane und Manuskripte zu gewinnen.

Zunächst sollte die Autorin ihren eigenen Stil definieren lassen – welche stilistischen Mittel werden eingesetzt? Werden überwiegend kurze, prägnante Sätze oder eher Bandwurmsätze genutzt? Verwendet die Autorin eine poetische Sprache voller Metaphern oder einen nüchtern-funktionellen Duktus? Ist der Stil eher humorvoll-ironisch oder dramatisch-pathetisch? Je klarer das eigene Stilprofil ist, desto gezielter lässt es sich ausbauen.

Indem die Autorin der KI Textpassagen vorlegt, kann diese Stilmerkmale identifizieren und Einblicke in Stärken und Schwächen geben. Die Antwort der KI sollte auch mit Beispielen unterfüttert sein. Andernfalls sollte dies im Prompt verlangt werden. So erfährt man etwa:

 Poetische, bildhafte Sprache: Der Text macht von Metaphern („samtene Nacht") und Vergleichen („wie Samt") Gebrauch, um eine lyrische Stimmung zu erzeugen.

Darüber hinaus kann die KI Vorschläge präsentieren, wie ein Autor seinen Stil verfeinern oder diversifizieren kann. Vielleicht neigt ein Autor dazu, bestimmte Phrasen oder Satzstrukturen zu oft zu verwenden. Die KI kann solche Muster erkennen und vielfältigere oder kraftvollere Alternativen anbieten. Oder vielleicht erkennt das System, dass ein Autor in seinen Beschreibungen sehr direkt und sachlich ist, und schlägt vor, eine metaphorischere oder bilderreiche Sprache zu nutzen, um mehr Tiefe und Farbe in den Text zu bringen. Oder sie kritisiert:

Ihr Stil ist gekennzeichnet durch eine reiche Metaphorik und ausdrucksstarke Adjektive. Allerdings neigen Sie zu Beiwort-Häufungen, was den Lesefluss hemmt.

Ebenso kann man der KI gezielt Stilübungen vorgeben, um bestimmte Stilfacetten zu trainieren. Der Autor kann sie beispielsweise bitten:

Schreibe diese Szene noch einmal im Stil eines detailliert observierenden Realisten wie Flaubert.

Die KI generiert dann im gewünschten Stil Textalternativen, an denen der Autor sich reiben und sein Repertoire erweitern kann. Über solche gezielten Stilanalysen und -experimente unter Anleitung des Autors wird die KI zu einem Werkzeug, das die stilistischen Fähigkeiten auf ein höheres Niveau heben kann.

Die KI ist allerdings nicht dazu da, den Stil eines Autors zu „korrigieren" oder ihn in eine bestimmte Richtung zu drängen. Vielmehr bietet sie ein Werkzeug zur Selbstreflexion, eine objektive Linse, durch die Schriftsteller ihren eigenen Stil sehen können. Es liegt dann am Literaten selbst, zu entscheiden, welche Ratschläge er annehmen und welche er ignorieren möchte.

6.5. DIVERSITÄTSCONSULTING

In der heutigen Welt ist Diversität mehr als nur ein Schlagwort; Diversität ist ein Imperativ. Autoren von Romanen und Drehbüchern kommen nicht darum herum, Vielfalt in ihren Werken widerzuspiegeln. Dies ist nicht nur eine Frage der sozialen Verantwortung, sondern auch ein Mittel, um Geschichten zu schaffen, die reicher, authentischer und relevanter für ein breites Publikum sind.

Diversität in der Literatur und im Film geht über die bloße Darstellung verschiedener Ethnien oder Kulturen hinaus. Sie umfasst Geschlecht, sexuelle Orientierung, sozioökonomischen Status, Alter, Behinderung und viele andere Aspekte der menschlichen Erfahrung. Ein weiterer wichtiger Faktor der

Diversität ist die Vermeidung von Stereotypen. Zu oft werden die Handelnden aufgrund ihrer ethnischen Zugehörigkeit, ihrer sexuellen Orientierung oder anderer Merkmale in eine bestimmte Schublade gesteckt. Dies kann nicht nur beleidigend sein, sondern gleichermaßen die Tiefe und Komplexität der Akteure und der Geschichte selbst beeinträchtigen. Indem Autoren Klischees aus dem Weg gehen und stattdessen vielschichtige, realistische Handlungsträger schaffen, können sie Storys erzählen, die sowohl fesselnd als auch aufschlussreich sind.

Es gibt gleichermaßen einen tieferen, kulturellen Wert im Aufzeigen von Diversität. Geschichten haben die Macht, unsere Sichtweise auf die Welt und auf andere Menschen zu prägen. Indem Autoren Vielfalt in ihre Werke einfließen lassen, tragen sie dazu bei, Vorurteile abzubauen und das Verständnis für und die Akzeptanz von Unterschieden zu fördern. Sie können ebenso dafür sorgen, dass marginalisierte Gruppen eine Stimme erhalten und deren Erzählungen gehört werden.

Auch hier kann die KI sinnvoll eingesetzt werden. Sie kann Autoren auf verschiedene Weisen dabei unterstützen, von Anfang an mehr Diversität in ihre Figuren und Geschichten einzubringen. Die KI kann aufgefordert werden, Figurenprofile zu unterschiedlichen soziokulturellen Gruppen zu generieren:

> Entwerfe das Profil einer 45-jährigen Professorin mit marokkanischen Wurzeln.

Ein Autor kann die KI bitten, Handlungsverläufe aus der Perspektive unterrepräsentierter Gruppen zu skizzieren, und sie anregen, Dialogbausteine zwischen Figuren verschiedener Herkunft zu produzieren. Oder die KI kann aufgefordert werden, mehrere Alternativen zu generieren, um eine Figur diverser zu gestalten. Mit diesen Vorschlägen kann sich der Urheber auseinandersetzen und dadurch sein Schreiben bereichern.

Aber auch nach der ersten Fassung kann die KI als wachsames Auge dienen und Vorurteile erkennen und hervorheben. Dies ermöglicht es den Autoren, ihre Werke auf eine genauere, respektvollere Darstellung hin zu überarbeiten.

> Überprüfe meinen Text auf die Darstellung der Figuren. Gibt das Ensemble die Lebenswirklichkeit ausreichend wieder: [Text]?

Doch die KI geht über das bloße Erkennen von Stereotypen hinaus. In einer Zeit, in der Daten in beispiellosem Umfang verfügbar sind, kann die KI Autoren Zugang zu einer Fülle von Informationen bieten. Möchte ein Schriftsteller beispielsweise über eine bestimmte Kultur oder Gemeinschaft schreiben, kann er die KI nutzen, damit sie ihm relevante Einzelheiten, historische Kontexte, kulturelle Nuancen und sogar sprachliche Feinheiten bereitstellt. Die KI kann dazu beitragen, die Recherche zu erleichtern. Anstatt stundenlang nach Fakten zu suchen oder Experten zu konsultieren, können Autoren KI-Tools nutzen, um schnell und effizient auf die benötigten Daten zuzugreifen. Dieser Weg kann besonders sinnvoll sein, wenn es darum geht, historische Kontexte zu verstehen, kulturelle Praktiken zu erforschen oder die Lebenserfahrungen spezifischer Gemeinschaften nachzuvollziehen. Aber gerade hier ist zu beachten, dass die KI immer wieder Halluzinationen erzeugt und alle Ergebnisse noch einmal verifiziert werden müssen (siehe Kapitel 4.3).

Selbstverständlich genügt Diversität allein nicht. Es reicht nicht aus, einfach eine Figur einer bestimmten ethnischen Gruppe oder sexuellen Orientierung hinzuzufügen, ohne sich wirklich mit deren Erlebnissen und realen Perspektiven auseinanderzusetzen. Authentizität ist der Schlüssel. Dies erfordert über die KI-Befragung hinaus Recherche, Empathie und oft auch die Konsultation von Betroffenen.

Es gibt Kritiker, die argumentieren, dass Autoren sich auf das Schreiben dessen konzentrieren sollten, was sie kennen, und dass der Versuch, Diversität in ihre Werke einzubinden, künstlich oder erzwungen wirken kann. Diese Bedenken muss man durchaus ernst nehmen, es ist aber ebenso essenziell zu erkennen, dass die Schaffung von Fiktion immer auch eine Übung in Empathie ist. Es geht darum, sich in andere Menschen hineinzuversetzen, ihre Erfahrungen zu verstehen und sie auf authentische Weise darzustellen. Oder um es mit Maxim Gorki zu sagen „Man muss nicht in der Bratpfanne gelegen haben, um über ein Schnitzel zu schreiben." Mit den richtigen Recherchen und der gewissenhaften

Herangehensweise können Autoren Diversität in ihre Geschichten einfließen lassen, ohne dass sie erzwungen oder unauthentisch wirkt.

Eines der Instrumente, das in den letzten Jahren einige Berühmtheit erlangt hat, ist eine Prüfung zur Darstellung weiblicher Figuren. Der Bechdel-Test ist ein einfaches Kriterium, um die Repräsentanz von Frauen in Filmen und anderen Medien zu bewerten. Ein Werk besteht die Untersuchung, wenn es drei Kriterien erfüllt:

1. Es gibt mindestens zwei weibliche Figuren, die namentlich genannt werden.
2. Diese beiden Figuren unterhalten sich miteinander.
3. Ihr Gespräch dreht sich um ein anderes Thema als einen Mann.

Die Prüfung wurde nach der amerikanischen Cartoonistin Alison Bechdel benannt, die ihn in ihrem Comicstrip „Dykes to Watch Out For" im Jahr 1985 vorstellte. Es ist wichtig zu beachten, dass der Bechdel-Test nicht unbedingt die Qualität oder den Feminismus eines Films bewertet. Stattdessen soll er auf das Ungleichgewicht in der Darstellung von Geschlechtern in Medien hinweisen.

Es ist kaum zu glauben, aber viele Filme, auch populäre und anerkannte, bestehen den Bechdel-Test nicht, was auf ein tief verwurzeltes Problem in der Filmindustrie und in der Medienlandschaft insgesamt hinweist.

Es ist möglich, die KI überprüfen zu lassen, ob ein Drehbuch oder ein Roman den Bechdel-Test besteht. Dabei ist es hilfreich, die KI zu fragen, ob das System den Test kennt. Im Anschluss wird die KI dann befragt, ob das Werk die Untersuchung bestanden hat.

6.6. DREHBUCHLESEN

Im Bereich des Drehbuchschreibens kann die KI nicht nur als Mitarbeiter dienen, sondern auch als Drehbuchleser eine neue Rolle übernehmen. Autoren, die an ihrem Exposé, Treatment oder Drehbuch schreiben, stecken naturgemäß tief in ihrem Stoff und es fehlt ihnen die Perspektive von außen: der frische und distanzierte Blick auf das entstehende Werk.

Die KI als Leser kann Drehbücher analysieren und Feedback geben. Viele Systeme haben derzeit allerdings eine Einschränkung, was die Masse an Daten betrifft, die die Modelle verarbeiten können. Darum ist es bei diesen Anbietern nicht möglich, ein ganzes Skript (das aus ungefähr 25.000 Wörtern besteht) hochzuladen und zu bearbeiten. Aber das ist eine technische Hürde, die sehr wahrscheinlich in den nächsten Jahren nicht mehr existiert. Und es können bei allen Systemen Treatments oder Szenen von der KI analysiert werden. Abgesehen davon existieren heute schon Anbieter, deren Begrenzungen mehrere Hundert Seiten überschreiten (siehe Kapitel 7.1).

Zunächst einmal bedeutet das Drehbuchlesen durch die KI eine erhebliche Zeitersparnis. Im Gegensatz zu menschlichen Beratern kann die KI in Windeseile Analysen durchführen und ein schnelles Feedback liefern. Ein weiterer entscheidender Vorteil der KI ist die objektive Rückmeldung. Sie urteilt und gibt Ratschläge basierend auf einer riesigen Datenmenge und komplexen Algorithmen. Dies gewährleistet, dass die Stellungnahme nicht durch subjektive Meinungen getrübt ist, sondern auf soliden Daten und sachlichen Kriterien basiert.

Dennoch ist es von entscheidender Bedeutung zu betonen, dass die KI nur ein Werkzeug ist und nicht das menschliche Urteilsvermögen und die Intuition eines professionellen Script-Consultant ersetzen kann.

Hilfreich für die Arbeit mit der KI ist es, klare Ziele für die Arbeit am Drehbuch zu definieren. Soll die Charakterentwicklung optimiert, der Plot strukturiert oder die Dialoge verbessert werden? Indem Autoren ihre Interessen festlegen, können sie ihren Gehilfen gezielt einsetzen.

Die KI kann für viele Bereiche der Beratung eingesetzt werden. Hier nur einige Beispiele:

1. Figurenanalyse und -entwicklung: Die KI kann die Konsistenz von Verhalten und Motivationen überprüfen. Sie kann auch vorschlagen, wie Figuren besser gestaltet werden können, um eine stärkere Identifikation seitens des Publikums zu erzeugen.

2. Plotaufbau und Struktur: Die KI kann den Aufbau des Werkes analysieren, um mögliche Schwachstellen im Handlungsverlauf aufzudecken. Sie kann Vorschläge für Wendepunkte, Konflikte und Höhepunkte präsentieren, um die Spannung zu steigern.

3. Dialogverbesserung: Die KI kann Dialoge definieren, denen die Tiefe und Emotionalität fehlt und die eventuell repetitiv sind.
4. Zielgruppenorientierte Anpassung: Basierend auf Daten und Genrekonventionen kann die KI Empfehlungen zur Adaptation des Drehbuchs an die Präferenzen der Zielgruppe geben.

Hier ein Beispiel dafür, wie Autoren die KI als Drehbuchleser bitten können, die Schwächen ihrer Idee aufzulisten und Wege zur Verbesserung zu finden:

> Du bist ein erfahrener Leser von Drehbüchern mit einem Ruf für akribische Kritik. In Anbetracht deiner Erfahrung mit der Verfeinerung von Erzählstrukturen, Charakterentwicklung und dramatischen Elementen, wie beurteilst du die vorgeschlagene Geschichte [Geschichte]? Berücksichtige Elemente wie erzählerische Originalität, Figurendynamik und mögliche Entwicklung der Handlung. Übe konstruktive Kritik an der Prämisse und der vorgeschlagenen Handlung.

Ebenso kann man sich von der KI eine übersichtliche Tabelle erstellen lassen:

> Du bist ein Drehbuchleser. Analysiere die obige Szene und liste ihre Stärken und Schwächen auf. Verwende eine Tabelle.

Die Integration der KI in den Drehbuchberatungsprozess stellt einerseits zweifellos einen Fortschritt dar, der den kreativen Prozess in vielerlei Hinsicht bereichern kann. Aber menschliche Dramaturgen bringen eine Tiefe des Verständnisses, Empathie und kulturelle Nuancen in ihre Analysen ein, die eine Maschine nicht replizieren kann. Ein Text, obwohl er nach bestimmten Strukturen und Regeln geschrieben wird, ist im Kern eine Darstellung humaner Erfahrungen, Emotionen und Beziehungen. Es erfordert daher ein menschliches Auge und Ohr, um die Feinheiten, den emotionalen Gehalt und die kulturellen Kontexte vollständig zu erfassen und zu bewerten.

Darüber hinaus haben menschliche Berater die Fähigkeit, zwischen den Zeilen zu lesen und die Absichten und Motivationen des Autors zu verstehen. Sie können Feedback geben, das nicht nur auf dem Text basiert, sondern auch auf dem, was der Kreative möglicherweise ausdrücken wollte. Dies ist besonders wichtig, da Geschichten oft von tiefen persönlichen Erfahrungen und Überzeugungen der Autorin geprägt sind.

Der Einsatz von KI sollte daher als ein primärer Schritt in einem umfassenderen Überprüfungs- und Überarbeitungsprozess betrachtet werden. Die KI kann eine erste Analyse bieten, strukturelle oder thematische Probleme aufzeigen und innovative Vorschläge unterbreiten. Das letzte Wort sollte aber immer ein Dramaturg haben, damit die Geschichte authentisch, relevant und emotional resonant bleibt oder wird.

Insgesamt ist eine Kombination aus KI-Unterstützung und menschlicher Expertise der ideale Ansatz. Während die KI Geschwindigkeit, Effizienz und objektive Analysen bietet, bringt der Dramaturg Empathie, Intuition und kulturelles Verständnis in den Prozess ein. Beide zusammen können dazu beitragen, dass ein Text sein volles Potenzial entfaltet und das Publikum auf tiefgreifende Weise berührt.

6.7. BREAKDOWN

Das Schreiben eines Drehbuchs ist eine komplexe und oft herausfordernde Aufgabe, die ein tiefes Verständnis für die Struktur und den Aufbau von Geschichten voraussetzt. Ein Skript ist nicht nur eine Sammlung von Dialogen und Anweisungen, sondern es ist auch ein sorgfältig konstruiertes Kunstwerk, das aus verschiedenen Handlungssträngen, Wendepunkten und Charakterentwicklungen besteht. Bei der Arbeit kann es leicht passieren, dass der Überblick verloren geht. Es ist nicht immer offensichtlich, an welcher Stelle eine Nebenhandlung beginnt, wann und wo wichtige Schlüsselmomente vorkommen oder wann bestimmte Figuren in die Geschichte eintreten.

Um solchen Herausforderungen zu begegnen und das Drehbuch effektiv zu gestalten, nutzen viele Profis das Instrument des „Breakdown". Dabei handelt es sich um eine Tabelle, die den Inhalt eines Skripts in einer überschaubaren und strukturierten Weise darstellt und den Stoff eines Drehbuchs Schritt für

Schritt kategorisiert. In dieser Übersicht wird jede Szene einzeln aufgeführt. In der ersten Spalte finden sich die Szenennummern, gefolgt von den Seitenzahlen, auf denen die jeweilige Szene beginnt. Die nachfolgenden Spalten sind den kurzen Zusammenfassungen der Handlung gewidmet. Für jeden Handlungsstrang im Drehbuch wird eine eigene Kolumne für Kurzbeschreibungen angelegt. Wenn eine Szene mehrere Handlungsstränge berührt, wird der Inhalt in jeder relevanten Spalte komprimiert dargestellt. Dieses System ermöglicht es, auf einen Blick zu erkennen, wie die verschiedenen Handlungsstränge miteinander verknüpft sind und wie sich die Geschichte entwickelt.

Ein Breakdown, traditionell manuell erstellt, erfordert viel Sorgfalt, um jeden Handlungsstrang, jede Figur und die Wendepunkte zu identifizieren. Dieser Prozess kann zeitaufwendig und anstrengend sein. Hier kann die KI eingesetzt werden, um den Vorgang zu beschleunigen und zu vereinfachen. Mit ihren Algorithmen kann eine KI-Software ein Drehbuch scannen, den Kontext verstehen und automatisch einen Breakdown erstellen. Dies gelingt nicht nur bedeutend schneller, sondern mit einer Konsistenz, die manuell schwer zu erreichen ist.

Zu Beginn wird die KI erst einmal mit dem Konzept des Breakdowns vertraut gemacht. Danach wird sie aufgefordert, auf der Basis des Skripts einen Breakdown zu generieren. Auch hier spielt allerdings die derzeitige Beschränkung der Eingabe eine Rolle, denn das Drehbuch muss als PDF hochgeladen werden (was oft einen Pro-Account erfordert). In der einfachen Variante ist es nur möglich, sich den Inhalt der Szenen zusammenfassen zu lassen. Die Einteilung in Handlungsschritte muss also noch manuell erfolgen. Der Prompt lautet also:

> Ein Breakdown eines Drehbuchs ist eine Tabelle, in der in der linken Spalte die Szenennummern aufgelistet sind. Dies ist die Nummer, die im Skript links und rechts neben der Szenenüberschrift steht. In der zweiten Spalte wird die Seitenzahl aufgelistet. In der dritten Spalte wird der Inhalt der Szene in einem Satz zusammengefasst. Generiere eine Tabelle, in der in der linken Spalte die Szenennummer steht, in der zweiten Spalte die Seitenzahl und in der rechten Spalte der Inhalt der Szene. Dies ist das Drehbuch: [Drehbuch PDF].

Die KI hat dann binnen Sekunden folgende Tabelle parat:

Szenen-nummer	Seiten-zahl	Inhalt der Szene
1	1	Betty bereitet ihr Frühstück vor und wird an der Tür von jemandem gestört.
2	2	Frau Stolz kommt die Treppe hoch.
3	2	Betty räumt ihre Wohnung auf und begrüßt Frau Stolz.
4	3	Betty verlässt ihre Wohnung und trifft auf ihre Freundin Barbara und deren Hund Bernd.
5	4	Betty fährt im Auto und telefoniert, während Bernd versucht, auf den Beifahrersitz zu klettern.
6	4	Betty kommt in ihrer Firma an, wo Gesellschaftsspiele herumstehen und ihr Assistent Manfred Zeitung liest.
7	5	Betty parkt ihr Auto und geht zu ihrem Ladenlokal, erinnert sich dann an Bernd und holt ihn aus dem Auto.
8	5	Frau Stolz trifft sich mit ihrem Liebhaber.
9	6	Johnny wird von seinem Chef gezwungen, in die Kühlkammer zu gehen.

Dies ist oft schon ein sinnvolles Hilfsmittel für die weitere Arbeit. Wer aber einen Breakdown erstellen will, der noch mehr Informationen liefert, kann die Szenen noch den jeweiligen Handlungen zuordnen.

Szenen-nummer	Seiten-zahl	Haupthandlung	Nebenhandlung Stolz	Nebenhandlung Johnny
1	1	Betty bereitet ihr Frühstück vor und wird an der Tür von jemandem gestört.		
2	2		Frau Stolz kommt die Treppe hoch.	
3	2	Betty räumt ihre Wohnung auf und begrüßt Frau Stolz.	Betty räumt ihre Wohnung auf und begrüßt Frau Stolz.	

Szenennummer	Seitenzahl	Haupthandlung	Nebenhandlung Stolz	Nebenhandlung Johnny
4	3	Betty verlässt ihre Wohnung und trifft auf ihre Freundin Barbara und deren Hund Bernd.		
5	4	Betty fährt im Auto und telefoniert, während Bernd versucht, auf den Beifahrersitz zu klettern.		
6	4	Betty kommt in ihrer Firma an, wo Gesellschaftsspiele herumstehen und ihr Assistent Manfred Zeitung liest.		
7	5	Betty parkt ihr Auto und geht zu ihrem Ladenlokal, erinnert sich dann an Bernd und holt ihn aus dem Auto.		
8	5		Frau Stolz trifft sich mit ihrem Liebhaber.	
9	6			Johnny wird von seinem Chef gezwungen, in die Kühlkammer zu gehen.

Ein Breakdown ist für Autoren weit mehr als nur eine organisatorische Notwendigkeit. Es ist ein Instrument, das hilft, den Ablauf und die Komplexität ihres Werkes zu verstehen und zu verfeinern. Auf den ersten Blick bietet ein Breakdown einen klaren Überblick über die Struktur des Drehbuchs. Dies ermöglicht es, den Fluss der Geschichte visuell zu erfassen und Bereiche zu identifizieren, die möglicherweise überarbeitet oder gestrafft werden müssen.

Darüber hinaus ist der Breakdown ein wertvolles Werkzeug für die Charakterentwicklung. Autoren können den Handlungsverlauf und die Entwicklung einer Figur im gesamten Skript verfolgen. Dies gewährleistet, dass die Akteure konsistent bleiben und ihre Handlungen und Entscheidungen im Einklang mit ihrer Reifung und der Gesamtgeschichte stehen. Durch das detaillierte Verständnis jeder Szene können mithilfe des Breakdowns außerdem Redundanzen identifiziert, die Reihenfolge von Szenen geändert oder unnötige Szenen entfernt werden. Dies trägt dazu bei, die Geschichte straffer und fokussierter zu gestalten.

Schließlich dient der Breakdown als Kommunikationsmittel. Wenn Autoren ihr Drehbuch mit Kollegen, Produzentinnen oder Redakteurinnen teilen, bietet dieses Hilfsmittel eine klare Referenz, die sicherstellt, dass alle Beteiligten ein einheitliches Verständnis der Story haben.

6.8. KORREKTURLESEN UND GRAMMATIKPRÜFUNG MIT KI

Die KI bietet auch eine Reihe von Tools, die Autoren beim Korrekturlesen und der Grammatikprüfung unterstützen können. Diese Systeme sind weit mehr als einfache Rechtschreibprüfer; sie können den Kontext eines Satzes verstehen, stilistische Empfehlungen geben und bei der Strukturierung von Argumenten helfen.

Ein Hauptvorteil der Verwendung von KI für das Korrekturlesen ist die Geschwindigkeit. Während eine Lektorin Stunden oder sogar Tage benötigt, um ein umfangreiches Manuskript zu durchforsten, kann eine KI-Software dies in einem Bruchteil der Zeit tun. Dies ist besonders nützlich für Autoren, die eine schnelle Überprüfung ihres Textes wünschen. Aber die Schnelligkeit ist nicht das einzige Argument. KI-Tools sind in der Lage, eine breite Palette von Fehlern zu erkennen, von banalen Tippfehlern bis hin zu komplexen grammatikalischen Strukturen.

Darüber hinaus können KI-basierte Korrekturtools den Schreibstil verbessern. Sie können passive Konstruktionen bestimmen, Vorschläge für lebendigere Verben präsentieren und sogar Hinweise auf mögliche Verbesserungen des Satzflusses bereitstellen. Einige fortschrittliche Systeme können sogar den Ton eines Textes analysieren und Empfehlungen geben, um die Konsistenz zu wahren.

Ein weiterer interessanter Aspekt ist die Möglichkeit der KI, den Kontext zu verstehen. Frühere Korrekturtools hatten oft Schwierigkeiten, den Unterschied zwischen Wörtern wie „das" und „dass" im Deutschen zu erkennen. Moderne KI-Systeme sind jedoch in der Lage, den Sinnzusammenhang eines Satzes zu analysieren und genauere Korrekturen vorzuschlagen. Dies ist ein großer Schritt nach vorne, insbesondere für Autoren, deren Muttersprache nicht die Sprache ist, in der sie schreiben.

Trotz all dieser Vorteile ist es auch hier wichtig zu betonen, dass KI-Tools Lektoren nicht ersetzen können. Sie sind hervorragende Hilfsmittel für eine erste Überprüfung, aber die Feinheiten der Sprache und die kreative Intuition eines erfahrenen Prüfers des Manuskripts können sie noch nicht vollständig erfassen. Dennoch sind sie ein mächtiges Werkzeug in der Toolbox eines jeden Autors, das den Schreibprozess erheblich erleichtern und verbessern kann.

6.9. DIE KI SCHLÜPFT IN ANDERE ROLLEN

Jede Autorin weiß, dass früher oder später auch andere den Text oder das Drehbuch beurteilen. Dabei sind es nicht nur die direkt Beteiligten, wie die Lektoren oder die Redakteurinnen. Diese geben ihre Anmerkungen unmittelbar und im Zuge der Arbeit. Aber in Verlagen haben meist auch die Vertreter einen starken Einfluss. Dies sind in der Regel Außendienstmitarbeiter, die dafür verantwortlich sind, die Bücher und Publikationen an Buchhandlungen und Großhändler zu verkaufen. Sie spielen eine entscheidende Rolle im Vertriebsprozess und tragen dazu bei, die Sichtbarkeit und den Absatz der Verlagsprodukte zu erhöhen. Aus diesem Grund legt jeder Verlag auch Wert auf ihre Expertise, weil sie den direkten Kontakt zu den Lesern besitzen.

Im Fernsehbereich sind die Redakteure meist auch an der Entwicklung der Drehbücher direkt beteiligt. Aber es gibt immer auch die Führungskräfte, die das Drehbuch abnehmen müssen. Diese Personen, oft die Programmchefs oder Intendantinnen, sind das Bindeglied zwischen den Kreativen und dem Sender selbst. Sie waren meist nicht an der Entwicklung beteiligt, können aber darüber entscheiden, ob die Arbeit an einem Skript fortgesetzt wird.

Autoren können die KI nach den Einschätzungen dieser Experten befragen. Dies sollte allerdings nicht dazu führen, sich in seiner künstlerischen Freiheit einschränken zu lassen. Es kann aber hilfreich sein, bestimmte Argumente im Vorhinein zu kennen. Sei es auch nur, um sie rechtzeitig aus dem Weg zu räumen. So kann zum Beispiel ein Prompt so aussehen:

> Schlüpfe in die Rolle einer erfahrenen Führungskraft bei einem großen Fernsehsender mit einem Ruf für akribische Kritik. Angesichts deiner Erfahrung und deines Verständnisses für Markttrends, die Demografie des Publikums und die Konventionen des Erzählens, wie beurteilst du [Titel]? Berücksichtige Elemente wie potenzielle Publikumswirksamkeit, Marktsättigung, erzählerische Originalität und Charakterdynamik. Gebe außerdem konstruktive Kritik an der Prämisse und der möglichen Entwicklung der Handlung [Text].

Die Autorin eines Romans kann ihr Manuskript so überprüfen lassen:

> Stelle dir vor, du bist ein professioneller Chef bei einem großen Publikumsverlag [eventuell hier auch den Verlag nennen]. Ein Autor hat gerade dieses Manuskript eingereicht. Welches Feedback würdest du auf der Grundlage des Profils deines Verlags geben?

Es ist für Autoren eine Herausforderung, nicht nur kreative und fesselnde Geschichten zu schreiben, sondern auch sicherzustellen, dass ihre Werke ein Publikum finden. Die KI bietet in diesem Kontext ein vielversprechendes Werkzeug, das dazu beitragen kann, den Puls des Marktes zu spüren und ihre Werke entsprechend auszurichten.

6.10. KI-GESTÜTZTE EXPERIMENTE IM ERZÄHLEN

In der Literatur und beim Drehbuchschreiben sind Innovation und Erneuerung wichtige Elemente. Jede Generation von Autoren sucht nach neuen Wegen, um ihre Geschichten zu erzählen, sei es durch unterschiedliche Erzählperspektiven, unkonventionelle Handlungsstrukturen oder experimentelle Schreibstile. Doch während die menschliche Kreativität unendlich erscheint, gibt es oft Grenzen in der Umsetzung dieser Ideen, sei es durch Zeitmangel, fehlende Ressourcen oder einfach Unsicherheit über den potenziellen Erfolg eines neuen Ansatzes. Auch hier kann die KI einen wertvollen Beitrag für Autoren leisten. Durch die Interaktion mit KI-Textgeneratoren lassen sich rasch experimentelle Narrative bewerkstelligen und evaluieren.

Denn in manchen Fällen hat die Autorin die Idee für eine neuartige Erzählweise oder einen modernen Ansatz für ihre Geschichte. Da der Erfolg allerdings ungewiss ist und die Umsetzung viel Zeit in Anspruch nehmen würde, verzichtet die Kreative auf diesen neuen Weg. Sie schreibt so, wie sie ihre letzten erfolgreichen Werke verfasst hat.

Die KI hat sich zu einem hoch entwickelten Werkzeug herangebildet, das in der Lage ist, komplexe literarische und filmische Erzählweisen zu verstehen und anzuwenden. Für Autoren bedeutet dies, dass sie nicht mehr stundenlang über eine bestimmte Erzählstruktur oder einen Schreibstil nachdenken müssen. Stattdessen können sie die KI beauftragen, einen spezifischen Ansatz auszuprobieren, und innerhalb kürzester Zeit ein Ergebnis erhalten.

Der Künstler fungiert als Impulsgeber für die KI, und diese wird zum Betatester, um innovative Formen und Blickwinkel zu sondieren. Sie liefert Testballons und Probeergebnisse, die der menschliche Autor auswerten und verfeinern kann.

Ein Autor könnte beispielsweise daran interessiert sein, eine Narration aus der Perspektive eines nicht menschlichen Charakters zu erzählen, sei es ein Tier, ein Geist oder sogar ein lebloses Objekt. Anstatt selbst zu versuchen, sich in diesen Blickwinkel hineinzuversetzen, könnte der Schriftsteller die KI bitten, einen solchen Ansatz zu testen. Die KI könnte dann eine Geschichte oder einen

Abschnitt aus dieser ungewöhnlichen Sicht generieren, wodurch der Autor einen Einblick erhält, wie solch eine Erzählung aussehen könnte.

Der Vorteil der Verwendung von KI im kreativen Schreibprozess besteht darin, gleichzeitig mehrere Erzähltechniken schnell umsetzen und probieren zu können. Ein Drehbuchautor könnte beispielsweise mit dem Gedanken spielen, eine nichtlineare Handlungsstruktur zu nutzen, bei der die Ereignisse nicht in chronologischer Reihenfolge präsentiert werden. Anstatt etliche Entwürfe zu schreiben und viel Energie in den Versuch zu investieren, könnte der Autor die KI bitten, einige solcher Ansätze zu simulieren. Dies würde nicht nur Zeit sparen, sondern dem Urheber auch ermöglichen, die Vor- und Nachteile der jeweiligen Struktur zu erkennen, bevor er sich für oder gegen sie entscheidet.

In der Tat könnte diese Verwendung von KI im Schreibprozess dazu führen, dass Autoren mutiger und experimentierfreudiger werden. Wenn sie wissen, dass sie verschiedene Ansätze schnell und effizient testen können, haben sie wahrscheinlich mehr Mut einen neuen und innovativen Weg zu gehen.

7. SPEZIFISCHE KI-MODELLE ZUM SCHREIBEN

Grundsätzlich sind die gängigen KI-Systeme auf alle Fragen ausgerichtet. Sie können selbstständig sowohl Softwareprogramme schreiben als auch Aufgaben in der Quantenphysik lösen, aber auch, wie wir gesehen haben, Geschichten entwerfen.

Allerdings existieren bereits Angebote, die sich speziell an fiktionale Schreiber richten. Diese Systeme, oft als kreative KI bezeichnet, stellen die Arbeit an Romanen und Drehbücher in den Vordergrund.

Dieses Kapitel stellt einige der KI-Systeme, die sich auf literarische Kreationen spezialisiert haben, vor und untersucht ihre Fähigkeiten, ihre Stärken und ihre Grenzen.

7.1. MODELLE SPEZIELL FÜR AUTOREN UND AUTORINNEN

Perplexity

Perplexity ist ein KI-Rechercheassistent, der sich besonders gut auch für Autoren eignet. Denn die herkömmlichen KIs neigen zu Halluzinationen (siehe auch Kapitel 4.3), und es ist manchmal schwer, die Ergebnisse zu verifizieren. Das Ziel dieses Systems ist es nach eigenen Angaben, dass sich die Online-Informationssuche so anfühlt, als ob die Nutzer einen sachkundigen Assistenten an der Seite hätten.

Perplexity kann Recherchefragen in natürlicher, alltäglicher Sprache beantworten. Um die relevantesten Informationen bereitzustellen, kann das System ein Gespräch führen und selbst Fragen stellen, um die Bedürfnisse zu klären. Die KI generiert nützliche Auskünfte, indem sie aus mehreren Quellen die beste Antwort auswählt und die Ergebnisse kurz und knapp zusammenfasst.

Dabei stellt die KI auch die Quellenangaben bereit. Dies gibt Autoren die Chance, die Antworten der KI eigenständig zu überprüfen und weiter zu recherchieren. Durch die Analyse von Faktoren wie dem Renommee der Publikation, der Qualifikation des Urhebers und der Anzahl der Zitationen kann die Autorin eine Einschätzung der Zuverlässigkeit einer Quelle geben. Dies kann besonders nützlich sein, wenn der Autor mit einem breiten Spektrum an Materialien arbeitet und nicht sicher ist, welche Texte am vertrauenswürdigsten sind. Ein gut recherchierter Roman oder ein faktentreues Drehbuch erhöhen die Glaubwürdigkeit der Erzählung.

Jasper

Jasper ist eigentlich eine KI-Plattform für Unternehmen. Denn im Gegensatz zu den meisten KI-Tools, kann Jasper auf eine Marke trainiert werden. Firmen können in das System ihre Produkte, ihre Corporate Identitiy und ihr Auftreten einpflegen. Auf der Basis dieser Informationen erstellt Jasper Vorschläge für das Marketing, Blogs oder auch E-Mails. Das Tool besitzt auch die Fähigkeit, die Prompts eigenständig zu überarbeiten und den Eingabetext zu verbessern.

Sie hilft aber auch Kreativen, KI zu nutzen, um Schreibblockaden zu überwinden, Bilder zu erstellen und Inhalte in verschiedenen Formaten, Stilen und Sprachen neu zu generieren. Nutzer können einen Schreibstil-Leitfaden hochladen und Jasper mit Inhalten füttern. Die KI kann daraufhin den Stil analysieren, um ihn zu imitieren. Jasper nutzt allerdings kein eigenes KI-Modell, sondern bedient sich unterschiedlicher Anbieter (auch ChatGPT) und sucht auch mit Google nach Antworten.

Claude

Claude hat eine besondere Fähigkeit, die es von ChatGPT unterscheidet: Es kann 100.000 Token verarbeiten. Das bedeutet, dass es wirklich lange Eingaben verstehen und detaillierte Vorschläge präsentieren kann. Dies entspricht in etwa 75.000 Wörtern. Das System ist daher auch technisch in der Lage, einen ganzen Roman (bis auf Marcel Prousts Werk AUF DER SUCHE NACH DER

VERLORENEN ZEIT) oder ein Drehbuch zu verarbeiten. Dabei können noch bis zu fünf Dokumente hinzugefügt werden, jedes bis zu einer Größe von 10 MB.

Claude versteht auch Kontext besser als ChatGPT und je mehr Sinnzusammenhang das System bekommt, desto effektiver versteht es das Gespräch. So kann es den bereitgestellten Bezugsrahmen nutzen, um Missverständnisse zu vermeiden, zum Beispiel ob „Bank" ein Finanzinstitut oder eine Sitzgelegenheit ist.

Claude ist momentan auch aktueller. Es wurde mit Daten bis Dezember 2022 trainiert, während ChatGPT nur über Informationen bis September 2021 verfügt. Der Zugang ist derzeit (Oktober 2023) jedoch nur aus den USA möglich. Dies kann sich allerdings jederzeit ändern.

Sudowrite

Sudowrite ist eine KI, die als Schreibassistent für Schriftsteller entwickelt wurde. Sie soll dabei helfen, die Schreibgeschwindigkeit und -qualität zu verbessern. Das Modell, von einem kleinen Team erfahrener Entwickler und Autoren kreiert, bietet Tools zur Unterstützung bei der Erarbeitung von Geschichten, unterbreitet Schreibvorschläge und mehr. Es kann eingesetzt werden, um neuen Inhalt zu generieren, bestehenden Stoff zu erweitern oder Texte nach bestimmten Kriterien umzuschreiben. Die Software kann von allen Autoren mit kreativen Schreibbedürfnissen genutzt werden. Hauptsächlich wird Sudowrite von Autoren verwendet, die fiktive Erzählungen verfassen.

Zum Beispiel ermöglicht die Funktion „Erster Entwurf" den Benutzern, eine Beschreibung ihrer Geschichte einzugeben. Sudowrite erstellt daraufhin einen Vorschlag für die ersten 1.000 Wörter des Romans. Alternativ analysiert das Feature „Schreiben" einen eingegebenen Text und generiert weiteren Inhalt im gleichen Stil und Ton.

Die „Umschreiben"-Funktion überarbeitet ein vorhandenes Manuskript und das sogenannte „Describe"-Tool bietet Autoren die Gelegenheit, Geschriebenes noch sinnlicher zu gestalten. Das Besondere dabei ist, dass es ein Wort oder einen kurzen Satz aufgreift und dann empfiehlt, die Stelle mit den fünf Sinnen zu beschreiben: Sehen, Riechen, Schmecken, Berühren, Hören. Die Nutzer können einen dieser Sinneseindrücke auswählen und das System generiert einen Vorschlag, wie der Text um impressionistische Details bereichert werden könnte. Vor allem aber erinnert es Autoren daran, sinnlich zu schreiben. Etwas, das im Eifer des Gefechts manchmal vergessen wird.

Das Tool „Shrink Ray" schließlich fasst das Werk der Autorin mit einem Klick zu einer Logline, einem Klappentext, einer Synopsis oder einer Gliederung zusammen.

Wolf-Schneider-KI (WSKI)

Im Oktober 2023 ist die Wolf-Schneider-KI noch in der Beta-Phase. Sie wendet sich hautsächlich an Journalisten, aber ist natürlich auch für Autoren von großem Interesse.

Ein Team um den Ex-Spiegel-Redakteur Cordt Schnibben hat diese KI entwickelt, die beim Verfassen von Texten unterstützt. Basis sind die bekannten Schreibregeln von Wolf Schneider. Der 2019 verstorbene Journalistik-Professor galt als Koryphäe für klare Sprache. Nutzer können bei der Wolf-Schneider-KI Texte verschiedener Gattungen wie Reportagen, Kommentare oder E-Mails eingeben. Die KI analysiert dann den Text und schlägt Verbesserungen vor. Dabei begründet sie ausführlich, warum sie etwa Formulierungen ändert oder Absätze umsortiert.

Die Beta-Version der KI stieß auf reges Interesse. Innerhalb von nur zwei Wochen testeten über 600 User die Anwendung und ließen Texte unterschiedlicher Gattungen vom System redigieren. Viele Nutzer äußerten, dass das Tool ihre Arbeit erleichtere und die Texte verbessere. Andere störten sich daran, dass der individuelle Stil beeinträchtigt werde.[12]

Scriptreader

ScriptReader.ai ist eine im Juli 2023 eingeführte KI-Plattform, die detaillierte Drehbuchanalysen anbietet. Kunden, die für den jeweiligen Check-Up bezahlen, erhalten eine ca. 20-seitige, szenenweise Analyse ihres Werkes. Dabei werden Szene für Szene unterschiedliche Aspekte untersucht. Schwächen und

---

12 Marc Bartl: „Fasziniert und schockiert": So läuft der Test der Wolf-Schneider-KI, kress.de, 29.9.2023; https://kress.de/news/beitrag/146392-quot-fasziniert-und-schockiert-quot-so-laeuft-der-test-der-wolf-schneider-ki.html?xing_share=news

Stärken werden benannt und allgemeine Vorschläge unterbreitet, wie das Werk verbessert werden kann. Die Ergebnisse sind allerdings noch weit davon entfernt, die Beratung eines Dramaturgen zu ersetzen. Die Reaktionen der KI sind oft allgemein und wenig aussagekräftig. Darum müssen Autoren hier genau hinsehen und die tatsächlich hilfreichen Aspekte unter all den Punkten identifizieren können.

7.2. EIN BILD SAGT MEHR ALS TAUSEND WORTE

Die Arbeit der Autoren kann auch durch visuelle Hilfsmittel sehr erleichtert werden. Ein Werkzeug, das die Herangehensweise an das Schreiben verändern wird, sind die sogenannten Text-to-Image-Tools. Dabei handelt es sich um Technologien, die aus geschriebenem Text automatisch Bilder generieren.

Ein Text-to-Image Tool ist eine KI, die Worte in visuelle Darstellungen umwandelt. Diese Modelle können eine Vielzahl von Illustrationen erstellen, von einfachen Grafiken und Diagrammen bis hin zu komplexen Kunstwerken und realistischen Fotos.

Der Anwendungsbereich von Text-to-Image-Tools ist vielfältig. In der Geschäftswelt tragen diese Tools dazu bei, Berichte, Präsentationen und Marketingmaterialien visuell ansprechender zu gestalten. Journalistinnen und Content-Ersteller können sie nutzen, um Artikel und Blogposts mit relevanten Bildern zu ergänzen, ohne auf Stockfotos zurückgreifen zu müssen.

Autoren ermöglicht ein Text-to-Image-Tool, ihre Geschichten und Figuren auf eine völlig neue Art und Weise zu erkunden. Mit einem solchen Hilfsmittel können kreative Schreiber buchstäblich in die Welten eintauchen, die sie erschaffen haben. Dies kann eine Verbindung zur Handlung, den Akteuren und den Schauplätzen aufbauen, wie es vorher nur schwer möglich war.

Die Funktionsweise dieser Tools basiert ähnlich wie bei den LLMs auf neuronalen Netzwerken, also auf der Art von maschinellem Lernen, das darauf abzielt, menschliche Denkprozesse nachzuahmen. In den letzten Jahren haben neuere Systeme zur Bildgenerierung einen revolutionären Ansatz namens „Diffusion" übernommen. Diese Modelle wurden und werden mit einer beeindruckenden

Vielfalt von Hunderten Millionen Bildern trainiert. Jede diese Darstellungen ist mit einer Bildunterschrift verknüpft, die sie in Worten beschreibt.

Das Training beginnt mit der Zerlegung jedes Bildes in visuelles Rauschen. Dieses ähnelt den zufälligen Pixeln, die man als Störung auf einem alten Fernseher sehen könnte. Das Modell lernt dann, diesen Prozess umzukehren, indem es vom Rauschen zurück zum ursprünglichen Bild geht. Im Wesentlichen trainiert das System, mit einem Textbefehl und einem Rauschmuster zu beginnen und zu einem vollständigen Bild zurückzukehren, da es diesen Vorgang bereits milliardenfach durchgeführt hat.

Das Ziel dieses Trainings besteht nicht darin, dem System unzählige Bilder zur direkten Verwendung zur Verfügung zu stellen, die es dann bereithält. Vielmehr dienen diese Vorlagen als Hintergrundanweisung, mit der das Modell Konzepte wie Farbe, Objekte und künstlerischen Stil erfasst. Daher kann die KI neue Bilder erstellen, die inhaltlich dem gegebenen Textbefehl entsprechen. Das bedeutet, dass das generierte Bild den Schlüsselwörtern entspricht, die es inspiriert haben.

Die wahre Kraft dieser Technik liegt in der Fähigkeit, nicht einfach Bilder aus einer Trainingsdatenbank zusammenzusetzen. Sie kreiert stattdessen völlig neue, die auf einem umfassenden Training basieren. Diese Diffusionsmodelle haben das Potenzial, weit über die Fertigkeiten früherer Methoden hinauszugehen, und eröffnen unbegrenzte Möglichkeiten in der Welt der Bildgenerierung.

Autoren haben stets versucht, lebendige und eindrucksvolle Darstellungen für ihre Figuren zu finden. Während sie früher vielleicht Bilder aus Zeitungen und Magazinen ausgeschnitten haben, konnten sie in den letzten Jahrzehnten auf die zahllosen Fotografien im Internet zurückgreifen. Manchmal wurden diese Bilder an die reale Pinnwand über dem Schreibtisch gehängt oder einfach auf der Festplatte gespeichert. Sie dienten als Inspiration, um der Figur näherzukommen.

Doch nun bietet die KI Autoren ein völlig neues Werkzeug, um die eigene Vorstellungskraft zu entzünden: die Fähigkeit, auch Bilder von Figuren mithilfe von KI-Technologien zu kreieren.

Dabei sind die so geschaffenen Bilder von realen Fotografien nicht zu unterscheiden. Doch die Autoren sind nicht mehr auf den Zufallsfund im World Wide Web angewiesen, sondern können ihren eigenen Vorstellungen folgen.

Text-to-Image-Tools ermöglichen es ihnen, ihre Figuren in einer interaktiven Umgebung zu entwickeln. Dazu können sie die Eigenschaften ihrer Schöpfung in Textform in das System eingeben (zum Beispiel den Steckbrief) und so ein Bild der Rolle erstellen lassen. Ein Autor, der über einen jungen verzweifelten Protagonisten schreibt, kann seine Vorstellung einfach dem Modell prompten und innerhalb von Sekunden generiert das Tool ein Bild, das genau auf diese Beschreibungen abgestimmt ist. Und dies ist natürlich nicht nur auf die Hauptfiguren beschränkt, sondern für jede Figur in der Geschichte möglich. So können sämtliche Mitglieder des Ensembles auf einfache Art und Weise visualisiert werden.

Ein weiterer Vorteil der KI-gesteuerten Bildgenerierung ist die Möglichkeit der Iteration. Wenn das erstellte Bild nicht den Vorstellungen des Autors gerecht wird, kann sich der Urheber bewusst machen, was genau ihm nicht gefällt. Dies gibt ihm die Gelegenheit, seine häufig unbewussten Entscheidungen noch einmal zu hinterfragen. Es können Anpassungen an der Beschreibung vorgenommen werden, um neue Ergebnisse zu erzielen. Dies eröffnet Schreibern den Freiraum, mit dem Aussehen ihrer Figuren so lange zu experimentieren, bis sie das gewünschte Resultat vor Augen haben.

Mithilfe von einem Text-to-Image-Tool können Autoren auch visuelle Moodboards, Skizzen und virtuelle Szenarien erstellen. Diese Hilfsmittel bieten eine klare Vorstellung davon, wie Szenen im Roman oder im Drehbuch aussehen könnten. Die Möglichkeiten sind nahezu unbegrenzt. Landschaften, von malerischen Dörfern bis hin zu futuristischen Städten, können mit atemberaubender Genauigkeit generiert werden. Tiere oder Fantasiewesen, können mit einer Detailtiefe dargestellt werden, die zuvor nur in aufwendigen Illustrationen möglich war. Selbst abstrakte Konzepte, wie die Atmosphäre oder die Stimmung einer Szene, können durch Farben, Schattierungen und Texturen visuell interpretiert werden.

Dies kann besonders nützlich sein in Genres wie Fantasy oder Science-Fiction, wo die Welten und Figuren oft stark von unserer Realität abweichen.

Solche visuellen Referenzen sind nicht nur für den Autor hilfreich, sondern können ebenso bei der Präsentation des Werkes vor Lektoren, Produzentinnen und anderen Verwertern eine entscheidende Rolle spielen. KI-generierte Bilder von Figuren und Settings bieten eine visuelle Referenz, die die Kommunikation und das gemeinsame Verständnis innerhalb des kreativen Teams erheblich erleichtern kann.

Wenn ein Autor beispielsweise eine komplexe Welt oder eine einzigartige Figur erschafft, kann es schwierig sein, diese Vision allein durch Worte an Lektoren oder Produzenten zu vermitteln. Ein von der KI erstelltes Bild kann jedoch als Brücke dienen, die diese Kommunikationslücke schließt. Es bietet eine klare und greifbare Darstellung dessen, was die Autorin im Sinn hat, und ermöglicht es anderen, diese Imagination genau zu sehen und zu verstehen. Ein visuelles Hilfsmittel kann oft mehr sagen als tausend Worte und dazu beitragen, das Interesse und die Begeisterung für ein Projekt zu wecken. Es kann auch einen Beitrag leisten, Missverständnisse oder Fehlinterpretationen zu vermeiden, die aufgrund von Textbeschreibungen allein auftreten könnten. Denn diese Bilder dienen als gemeinsame Sprache, die alle Beteiligten verstehen.

Während die Manuskripte von Romanen und Drehbüchern ohne visuelle Unterstützung auskommen, sind in den letzten Jahren Konzepte für Serien immer mehr zu optischen Kunstwerken geworden. Zwar ist es nicht die Aufgabe von Autoren, diesen Schritt zu gehen (sie sind letztlich allein für den Text zuständig), aber wenn sie Interesse an der grafischen Gestaltung haben, sind die Text-to-Image-Tools eine gute Unterstützung.

Leider ist die Anwendung dieser Systeme noch nicht so intuitiv wie etwa die der Sprachmodelle. Derzeit erfordert die Verwendung von KI-Tools zur Bildgenerierung ein gewisses technisches Verständnis. Es gibt jedoch immer mehr benutzerfreundliche Plattformen und Programme, die speziell für kreative Berufe entwickelt wurden und visuelle Darstellungen von Figuren anhand von Texteingaben liefern.

Hier sind einige der bekanntesten Text-to-Image-Tools:

1. **DeepArt.io:** Ursprünglich ein Tool zur Stilübertragung, kann es nun Bilder basierend auf Textbeschreibungen und einem gegebenen Stil generieren.

2. **DALL·E:** Entwickelt von OpenAI, ist DALL·E ein neuronales Netzwerk, das darauf trainiert ist, Bilder aus Textbeschreibungen zu generieren. Es hat beeindruckende Ergebnisse gezeigt und kann eine Vielzahl von einzigartigen und oft humorvollen Bildern anhand der jeweiligen Texteingabe erstellen.

3. **RunwayML:** Eine Plattform, die KI-Modelle für Kreative zugänglich macht. Sie bietet verschiedene Modelle und kann auch Text in Bilder oder Videos umwandeln.

4. **Artbreeder:** Eine Plattform, die es Benutzern ermöglicht, Bilder durch Mischen und Anpassen von Textbeschreibungen zu erstellen. Artbreeder nutzt eine spezifische Technik, um realistische und auch surreale Bilder zu generieren.

5. **DeepDream:** Obwohl ursprünglich nicht speziell für Text-to-Image entwickelt, kann Googles DeepDream mit einigen Anpassungen verwendet werden, um Bilder auf der Grundlage von Textbeschreibungen zu generieren.

6. **GANPaint:** Entwickelt vom MIT-IBM Watson AI Lab ermöglicht das Tool seinen Benutzern, Bilder durch Eingabe von Text und anschließendes „Malen" mit einem speziellen Werkzeug zu erstellen.

7. **Midjourney:** Sicherlich momentan das bekannteste Tool. Es ist derzeit nur über einen Discord-Bot auf dem offiziellen Discord von Midjourney zugänglich.

Für alle Tools gilt, dass die Qualität und Genauigkeit der von ihnen generierten Bilder variieren kann. Einige sind besser geeignet für detaillierte und konkrete Beschreibungen, während andere effektiver bei abstrakten und kreativen Eingaben sind. Darüber hinaus werden ständig neue Tools und Technologien entwickelt, da das Feld der KI-gestützten Bildgenerierung rasant wächst und sich weiterentwickelt.

8. DAS ATLANTIS-EXPERIMENT

In ECHOES OF ATLANTIS, einem Fantasy-Roman von 115 Seiten, gerät Aria Seaborne, die 25-jährige Archäologin am Britischen Museum, in ein aufregendes Abenteuer, um die Geheimnisse von Atlantis aufzudecken. Der Autor ist allerdings nicht Dan Brown oder eine aufstrebende junge Autorin, sondern ChatGPT. Dieser Roman ist eines der Beispiele, wie KI auch im kreativen Bereich eingesetzt wird, es ist der Versuch von Chiara Coetzee, mithilfe von GPT-4 einen vollständigen Roman zu generieren.[13]

Das Hauptziel des Projekts war es, die KI ein Buch von Grund auf erstellen zu lassen. Dies beinhaltete die Generierung des Titels, des Genres, der Geschichte, der Figuren, der Einstellungen und der gesamten Schreibarbeit ohne menschlichen Input. Coetzee wollte einen Prozess entwickeln, der einfach, mechanisch und im Prinzip vollständig automatisierbar ist.

Das Ergebnis dieses Experiments, ECHOES OF ATLANTIS, wurde innerhalb von 10 Tagen im März 2023 verfasst.

Während der Arbeit nutzte Coetzee verschiedene Techniken, um den KI-gesteuerten Schreibprozess zu optimieren. Sie begann mit einem rudimentären Überblick, gefolgt von einem detaillierten Kapitelüberblick und schließlich der Ausarbeitung jedes Kapitels.

---

13   Chiara Coetzee: Generating a full-length work of fiction with GPT-4, 24.3.2023; https://medium.com/@chiaracoetzee/generating-a-full-length-work-of-fiction-with-gpt-4-4052cfeddef3

Ihr allererster Prompt bestand aus der sehr allgemeinen Aufforderung: „Bitte schreibe eine grobe Gliederung für ein Buch. Füge eine Liste der Figuren und eine kurze Beschreibung jeder Figur hinzu. Füge eine Liste der Kapitel und eine kurze Zusammenfassung der Ereignisse in jedem Kapitel bei. Du kannst einen beliebigen Titel und ein beliebiges Genre wählen."

Basierend auf dem Ergebnis, gab sie der KI den Auftrag, einzelne Teile der Gliederung auszuformulieren. Um zu verhindern, dass GPT-4 zu weit voraus schreibt (was anscheinend häufiger vorkam), präzisierte Coetzee die Aufgabe. Zuerst sollte die KI den Anfang, dann das Ende und schließlich erst im Anschluss daran den Mittelteil des Buches schreiben. Durch die Verwendung separater, langer Prompts konnte sie genau bestimmen, welche Informationen im „Gedächtnis" der KI enthalten sein sollten. Dabei gab sie immer nur Auskünfte über die vorhergehende Szene und wenige Hinweise über den Ablauf davor.

Einer der Prompts, der das von ihr sogenannte „Bounding" beinhaltete, lautete: „Stell dir vor, du hättest aus der folgenden Gliederung des Buches und dem folgenden Entwurf von Kapitel 1 ein längeres, ausführlicheres Kapitel gemacht. Gib mir für jede Szene sowohl den ersten, einleitenden Absatz als auch den letzten, abschließenden Absatz dieser längeren, ausführlicheren Fassung. Beschrifte sie mit ‚Eröffnungsparagraf' und ‚Schlussparagraf'. Der einleitende Absatz sollte die Szene einleiten. Der letzte Absatz sollte die Geschichte für die folgende Szene einleiten, die unmittelbar danach kommt. Der letzte Absatz der letzten Szene sollte die Geschichte auf das folgende Kapitel vorbereiten, das unmittelbar danach kommt."

Trotz dieser Techniken gab es einige Herausforderungen für sie. Dazu gehörten das gelegentliche Vorwegnehmen von Ereignissen durch die KI, das Fehlen von Details und das Umschreiben von Szenen. Obwohl der Roman in vielerlei Hinsicht ein kohärentes Werk der Fiktion ist, zögert Coetzee selbst, es als gutes Buch zu bezeichnen.

Es gab für sie mehrere auffällige Probleme: Manchmal bezog sich die KI auf Dinge, die noch nicht eingeführt wurden. Die Übergänge zwischen den Kapiteln wirkten abrupt, und von Zeit zu Zeit vergaß die KI bestimmte Details, die sie im Anschluss nicht mehr erwähnte. Außerdem hatte die KI Teile von späteren Passagen in frühere verschoben. Das Tempo in den eigentlich spannenden

Abschnitten fühlte sich zäh an und die Struktur des Buches war zu regelmäßig. Einige Szenen waren detailliert, während andere wichtige Momente nur kurz zusammengefasst wurden. Um sich selbst ein Urteil bilden zu können, hier die deutsche Übersetzung des Anfangs:

Kapitel 1: Eine kryptische Entdeckung
Im Britischen Museum herrschte reges Treiben. Touristen und Forscher tummelten sich gleichermaßen und erkundeten die riesige Sammlung antiker Artefakte. In einer ruhigen Ecke des Museums beugte sich eine junge Frau mit feuerrotem Haar und entschlossenen grünen Augen über einen Arbeitstisch. Aria Seaborne, eine 25-jährige Archäologin, arbeitete akribisch an der Restaurierung eines kürzlich entdeckten Artefakts.

Während Aria das Objekt vorsichtig säuberte, kam sie nicht umhin, sich über die Handwerkskunst zu wundern, die vor ihr lag. Es war ein kleiner Stein, in den eine Reihe von Symbolen und Mustern eingemeißelt war. Je mehr sie enthüllte, desto mehr wuchs ihre Neugier und sie wurde das Gefühl nicht los, dass hinter diesem Artefakt mehr steckte, als man auf den ersten Blick sehen konnte.

Während sie arbeitete, bemerkte Aria, dass einige der Muster leicht erhaben waren. Vorsichtig fuhr sie mit den Fingern über die Oberfläche und fühlte die feinen Unterschiede in der Textur. Da erkannte sie, dass die erhabenen Muster eigentlich ein versteckter Mechanismus waren. Mit klopfendem Herzen betätigte sie vorsichtig den Mechanismus, sodass sich ein kleines Fach öffnete.

Sie spähte hinein und ihre grünen Augen weiteten sich vor Erstaunen, als sie eine kleine, uralte Karte fand. Aria konnte ihr Glück kaum fassen – das war genau die Art von Entdeckung, von der sie immer geträumt hatte. Vorsichtig entfaltete sie die Karte, ihre Hände zitterten vor Erwartung. Als sie die verschlungenen Linien und Markierungen studierte, spürte sie ein wachsendes Gefühl der Aufregung. Auf der Karte schien eine Reihe von Inseln abgebildet zu sein, die mit den Beschreibungen der sagenumwobenen verlorenen Stadt Atlantis übereinstimmten.

In diesem Moment wusste Aria, dass diese Entdeckung zu wichtig war, um sie für sich zu behalten. Sie musste sie mit jemandem teilen, der ihre Bedeutung verstehen und ihr helfen würde, das damit verbundene Geheimnis zu lüften. Sie dachte sofort an ihren ehemaligen Mentor, Professor Nathan Langdon – ein Mann, der sein Leben der Entdeckung der Geheimnisse der antiken Welt, einschließlich der verlorenen Stadt Atlantis, gewidmet hatte.

Nachdem das Artefakt nun vollständig enthüllt war, konnte Aria ihre Aufregung nicht mehr unterdrücken, als sie die alte Karte in ihren zitternden Händen hielt. Der Drang, mehr über dieses mysteriöse Artefakt und die mögliche Verbindung zur sagenumwobenen verlorenen Stadt Atlantis zu erfahren, verzehrte sie. Aria wusste, dass sie jemanden konsultieren musste, der ihr helfen konnte, die Bedeutung ihrer Entdeckung zu verstehen, jemanden, der ihre Leidenschaft für die Entdeckung alter Geheimnisse teilte.“

Bei genauerer Betrachtung erweist sich das von der KI selbsttätig generierte Buch in Inhalt und Stil als äußerst banal und vorhersehbar. Eine wirklich kreative Leistung oder originelle Ideen sind der KI nicht zuzuschreiben. Vielmehr wurden lediglich bekannte Phrasen und Stilmittel neu kombiniert und reproduziert.

Inhaltlich bietet das KI-Buch daher keine wirkliche Substanz oder innovativen Mehrwert. Es ist im Wesentlichen eine Zusammenstellung von Floskeln und Klischees, die wohl kaum jemand freiwillig von vorne bis hinten lesen würde. Auch eine übergeordnete Message oder komplexere Gedanken fehlen gänzlich.

Das Experiment von Chiara Coetzee beweist einmal mehr, dass das Versprechen „KI schreibt Buch“ von den Modellen nicht ansatzweise eingelöst kann. Für wirkliche Literatur braucht es immer noch menschliche Kreativität, Originalität und die Fähigkeit, Neues zu schaffen.

9. DAS SOUTH-PARK-EXPERIMENT

Anfang 2023 stellte das Start-up Fable ein KI-Modell namens SHOW-1 vor. Das System war in der Lage, eigenständig neue Folgen von Fernsehserien zu erstellen. Es nutzt eine sogenannte Multi-Agent-Simulation, die den Kontext und die Biografien der Figuren einer Serie erfasst, um ein Drehbuch zu generieren, das dann automatisch in animierte Bilder umgewandelt und vertont wird.

Das Unternehmen veröffentliche als Beispiel für die Arbeit von SHOW-1 eine Episode der Serie SOUTH PARK. Bei dem Format handelt es sich um eine satirische Zeichentrickserie für Erwachsene, die seit 1997 von Trey Parker und Matt Stone produziert wird. Sie spielt in der fiktiven Kleinstadt South Park in Colorado und ist bekannt für ihren schwarzen Humor sowie die Tabubrüche rund um Themen wie Religion, Politik und Popkultur. Die Serie zeichnet sich durch einen simplen Animationsstil mit Comicfiguren aus, was sie für solch ein Experiment prädestiniert.

Das „South Park AI"-Forschungsprojekt war ein experimentelles, nicht-kommerzielles Unterfangen. Fable hatte bereits eine virtuelle Welt namens „The Simulation" geschaffen, die von KI-basierten Figuren bevölkert ist. Diese Akteure sind ständig in ihrer Welt aktiv, auch wenn der Benutzer nicht eingeloggt ist. SHOW-1 war der Versuch, diese Technologie auf die Erstellung von Fernsehinhalten auszuweiten. Es zielte darauf ab, das Potenzial von künstlicher Intelligenz, Sprachsynthese und Deep-Learning-Technologien zu erforschen.

Das Unternehmen aus San Francisco entwickelte auf Grundlage des SHOW-1-Modells die „Showrunner-KI", ein spezialisiertes Tool, das in der Lage ist, jede Komponente einer TV-Episode in Echtzeit zu generieren. Das Besondere daran sind die Showrunner-Agenten – einzelne KI-Instanzen, die sich selbst als Figuren innerhalb der Sendung wahrnehmen. Diese Agenten interagieren dynamisch und erzeugen Dialoge auf der Grundlage der zuletzt von anderen Akteuren gesprochenen Zeilen.

Um dieses Niveau der Echtzeitsimulation zu erreichen, setzt Fable Diffusionsmodelle ein. Diese Modelle fügen schrittweise Zufallsrauschen in die Daten ein und entfernen es wieder, bis das endgültige Ergebnis erreicht ist. Diese Technik ermöglicht in Echtzeit die Erzeugung von Hintergründen, die sich an die sich gerade erst entfaltende – und nicht im Voraus geplante – Handlung anpassen.

Die von SHOW-1 generierten SOUTH-PARK-Folgen sind beeindruckend in ihrer Konsistenz und Schlüssigkeit, aber es fehlt der spezielle Unterhaltungswert, der die Serie berühmt gemacht hat. Die Dialoge wirken flach und der Handlung mangelt es an dem charakteristischen „Pep" der Sendung.

Auf lange Sicht ist das wohl unerheblich, denn die Vision des Unternehmens, der eigentliche Sinn hinter dem Experiment besteht darin, dass Nutzer ihren eigenen Prompt eingeben und so eine individuelle Folge der Serie in Echtzeit generieren können.

Fable plant Ende 2023 drei eigene Simulationen mit zugehörigen KI-generierten Serien vorzustellen. Langfristig, so das Unternehmen, könnte die Technologie sogar dazu verwendet werden, menschengemachte Serien nach einigen Staffeln zu übernehmen und unendlich viele weitere Folgen zu produzieren.

10. KÜNSTLICHE INTELLIGENZ IN DEN KREATIVEN BRANCHEN

Nicht nur Autoren und ihre Arbeit stehen vor einem großen Umbruch, auch die kreativen Industrien insgesamt sehen sich angesichts der intelligenten Algorithmen massiv herausgefordert. So gilt es für den gesamten Wirtschaftszweig, sich diesen Veränderungen zu stellen und sie gleichsam mitzugestalten. Auch die Branchen, in denen die Schöpfer von Romanen und Drehbüchern arbeiten, erleben eine intensive Disruption.

10.1. BUCHBRANCHE

Künstliche Intelligenz wird in absehbarer Zeit große Teile der Buchbranche erfassen und transformieren. Die Buchverlage der Zukunft werden KI vielseitig als Werkzeug und Assistent einsetzen.

Die KI kann jetzt schon Datenanalysen über Lesegewohnheiten bestimmter Kundengruppen und damit Impulse für neue Buchideen liefern. In der heutigen digitalen Welt sind Daten von unschätzbarem Wert, da sie Einblicke in Verhaltensmuster, Vorlieben und Abneigungen von Leserinnen bieten. Mit der rasanten Entwicklung der KI haben Verlage die Möglichkeit, diese Angaben effizienter und genauer zu analysieren als je zuvor.

Wenn Leser E-Books auf Geräten wie Kindle oder tolino konsumieren, zeichnen diese Plattformen Daten darüber auf, welche Bücher am häufigsten gelesen werden, welche Abschnitte am meisten hervorgehoben oder kommentiert werden und wie lange eine Leserin im Durchschnitt braucht, um ein Buch zu beenden. Nach dieser Sammlung folgt die Analysephase. Hierbei kann die KI mit spezialisierten Algorithmen Muster und Trends in den Daten erkennen, die für das menschliche Auge nicht offensichtlich wären. Sie kann beispielsweise feststellen, dass eine spezifische Altersgruppe eine Vorliebe für dystopische Romane hat oder dass historische Unterhaltungsromane in den letzten Monaten an Popularität gewonnen haben. Basierend auf diesen Analysen können die Verlage Vorschläge für Buchthemen unterbreiten, die vermutlich gut bei bestimmten Kundengruppen ankommen würden. Der Vorteil hiervon ist eine zielgerichtete Buchproduktion. Anstatt sich auf Intuition oder allgemeine Markttrends zu verlassen, treffen Verlage und Autoren datengetriebene Entscheidungen, um die Wahrscheinlichkeit eines Bucherfolgs zu erhöhen. Zudem ermöglicht die Automatisierung des Analyseprozesses durch die KI den Verlagen, riesige Datenmengen in kürzester Frist zu verarbeiten und damit Zeit und Ressourcen zu sparen.

Ein weiterer Vorteil der KI-gesteuerten Datenanalyse ist die Möglichkeit zur Innovation. Die KI kann Muster in den Daten erkennen, die bisher übersehen wurden, und so völlig neue Buchideen oder Genres vorschlagen. Dies kann dazu führen, dass Leser das Gefühl haben, dass die Bücher, die sie lesen, genau ihren Vorlieben entsprechen, was zu einer höheren Kundenbindung und letztlich zu höheren Verkaufszahlen führt.

Im Lektorat kann KI Lektoren bei der Textevaluierung und Überarbeitung unterstützen. Sie wird auf Zuruf Verbesserungsvorschläge zu Formulierungen, Stil und Struktur liefern und so den Lektoratsprozess beschleunigen. KI wird zum Co-Lektor.

Im Marketing können KI-Systeme potenzielle Leser genauer identifizieren und sogenannte „Customer Journeys" optimieren – von der ersten Kundenansprache bis zum Buchkauf. Die KI kann Daten aus verschiedenen Quellen sammeln und analysieren, von Online-Browsing-Gewohnheiten bis hin zu sozialen Medien. Durch die Analyse dieser Daten kann die KI ein detailliertes Profil der in Frage kommenden Kunden erstellen. Mit diesen Informationen können Verlage Marketingkampagnen produzieren, die passgenau auf die Interessen und Vorlieben des Lesers zugeschnitten sind. Ebenso existieren schon heute

Modelle für Absatzprognosen, die den Buchproduzenten die Entscheidung erleichtern, welche ihrer Werke sie auf den Markt bringen wollen.

Hörbücher haben in den letzten Jahren einen beispiellosen Aufschwung erlebt. Nicht zuletzt auch durch Abodienste wie audible und Bookbeat. Sie bieten eine bequeme Möglichkeit, Geschichten zu konsumieren, sei es während der Fahrt zur Arbeit, beim Training oder einfach beim Entspannen zu Hause. Doch bisher war die Produktion von Hörbüchern ein zeitaufwendiger und oft teurer Prozess. Jedes Buch muss von einem Sprecher gelesen und aufgenommen werden, was Wochen oder sogar Monate dauern kann.

In den letzten Jahren haben Forscher KI-Modelle entwickelt, die menschliche Sprache mit erstaunlicher Genauigkeit imitieren können. Diese Systeme können nicht nur Text sprechen, sondern auch den Tonfall, die Betonung und andere Nuancen der menschlichen Intonation nachahmen. Indem sie diese Technologie mit Algorithmen kombiniert haben, die den Inhalt und den Kontext eines Buches „verstehen" können, haben Forscher eine KI geschaffen, die Hörbücher wahrscheinlich schon bald so gut vorlesen kann wie ein Mensch.

Inzwischen ist die KI in der Lage, den Text eines Buches in Sekundenschnelle zu scannen, den Ton, den Stil und die Nuancen zu begreifen und dann das gesamte Werk in einer klaren, menschenähnlichen Stimme vorzulesen. Und nicht nur das: Diese KI wird in nicht allzu ferner Zukunft fähig sein, verschiedene Stimmen für unterschiedliche Figuren zu verwenden, Emotionen zu vermitteln und sogar Soundeffekte oder Musik hinzuzufügen, um das Hörerlebnis zu bereichern.

Die Vorteile einer solchen Technologie liegen einerseits auf der Hand. Erstens könnten Verlage Hörbücher in einem Bruchteil der bisher benötigten Zeit produzieren. Dies spart nicht nur Kosten, sondern verkürzt auch die Frist zwischen der Veröffentlichung des physischen Buches und des Hörbuchs. Außerdem haben so auch Titel, deren wirtschaftlicher Erfolg bislang keine Audiofassung nahelegte, in Zukunft eine Chance. Zweitens könnten Autoren mehr Kontrolle über das Hörerlebnis ihrer Bücher haben. Sie könnten der KI genaue Anweisungen geben, wie sie sich die Lesung vorstellen, welche Emotionen betont werden sollen und so weiter.

Berechtigterweise gibt es auch Bedenken hinsichtlich dieser Technologie. Was würde es für professionelle Sprecher bedeuten, wenn ihre Arbeit von Maschinen übernommen wird? Und könnten KI-generierte Hörbücher jemals die emotionale Tiefe und Nuance eines menschlichen Sprechers erreichen? Die Zukunft wird zeigen, wie sich das von einer KI gelesene Audiobook entwickelt.

Was für das Hörbuch gilt, wird sich auch im Bereich der Übersetzungen manifestieren. Schon jetzt kann die KI Texte sehr gut übersetzen. Das trifft vor allem natürlich eher auf Texte zu, die technischer Natur sind. Aber die Technologie wird sich wahrscheinlich auch hier sehr schnell weiterentwickeln. Und es erscheint keine Utopie, dass ein Verlag mit einem Knopfdruck in Minuten die Übertragung eines neuen Romans vorliegen hat – und zwar in mehreren Sprachen. Auch dies ist sicherlich ein zweischneidiges Schwert. Der Berufsstand der Übersetzer wird es in Zukunft schwer haben. Aber für Autoren kann es bedeuten, dass ihr Werk – auch wenn es keine Bestsellerliste erklommen hat – durchaus die Chance hat, auf dem englisch- oder einem anderssprachigen Markt zu erscheinen.

In den letzten Jahren ist Self-Publishing immer beliebter geworden. Jeder kann heute über Plattformen wie Amazon Kindle Direct Publishing oder Neobooks eigene E-Books veröffentlichen. Durch den Einsatz von KI ist es nun auch möglich, Texte und ganze Bücher von KI generieren zu lassen (siehe Kapitel 8). Das führt schon jetzt zu einer regelrechten Flut von neuen E-Books, die teilweise komplett von einer KI geschrieben wurden.

Amazon hat bereits darauf reagiert und die Anzahl der E-Books, die Self-Publisher täglich hochladen können, auf nur noch drei (!) Titel beschränkt. Dennoch nimmt die Anzahl der verfügbaren Bücher rasant zu. Es entsteht ein Überangebot, das für Leserinnen, Autoren und Verlage problematisch ist. Für Kunden wird es immer schwerer, qualitativ hochwertige Werke auf den Plattformen zu finden. Zudem sinken die Verkaufschancen für von Menschen geschriebene Bücher. Und auch Verlage müssen neue Wege entwickeln, um die Spreu vom Weizen zu trennen.

10.2. VOM DREHBUCH ZUM MARKT

Auch an der Schnittstelle zwischen Drehbuch und der Verwertung des Films wird die KI einen größeren Einfluss gewinnen. Schon seit einigen Jahren (lange vor ChatGPT) haben immer wieder Firmen angeboten, ein Skript durch eine KI auf das mögliche Verkaufspotenzial hin zu untersuchen.

Das reicht von Anbietern, die ein Drehbuch tatsächlich auf die dramaturgische Eignung hin beleuchten, bis hin zu riesigen Datenbanken, die Filme mit ihren harten Fakten (Wer spielt mit?, Welches Genre? etc.) einordnen und das genaue Zuschauerpotenzial einschätzen wollen. Die erste Kategorie von Unternehmen analysiert hauptsächlich Drehbücher und nicht Schauspieler oder Regisseurinnen. Im Fokus steht die Geschichte, die verfilmt werden soll. In nur wenigen Minuten lesen die KIs ein Skript und weisen ihm zahllose Parameter zu, darunter die Emotionsanalyse, die Reise des Protagonisten und Antagonisten und ob der Film einer traditionellen Drei-Akt-Struktur folgt. Die Qualität dieser Angebote hat in den letzten Jahren mit der rasanten Weiterentwicklung der Technologie zugenommen.

Amerikanische Filmstudios haben schon seit einiger Zeit KI-gesteuerte Projektmanagement-Systeme eingeführt, um Entscheidungen über Inhalte, die Bewertung der Kreativen und Veröffentlichungsstrategien zu unterstützen. Eines der Modelle wurde von Cinelytic entwickelt, einem Start-up aus Los Angeles. Für ein Studio ist die Anziehungskraft von KI offensichtlich. Trotz großer Erfolge produzieren die Majors auch immer wieder regelrechte Flops. Diese Projekte schienen auf dem Papier vielversprechend zu sein, aber haben das Publikum nicht überzeugt. Natürlich ist es der Wunsch jedes Studios, solche finanziellen Desaster zu vermeiden – und zwar rechtzeitig, also schon vor der Produktion. Die Filmindustrie hat sich traditionell auf menschliche Intuition und Bauchgefühl verlassen, obwohl sie auch früher bereits umfangreiche Analysen und Publikumstests durchgeführt hat.

Cinelytic behauptet jedoch, dass Maschinen es besser können. Cinelytics KI bewertet das Business quantitativ und ordnet Einzelpersonen Punktzahlen zu, die auf Faktoren basieren wie aktuellen oder vergangenen Box-Office-Ergebnissen oder ihrem Social-Media-Profil. Das Unternehmen gibt an, eine

Genauigkeit von 85 Prozent bei seinen Einnahmeprognosen zu erreichen. Die Firma hat Daten von über 111.000 Filmen und 610.000 Schauspielern und Fachleuten analysiert. Ein Hauptvorteil des Modells ist sicherlich, dass es Voraussagen in Echtzeit erstellen kann.

Vorhersagealgorithmen werden wahrscheinlich zunehmend dazu beitragen, das Potenzial eines Drehbuchs für den kommerziellen Erfolg zu prognostizieren. Anhand historischer Daten und aktueller Trends könnte die KI Hinweise darauf geben, welche Elemente in der Geschichte besonders wirkungsvoll sein könnten. Dies würde – so behaupten die Anbieter – nicht nur das Risiko für Produzenten, Verleiher und andere Beteiligte verringern, sondern auch Autoren dabei unterstützen, Geschichten zu entwickeln, die ein breites Publikum ansprechen. Auch ein anderes Einsatzgebiet ist denkbar: Vielleicht wird eines Tages das klassische deutsche Fördersystem mit seinen Jurys, die Drehbücher prüfen und über die Zusage der Gelder entscheiden, durch eine KI abgelöst? Die Frage ist allerdings, ob diese Vorstellung eher an einen coolen Science-Fiction-Film oder an einen Horrorfilm erinnert?

10.3. FILMPRODUKTION

Die Filmindustrie hat sich im Laufe der Jahre ständig weiterentwickelt, von den ersten Schwarz-Weiß-Filmen bis hin zu den heutigen hochauflösenden Blockbustern. In den letzten Jahren hat auch die KI zunehmend Einfluss auf viele Bereiche genommen.

Der Wall-Street-Analyst und Medienberater Doug Shapiro bringt es auf den Punkt: „Das letzte Jahrzehnt in der Film- und Fernsehbranche war durch die Disruption des Vertriebs von Inhalten gekennzeichnet, und das nächste Jahrzehnt wird durch die Disruption der Erstellung von Inhalten charakterisiert sein." [14]

Zukünftig wird die KI schon in der Vorproduktion großen Einfluss haben. Das Casting ist ein entscheidender Schritt in dieser Phase. Es geht darum, die richtigen Schauspieler für die jeweiligen Rollen zu finden. Mit der Einführung der KI kann sich dieser Prozess signifikant verändern.

---

14   Doug Shapiro: AI Use Cases in Hollywood. What's Possible Now and Where It's Going, 18.9.2023; https://dougshapiro.medium.com/ai-use-cases-in-hollywood-362707e899f1

Durch den Einsatz von KI-Technologien können Casting-Direktoren automatisierte Gesichtserkennungssysteme nutzen, um Darsteller mit den geforderten physischen Merkmalen zu identifizieren. Dies beschleunigt den Auswahlprozess erheblich.

KI kann auch dazu verwendet werden, die Leistung einer Schauspielerin zu analysieren, indem sie ihre früheren Rollen untersucht und bewertet, wie gut sie eine bestimmte Emotion oder eine Figur darstellen kann.

Mit fortschrittlichen KI-Systemen können virtuelle Auditions durchgeführt werden, bei denen ein Schauspieler in Echtzeit in verschiedene Szenarien und Hintergründe eingefügt wird. Dies gibt den Casting-Direktoren und der Regie eine bessere Vorstellung davon, wie der Schauspieler in der tatsächlichen Filmumgebung aussehen und agieren würde.

Die Suche nach der perfekten Location ist ein weiterer kritischer Aspekt der Vorproduktion. KI kann auch hier erhebliche Veränderungen bringen. Durch den Einsatz von KI können Filmemacher Tausende von Bildern von potenziellen Drehorten analysieren lassen und diejenigen identifizieren, die am besten zu ihrer Vision passen. Dies könnte Ressourcen sparen und einen bisher zeitaufwendigen Prozess beschleunigen.

KI könnte auch dazu verwendet werden, zu prüfen, inwieweit die Filmproduktion negative Auswirkungen auf die Umwelt hat. Dieses sogenannte Green-Shooting bezieht sich auf umweltfreundliche und nachhaltige Praktiken in der Produktion und umfasst den reduzierten Energieverbrauch, die Minimierung von Abfällen, die Verwendung nachhaltiger Materialien und allgemein umweltbewusste Entscheidungen sowohl am Drehort als auch in der Postproduktion und beim Vertrieb. Die KI kann in diesem Bereich eine wichtige Rolle spielen. Sie kann beispielsweise den Energieverbrauch in Echtzeit überwachen und Vorhersagen darüber treffen, wann und wo am meisten Energie benötigt wird. Dies hilft Filmteams, ihren Energiebedarf effizienter zu gestalten. Bei der Auswahl von Drehorten kann die KI Daten analysieren und Orte vorschlagen, die weniger Reisen erfordern, näher an städtischen Gebieten liegen oder bereits umweltfreundliche Einrichtungen besitzen. Im Bereich des Abfallmanagements kann die KI den während der Produktion erzeugten Abfall überwachen und Strategien zur Abfallreduktion empfehlen. Dies kann durch Recycling, Wiederverwendung oder den Einsatz nachhaltiger Materialien erreicht werden.

Für den Transport von Crew und Ausrüstung kann die KI optimale Reiserouten und -pläne erstellen, um den Kraftstoffverbrauch zu minimieren. Bei Außenaufnahmen kann sie exakte Wettervorhersagen liefern, damit die Dreharbeiten bei perfekten Bedingungen durchgeführt werden. In der Postproduktion kann die KI den Energieverbrauch von Servern und Computern überwachen und optimieren und Cloud-basierte Lösungen für effizientere Arbeitsabläufe vorschlagen.

Aber nicht nur in Bezug auf Green-Shooting wird die KI eine große Rolle spielen. Auch in der kreativen Arbeit während des Drehs wird die KI sehr wahrscheinlich viele neue Einsatzmöglichkeiten haben.

Die Wahl des richtigen Kamerawinkels ist ausschlaggebend für die Gestaltung einer Szene. Früher war dies eine rein menschliche Entscheidung, die auf die Erfahrung und Intuition der Kameraperson zurückging. Heute können KI-Systeme Filmemachern helfen, den optimalen Winkel für jede Szene zu bestimmen. Und sie können ebenso in Echtzeit analysieren, wie sich verschiedene Lichtquellen auf eine Szene auswirken, und Vorschläge zur Optimierung der Beleuchtung unterbreiten.

In den letzten Jahren hat die KI-Technologie des „De-aging" in Hollywood für Aufsehen gesorgt. Beim De-aging werden Schauspieler mithilfe digitaler Effekte und der KI bearbeitet, sodass sie in Filmen jünger aussehen, als sie tatsächlich sind. Einer der ersten Filme, der dieses Verfahren eingesetzt hat, war X-MEN: THE LAST STAND (X-MEN: DER LETZTE WIDERSTAND) aus dem Jahr 2006. Hier wurde Patrick Stewart als Professor X digital restauriert, um in Rückblenden wie in seinen Dreißigern auszusehen.

Einen großen Sprung machte das De-aging 2019 mit Martin Scorseses Film THE IRISHMAN. Robert De Niro, Al Pacino und Joe Pesci wurden darin über weite Strecken des Films um bis zu 30 Jahre verjüngt.

Inzwischen setzen auch viele andere Filme und Serien auf diesen digitalen Jungbrunnen. Ein Beispiel ist die Streamingproduktion THE CROWN auf Netflix. Für die Darstellung der britischen Königin in jüngeren Jahren kommt De-aging zum Einsatz.

Da sich das Verfahren technisch weiterentwickeln und kostengünstiger werden wird, ist davon auszugehen, dass De-aging in Zukunft eine noch größere Rolle in Filmen und Serien spielen wird.

Aber auch in der Postproduktion bietet die KI erhebliche Vorteile. Mit fortschrittlichen Algorithmen können Filmemacher Szenen automatisch bearbeiten, Farbkorrekturen vornehmen und sogar spezielle Effekte hinzufügen, ohne menschliches Zutun. Ein gutes Beispiel hierfür ist die automatisierte Farbkorrektur. Statt aufwendiger manueller Anpassung jeder einzelnen Szene kann eine KI den gesamten Film analysieren und selbstständig die besten Farbeinstellungen für jede Szene auswählen.

Auch Diff2Lip hat das Potenzial, die Film- und Unterhaltungsindustrie zu revolutionieren. Diese Technologie ermöglicht es, die Lippenbewegungen von Schauspielern in Filmen so zu verändern, dass sie synchron zu einer neuen Sprachaufnahme erscheinen. Diff2Lip funktioniert, indem es den unteren Teil des Gesichts durch eine Rekonstruktion ersetzt, bei der sich die Lippen synchron zu den Worten einer anderen Tonaufzeichnung bewegen. Letztlich kann der Mund der Schauspielerinnen zu jedwedem Text in praktisch jeder Sprache gestaltet werden. Da es außerdem schon jetzt möglich ist, Stimmen einzuscannen und sie in einer anderen Sprache sprechen zu lassen, können sich Filmemacher teure und zeitaufwendige Synchronisationsprozesse sparen. Jennifer Lawrence, die mit ihrer eigenen Stimme auf Deutsch in ihrem neuesten Film parliert, ist bald keine Utopie mehr.

11. DIE ZUKUNFT DER KÜNSTLICHEN INTELLIGENZ

Natürlich gilt auch in Bezug auf die KI das Bonmot von Mark Twain: „Prognosen sind schwierig, vor allem, wenn sie die Zukunft betreffen". Trotzdem sollen hier einige Tendenzen und Möglichkeiten aufgezeigt werden.

11.1. KÜNSTLICHE INTELLIGENZ: EIN AUSBLICK AUF DIE NÄCHSTEN FÜNF JAHRE

Immer mehr Firmen bringen derzeit KI-Anwendungen auf den Markt. Eine der spannendsten Fragen wird sein, ob Apple ein Sprachmodell anbieten wird. Seit Jahren schon arbeitet das Unternehmen an der eigenen Sprachassistentin namens Siri. Doch im Chatbot-Bereich spielte der Tech-Gigant bislang keine Rolle.

Aber der Konzern aus Cupertino hat ein Händchen dafür, in überfüllte Märkte einzudringen und neue Standards zu setzen. So war es bei der Veröffentlichung des iPhone 2007. Es war nicht das erste Smartphone, aber es definierte neu, was ein internetfähiges Mobiltelefon sein kann.

Apples massive Investitionen in KI-Forschung deuten darauf hin, dass mit einer eigenen LLM-KI zu rechnen ist. Der Vorteil für den Konzern: Die totale Kontrolle über die Technologie und enge Verzahnung mit der eigenen Hardware. Im Gegensatz zu Google Assistant oder Amazon Alexa könnte eine Apple-KI nur auf hauseigenen Geräten laufen und diese dadurch attraktiver machen. Für den iPhone-Produzenten wäre es eine Chance, mit einem weiteren Top-Produkt zu punkten und seine KI Expertise auszuspielen.

Apple hat bei seinen Produkten immer Wert auf Benutzerfreundlichkeit gelegt. Man darf annehmen, dass auch ein Apple-Chatbot dem typischen Minimalismus und elegantem Design folgen würde. Für den Markt bedeutet dies mehr Wettbewerb. Ein Apple-Bot könnte den Druck auf Konkurrenten erhöhen und Innovationen vorantreiben. Auch der Fokus auf Datensparsamkeit und -sicherheit dürfte steigen, was positiv für die User wäre.

Aber auch wenn der Konzern sich nicht auf diesen Markt begibt, wird KI alltäglicher, davon sind viele Experten überzeugt. „Persönliche digitale Assistenten auf Basis von KI werden sich weiter verbreiten. Laut Umfragen können sich 50 Prozent der Deutschen vorstellen, einen virtuellen Helfer zu nutzen", erklärt der KI-Forscher Maximilian Schrems von der TU München.

Die KI wird in sehr vielen Bereichen eingesetzt werden und für weitreichende Neuerungen sorgen. So haben die Modelle das Potenzial, die Bildungslandschaft grundlegend zu verändern, indem sie hyper-individualisierte Lernerfahrungen ermöglichen. Ein KI-basiertes Bildungssystem könnte für jeden Schüler einen personalisierten Lernpfad generieren, der genau auf seine Stärken, Schwächen und Lernpräferenzen zugeschnitten ist. Hierfür würde das System zunächst Daten wie Testergebnisse, Lerngeschwindigkeit usw. für eine große Schülerbasis sammeln. Auf dieser Grundlage könnte die KI ein Modell entwickeln, das die optimale Didaktik, Themenauswahl und Lernreihenfolge für jeden einzelnen Schüler ableitet. Es würde erkennen, bei welchen Themen noch Wissenslücken bestehen, welche Lernform am besten passt (auditiv, visuell, praktisch etc.) und wie schnell oder langsam der Lernfortschritt sein sollte. Dementsprechend könnte die KI automatisch passgenaue Texte, Videos, Grafiken und Beispielaufgaben erstellen und diese genau zur richtigen Zeit über digitale Lernplattformen bereitstellen. Der Lernweg jedes Schülers wird so individualisiert und optimiert. Lehrkräfte übernehmen in diesem Fall eher eine Coaching-Rolle.

Streamingdienste wie Netflix oder Amazon Prime Video setzen schon heute auf KI, um spezifische Inhaltsvorschläge für Nutzer zu generieren. Dies wird sich verfeinern: Persönliche digitale Assistenten, die unsere Vorlieben kennen, werden uns genau die Inhalte vorschlagen, auf die wir in der jeweiligen Stimmung Lust haben – ob Film, Serie, Doku oder Musik. Die KI wird zu unserem Fernseh-Concierge (siehe auch die Prognosen in meinem Buch DIE NETFLIX-REVOLUTION [15]).

Technisch machbar wäre auch, dass die KI in Zukunft ein individuelles Fernseherlebnis anbietet: Jeder Zuschauer bekommt durch automatisierte Schnitt- und Regietechniken seine persönliche Fassung des Programms. Mittels Gesichts- und Emotionserkennung sowie biometrischer Daten aus Wearables wird die KI erkennen, welche Szenen die Zuschauerin erfreuen, langweilen oder aufregen. Entsprechend werden unwichtige Szenen herausgeschnitten oder das Tempo angepasst. So entsteht eine auf den einzelnen User zugeschnittene Programmversion.

Mithilfe großer Datenmengen kann die KI auch interaktive Geschichten und „Choose your own Adventure"-Formate entwickeln. Der Zuschauer trifft selbst Entscheidungen, die den Handlungsverlauf beeinflussen. Im Frühjahr 2024 wird eine Brille von Apple erscheinen, die durch eine kleine Fingergeste steuerbar ist. Durch die leichte Berührung von Daumen und Zeigefinger könnte die Nutzerin signalisieren, dass ihr bestimmte Szenen nicht gefallen. Ein Hollywood-Blockbuster könnte so plötzlich Tausende Variationen bieten, die an die jeweiligen Nutzerwünsche angepasst sind. KI macht Fernsehen zur individuellen Erfahrung.

Obwohl diese Visionen technisch durchsetzbar wären, besteht doch die berechtigte Frage, ob diese Art des Geschichtenerzählens von den Nutzern überhaupt gewollt ist. Bisherige Versuche in diese Richtung (wie „Bandersnatch" in der Serie BLACK MIRROR) bekamen zwar Aufmerksamkeit, aber stießen nicht auf große Begeisterung.

Künstliche Intelligenz eröffnet auch für die Zukunft der Medizin neue Horizonte. Im Kern können drei Einsatzfelder unterschieden werden, in denen KI die medizinische Versorgung in den nächsten Jahren maßgeblich verbessern könnte. Erstens die präzisere Diagnostik durch Auswertung großer Datenmengen.

---

15   Oliver Schütte: Die Netflix-Revolution: Wie Streaming unser Leben verändert, Zürich 2019

KI-Systeme sind in der Lage, auffällige Muster in Testbildern oder Patienten-daten zu erkennen, die einem Arzt entgehen können. So unterstützt KI schon heute Ärztinnen dabei, Krebserkrankungen, Alzheimer oder Netzhautschäden zuverlässiger und frühzeitiger zu diagnostizieren. Die Sensitivität der Diagnos-tik wird erhöht. Zweitens die Personalisierung von Therapien mithilfe von KI. Ansätze, die Medikamente auf genetische Profile einzelner Patienten abstim-men, können durch KI optimiert werden. Auch die Optimierung von Behand-lungsplänen oder das Ermitteln des Therapieerfolgs sind Anwendungsfelder. KI ermöglicht so maßgeschneiderte Medizin. Drittens können digitale Gesund-heitsassistenten mit KI-Unterstützung eine wichtige Rolle spielen. Sie können Patienten beraten, Therapien überwachen und Warnzeichen erkennen. Dies könnte besonders für chronisch Kranke die Versorgung verbessern.

Die Mehrzahl der Experten ist überzeugt: Künstliche Intelligenz wird in den kommenden fünf Jahren sowohl unseren Alltag als auch viele Branchen um-wälzen.

11.2. ENTWICKLUNG DER KI FÜR AUTOREN UND AUTORINNEN

Zwar ist der Einsatz der KI im Bereich der Autoren eine Nische, aber es werden in Zukunft einige Anbieter in diesem spezifischen Markt auftreten. Wie im-mer im Internetzeitalter geht es darum, möglichst schnell eine gewisse Größe zu erreichen. Letztendlich werden wahrscheinlich maximal zwei KI-Modelle übrig bleiben. In Bezug auf die Drehbuchsoftware beispielsweise ist heutzu-tage in Amerika, aber auch anderswo, Final Draft die Standardsoftware zum Schreiben von Drehbüchern.

Mit großer Wahrscheinlichkeit wird die KI Autoren von zeitaufwendigen und repetitiven Aufgaben entlasten, wie zum Beispiel die Überprüfung von Kontinuität, Grammatik und Rechtschreibung (dies ist in Ansätzen ja schon heute verfügbar). Dadurch bleibt den Autorinnen mehr Zeit und Energie für die eigentliche kreative Gestaltung ihrer Geschichten.

Die Verbesserung der Modelle könnte dazu führen, dass in Zukunft auch die Generierung von Dialogen problemlos möglich ist. KI-Modelle können lernen, wie Figuren in verschiedenen Situationen sprechen, abhängig von ihrem jeweiligen Hintergrund, ihrer Persönlichkeit und ihren Beziehungen zueinander. Dies könnte es Autoren erleichtern, authentische und lebendige Dialoge zu erstellen. Dabei geht es immer noch nicht darum, menschliche Urheber zu ersetzen, sondern sie mit Werkzeugen auszustatten, die ihre kreative Arbeit unterstützen und erweitern.

KI könnte die Fähigkeit entwickeln, Dialoge in Drehbüchern, aber auch in Romanmanuskripten in gesprochene Sprache umzusetzen. Jede Figur erhält nicht nur eine eigene, spezifische Stimme, sondern die KI kann auch die Emotionen hinter den Worten erfassen und wiedergeben.

Ein Drehbuchautor, der zum Beispiel eine Szene geschrieben hat, in der ein alter Mann mit gebrochener Stimme von den Abenteuern seiner Jugend erzählt, könnte die KI anweisen, diesen Monolog zu sprechen. Anhand der Beschreibung des alten Mannes im Drehbuch wird die KI eine passende Stimme generieren und den Dialog mit der richtigen Mischung aus Nostalgie und Melancholie vortragen. Dies ist natürlich genauso möglich in einem Streitgespräch eines Ehepaares oder einer Szene zwischen zwei Verliebten.

Ein weiterer Vorteil dieser Technologie wäre ihre Vielseitigkeit. Die KI kann unzählige Stimmen und Akzente hervorbringen, von einem jungen Mädchen bis zu einem alten Krieger, von einem britischen Aristokraten bis zu einem australischen Surfer. Und da die KI ständig lernt, werden die Stimmen und Emotionen, die sie erzeugt, immer realistischer und nuancierter.

Neben der bloßen Dialoggestaltung könnte die KI in Zukunft die bemerkenswerte Fähigkeit erlangen, ausgewählte Szenen eines Drehbuchs oder eines Buchs digital zu visualisieren. Dies ermöglicht es, die Vision und Vorstellungskraft der Autorin zum Leben zu erwecken, lange bevor die Kameras zu drehen beginnen oder das Buch im Buchladen liegt. So könnte ein von einer Autorin geschriebener Streit mithilfe der KI anschaulich gemacht und die Atmosphäre visuell eingefangen werden. Die Szene soll nicht den fertigen Film vorwegnehmen oder ersetzen, dieses Tool kann vor allem dann nützlich sein, wenn es darum geht, Produzenten, Regisseurinnen und anderen Teammitgliedern die Vision der Autorin zu vermitteln. Anstatt sich durch umständliche Beschreibungen zu arbeiten, könnten sie einen direkten visuellen Eindruck davon bekommen, wie die Autorin sich die Szene vorgestellt hat. Dies kann Missverständnisse vermindern und die kreative Zusammenarbeit fördern.

Experten sehen ein weiteres Potenzial der KI in der ständigen Weiterentwicklung von Romanen. Sie gehen davon aus, dass ein Roman anhand der Vorlieben und Interessen des Publikums angepasst werden kann. Die KI kann Daten über das Verhalten der Leser sammeln und analysieren, welche Elemente einer Geschichte besonders beliebt oder unerwünscht sind. Auf dieser Grundlage könnte die KI Empfehlungen für Anpassungen oder alternative Handlungsverläufe geben, um die Relevanz und Attraktivität einer Geschichte zu maximieren. Die Autorin könnte daraufhin eine zweite Fassung des Romans schreiben, die dem Publikum zur Verfügung gestellt wird. So wie Taylor Swift einige ihrer Alben noch einmal neu gemischt veröffentlicht hat, oder andere Musiker ihre Songs nach vielen Konzerten erneut eingespielt haben, könnten dies nun auch Romanautoren tun. Dies soll zu einer stärkeren Einbindung des Publikums führen und gleichzeitig die Grenzen des Erzählens erweitern.

Die Idee, Romane mithilfe von KI zu verbessern, klingt auf den ersten Blick verlockend. Es stellt sich jedoch die Frage, ob solch eine Herangehensweise kreativ sinnvoll und ethisch vertretbar ist. Zunächst einmal besteht die Gefahr, dass die Überarbeitung von Geschichten die künstlerische Integrität und Vision des Autors untergräbt. Ein Werk, das ständig modifiziert und angepasst wird, um den sich ändernden Vorlieben des Publikums gerecht zu werden, verliert möglicherweise seine ursprüngliche Botschaft und Bedeutung. Ein solches adaptives Werk dürfte mehr einem Produkt gleichen, das nach Marktforschungsergebnissen hergestellt wird, als einer echten künstlerischen Schöpfung.

Darüber hinaus würde die Revision von Romanen zu einer Homogenisierung der Literatur führen. Wenn Geschichten ständig an die Vorlieben einer Mehrheit angepasst werden, könnten Minderheitenstimmen und unkonventionelle Erzählweisen in den Hintergrund gedrängt werden. Dies würde die Vielfalt und Tiefe der künstlerischen Landschaft erheblich einschränken.

Schließlich besteht die Gefahr, dass die Leserschaft in einer „Echo-Kammer" gefangen gehalten wird, in der sie nur Geschichten erhält, die ihren Vorlieben und Überzeugungen entsprechen. Dies könnte das kritische Denken untergraben und die Fähigkeit des Publikums reduzieren, sich mit neuen und herausfordernden Ideen auseinanderzusetzen.

12. KRITISCHE BETRACHTUNG: LIMITATIONEN UND ETHISCHE ÜBERLEGUNGEN

In den letzten Jahren hat der Einsatz von KI in verschiedenen kreativen Bereichen erheblich zugenommen, und die Arbeit der Autoren ist nur eine der Branchen, die davon betroffen sind. Während die Befürworter argumentieren, dass KI-basierte Tools Urheber unterstützen und ihre Effizienz steigern können, gibt es auch ernsthafte Bedenken hinsichtlich der Auswirkungen auf die künstlerische Integrität, Originalität und den menschlichen Einfluss auf den kreativen Prozess.

Der Einsatz von KI in der schöpferischen Arbeit mag auf den ersten Blick verlockend erscheinen. Er verspricht, wie dieses Buch gezeigt hat, die Automatisierung von Aufgaben wie dem Brainstorming, der Entwicklung von Handlungssträngen und der Analyse von Markt- und Genre-Trends. Dies kann dazu beitragen, die Arbeit von Autoren zu beschleunigen und sie effizienter zu gestalten. Denn die KI ist in der Lage, Muster und Trends zu erkennen, die Menschen möglicherweise entgehen.

Jedoch sollten wir uns nicht zu schnell von diesen Versprechungen blenden lassen. Der kreative Prozess des Schreibens ist komplex und subtil. Er erfordert nicht nur die Entwicklung einer Handlung, sondern auch die Schaffung einzigartiger Figuren, glaubwürdiger Dialoge und emotionaler Verbindungen, die das Publikum fesseln. Diese Elemente sind oft das Ergebnis einer tiefen Reflexion, persönlicher Erfahrungen und einer künstlerischen Vision, die nur von menschlichen Autoren erzeugt werden können. Und der KI fehlt die Fähigkeit zur Empathie. Während ein lebendiger Schreiber sich in seine Akteure hineinversetzen und ihre Emotionen, Ängste und Hoffnungen verstehen kann, sieht die KI Figuren nur als Datenpunkte in einem Algorithmus. Sie kann nicht die subtilen Nuancen und Zwischentöne erfassen, die eine Geschichte wirklich zum Leben erwecken. Das Ergebnis sind oft Erzählungen, die technisch korrekt, aber emotional flach sind und ihr Publikum nicht berühren (siehe Kapitel 8).

Oder wie es die Drehbuchautorin Stefanie Ren formuliert: „Ich glaube, dass der KI eine wichtige Sache fehlt und das ist die Menschlichkeit. Sie weiß nicht, wenn es in einem Film um Liebeskummer geht, was es bedeutet, Liebeskummer zu haben. Sie weiß nicht, wie es ist, einen geliebten Menschen zu verlieren oder ein Kind zu gebären. Ich glaube, dass dieser menschliche Faktor einfach fehlt." [16]

Ein Hauptproblem jedoch bleibt die Originalität. KI-Modelle arbeiten auf der Grundlage großer Mengen an bestehenden Daten, sei es in Form von Texten, Skripts oder anderen Ressourcen. Sie lernen aus diesem Material und nutzen sie als Basis für ihre Generierungen. Dies führt oft dazu, dass KI-generierte Drehbücher oder Romane bekannte Muster und Klischees wiederverwenden, anstatt wirklich originelle Inhalte zu schaffen. Die Gefahr besteht darin, dass wir am Ende mit einer Flut von Werken leben, die sich alle ähnlich anfühlen, da sie auf denselben Daten basieren.

Darüber hinaus könnte die Verwendung von KI die individuelle künstlerische Ausdruckskraft und Persönlichkeit der Autoren unterlaufen. Ein Großteil des Charmes und der Attraktivität von Filmen und Romanen liegt in der Vielfalt der kreativen Stimmen, die sie hervorbringen. Jeder Künstler bringt seine eigenen Erfahrungen, Ansichten und Emotionen in seine Arbeit ein, was zu einer breiten Palette von Geschichten und Erzählungen führt. Wenn jedoch KI-Tools verwendet werden, um solche Werke zu generieren, besteht die Gefahr, dass dieser Reichtum verloren geht und die Kreationen homogener werden.

Eine weitere Gefahr ist die Abhängigkeit der Autoren von der KI. Wenn Autoren beginnen, stark auf KI-Tools zu setzen, könnten ihre eigenen kreativen

---

16 Stefanie Ren: ChatGPT, schreibe mir die beste TV-Serie der Welt, Brand eins Podcast, 1.9.2023; https://open.spotify.com/episode/0lmzlsrzxADx2s44ouW4PF?go=1&sp_cid=352c448d8f21ffe1a35b 23c9afb67cdb&utm_source=embed_player_p&utm_medium=desktop

Fähigkeiten allmählich verkümmern. Denn die Kunst des Schreibens erfordert beständiges Übung, Experimentieren und Wachstum.

Es ist auch wichtig, die ethischen Implikationen des KI-Einsatzes in der kreativen Arbeit zu verstehen. KI-Modelle lernen aus Daten, die von Menschen erstellt wurden, und dieses Material kann Vorurteile, Stereotypen und gesellschaftliche Ungerechtigkeiten umfassen. Wenn KI-Systeme auf diesen Grundlagen trainiert werden, besteht die Gefahr, dass sie diese Ressentiments reproduzieren und rassistische, sexistische oder anderweitig problematische Inhalte vorschlagen, ohne dass die Autoren sich dessen bewusst sind. Ein weiteres Problem ist, dass KI-Systeme oft auf Daten trainiert werden, die bereits existierende Erzählstrukturen und -muster widerspiegeln. Das bedeutet, dass sie dazu neigen, Narration zu produzieren, die konventionellen Erzählformen entsprechen und wenig Raum für Innovation oder Originalität lassen. Für Autoren, die nach neuen Wegen suchen, Geschichten zu erzählen und ihre Leser zu überraschen, kann dies frustrierend sein.

Darüber hinaus sind Geschichten ein Spiegel unserer Kultur, unserer Werte und unserer Identität. Wenn wir zulassen, dass Maschinen anstelle von Menschen Erzählungen verfassen, laufen wir Gefahr, unsere kulturelle Identität zu verlieren und kulturelle Unterschiede einzuebnen.

Die Vorstellung, dass KI-Tools menschliche Autoren vollständig ersetzen könnten, ist jedoch unrealistisch. Kreativität ist ein komplexer und facettenreicher Prozess, der nicht einfach durch Algorithmen und Daten ersetzt werden kann.

Insgesamt zeigt sich, dass beeindruckenden Fortschritten in manchen Bereichen noch viele Herausforderungen im Bereich des Geschichtenerzählens gegenüberstehen. Es ist wichtig, einen ausgewogenen Ansatz beim Einsatz von KI in der kreativen Arbeit zu verfolgen. Die Technologie kann als Werkzeug dienen, um den Schreibprozess zu unterstützen, jedoch sollten der menschliche Einfluss und die künstlerische Integrität immer im Vordergrund stehen. Es wäre ein Fehler, die Essenz der Kunst des Schreibens kurzfristigen Effizienzgewinnen zu opfern.

Wie der renommierte Schriftsteller Hanif Kureishi zusammen mit seinem Sohn, dem Drehbuchautor Sachin Kureishi, formuliert:

„Was das kreative Schreiben angeht, so haben wir festgestellt, dass die KI nicht unseren ganzen Roman für uns schreiben kann, während wir die Spülmaschine ausräumen. (War der Sinn der KI nicht gerade, dass wir solche Aufgaben nicht mehr erledigen?)

Als wir anfingen, ChatGPT zur Unterstützung beim kreativen Schreiben zu verwenden, stellten wir fest, dass es hauptsächlich mit Klischees und Stereotypen reagierte und uns sentimentale, hollywoodreife Enden anbot, die letztlich nicht wirklich nützlich waren. Es war, als ob wir mit einem intelligenten Kind interagieren würden; es beeindruckte uns damit, wie viel es für sein Alter wusste, aber es konnte uns nicht wirklich helfen. Oder doch?

Denn dann begannen wir, es wie einen Erwachsenen zu behandeln. Wir fingen an, ihm präzisere Anweisungen zu geben, forderten es heraus, wenn uns nicht gefiel, was es uns gab, und baten es, unsere Ideen kritisch zu betrachten und sie wie ein Redakteur zu bewerten. Es lernt, wenn man es lehrt, und reagiert auf die Spezifität des Inputs. Es begann, uns ernst zu nehmen, als hätten wir erst jetzt seine Aufmerksamkeit, seine Vorstellungskraft geweckt. Die Ideen sprudelten. Ganze Charakterprofile, Handlungsbögen und Plot-Ideen – das, was wir als „Welterschaffungsphase" bezeichnen würden – konnten in einem Bruchteil der vorher benötigten Zeit entworfen werden. Die leere Seite ist der Schrecken eines jeden Schriftstellers. Aber jetzt, in diesem dunklen Wald, haben wir eine Fackel, die uns verschiedene Richtungen zeigt, die wir erkunden können.

Nicht alle Ideen sind interessant, aber es ist erstaunlich, wie viele neue Ideen man hat, wenn man mit einem so ausgeklügelten Resonanzboden arbeitet. Er kann Ihnen vielleicht keine Tasse Tee kochen, aber könnte Ihr alter Schreibpartner die gesamte aufgezeichnete Geschichte der Literatur rezitieren?" [17]

Für Autoren, die authentische, emotionale und tiefgründige Geschichten schreiben wollen, bleiben die Intuition, Empathie und Kreativität unersetzlich. Es liegt an uns, diese menschlichen Qualitäten zu bewahren und zu pflegen, selbst in einer immer stärker technologisierten Welt.

---

17 Hanif und Sachin Kureishi: Writing with Artificial Intelligence; 2023; in: Ma(n)chine Learning, Pirelli Annual Report 2022; https://corporate.pirelli.com/corporate/en-ww/investors/the-editorial-project-2022/kureishi

Die KI-Technologie entwickelt sich weiter, und es bleibt abzuwarten, wie sie sich in den kommenden Jahren auf die Arbeit von Autoren auswirken wird. Die Debatte über die Rolle von KI für Autorinnen wird zweifellos weitergehen, wobei sowohl die Potenziale als auch die Risiken sorgfältig abgewogen werden müssen. Letztendlich sollte die Entscheidung darüber, wie stark die KI in die Kunst des Schreibens integriert werden soll, auf einer umfassenden Auseinandersetzung mit den Auswirkungen auf die Kreativität, die Originalität und die künstlerische Vielfalt beruhen.

12.1. DIE ANGST VOR IDEENDIEBSTAHL IM ZEITALTER DER KÜNSTLICHEN INTELLIGENZ

Eine der wichtigsten Fragen beim Einsatz der KI, die insbesondere Autoren betrifft, ist die Befürchtung, dass ihre kreativen Ideen von KI-Systemen gestohlen und weitergegeben werden könnten.

Viele Autorinnen bringen einen großen Teil ihres Lebens damit zu, originelle und einzigartige Geschichten, Konzepte und Figuren zu entwickeln. Dieser Prozess ist nicht nur zeitaufwendig, sondern erfordert auch ein tiefes emotionales Engagement und eine immense kreative Anstrengung. Für diese Schöpfer ist der Gedanke, dass ihre harte Arbeit einfach von einer Maschine repliziert und ohne ihre Zustimmung weitergegeben werden könnte, zutiefst beunruhigend.

Der Kern dieses Problems liegt in der Natur der KI-Systeme selbst. Sie sind ausgerichtet, Informationen zu sammeln, zu analysieren und darauf basierende Muster zu erkennen.

Im Herbst 2023 haben renommierte Schriftsteller wie John Grisham, Jodi Picoult, George Saunders und der „GAME OF THRONES"-Autor George R. R. Martin das ChatGPT-Unternehmen OpenAI verklagt, weil es angeblich seine KI-Modelle unerlaubt mit den von ihnen verfassten Werken trainiert hat.[18]

Einer der Anwälte sprach sich dabei nicht grundsätzlich gegen KI aus. „Die Kläger haben nichts gegen die Entwicklung generativer KI einzuwenden, aber

---

18 Alexandra Alter, Elizabeth A. Harris: Franzen, Grisham and Other Prominent Authors Sue OpenAI, in: New York Times, 20.9.2023; https://www.nytimes.com/2023/09/20/books/authors-openai-lawsuit-chatgpt-copyright.html

die Beklagten hatten kein Recht, ihre KI-Technologien unter unerlaubter Verwendung der urheberrechtlich geschützten Werke der Autoren zu entwickeln. Die Beklagten hätten ihre großen Sprachmodelle auf gemeinfreien Werken ‚trainieren' oder eine angemessene Lizenzgebühr für die Nutzung urheberrechtlich geschützter Werke zahlen können." [19] Jonathan Franzen, einer der Kläger, erklärte: „Generative KI ist ein riesiges neues Feld für die seit Langem bestehende Ausbeutung von Inhaltsanbietern durch das Silicon Valley. Die Urheber sollten das Recht haben, zu entscheiden, wann ihre Werke zum ‚Trainieren' von KI verwendet werden. Wenn sie sich dafür entscheiden, sollten sie angemessen entschädigt werden." [20]

Eine weitere wichtige Frage ist der Umstand, dass Autoren, die mit der KI arbeiten, ihre Manuskripte und Ideen dem System zur Verfügung stellen. Es gibt die Angst, dass dieser Text irgendwie extrahiert und in einem anderen Kontext verwendet wird, dass also KI-Systeme, insbesondere solche, die für die Textgenerierung entwickelt wurden, den eingegebenen Content so modifizieren können, dass er als neues, „original" erschaffenes Werk erscheint. Dies könnte es einem Autor schwer machen nachzuweisen, dass eine bestimmte Idee ursprünglich von ihm stammt. Dieses Szenario wirft eine Flut von rechtlichen und ethischen Fragen auf, insbesondere im Hinblick auf Urheberrecht und geistiges Eigentum.

Ein weiterer besorgniserregender Aspekt ist die Geschwindigkeit, mit der KI-Modelle Informationen weitergeben können. Wenn eine Idee einmal in das System eingegeben wird, könnte sie theoretisch in Sekundenschnelle an unzählige Orte weltweit verteilt werden. Dies unterscheidet sich drastisch von traditionelleren Formen des Ideendiebstahls, bei denen der Prozess des Kopierens und Verteilens viel langsamer und leichter nachverfolgbar ist.

Einige Systeme versprechen, dass die Prompts, die eingetippt werden, nicht in den Trainingsdatenpool integriert werden. Das bedeutet, dass individuelle Eingaben oder Gespräche nicht gespeichert oder zur Weiterbildung des Modells verwendet werden. Dies ist auch Teil der Datenschutzrichtlinien von

---

19 Pressemitteilung: The Authors Guild, John Grisham, Jodi Picoult, David Baldacci, George R.R. Martin, and 13 Other Authors File Class-Action Suit Against OpenAI, The Authors Guild, 20.9.2023; https://authorsguild.org/news/ag-and-authors-file-class-action-suit-against-openai/
20 ebenda

OpenAI. Es ist allerdings fraglich, wie zuverlässig diese Aussagen sind. Aber dies Problem stellt sich in Zeiten der massenhaften Daten, die wir hinterlassen, natürlich bei allen Anbietern. Und nichts ist für ein Unternehmen wichtiger als das Vertrauen, das die Nutzer mit der Marke verbinden. Davon können Firmen wie Facebook ein Lied singen.

Zudem ist das System schon vor seinem Erscheinen mit ausreichend Daten gefüttert worden. Es wurde bekannt gegeben, dass GPT-3 mit 570 Gigabyte reinem Text trainiert wurde. Das sind Hunderte von Milliarden von Wörtern aus verschiedenen Quellen aus dem Internet. Eine einzelne Eingabe ist als Datensatz ungefähr so viel wie ein Tropfen Wasser im Mittelmeer.

In ChatGPT werden sogenannte Data Controls verwendet, um die Verarbeitung von sensiblen oder persönlichen Daten in den generierten Texten zu steuern und zu schützen. Dies wird erreicht, indem bestimmte Anweisungen oder Richtlinien im Input des Modells angegeben werden, die das Verhalten des Modells beeinflussen. Zum Beispiel kann ein Benutzer durch Hinzufügen von Anweisungen wie „Bitte keine persönlichen Daten verwenden" oder „Dieser Text enthält sensible Informationen" dem Modell klare Hinweise geben, wie es mit den bereitgestellten Daten umgehen sollte. Die Data Controls funktionieren, indem sie die Wahrscheinlichkeit verringern, dass das Modell bestimmte Arten von Informationen in die generierte Antwort aufnimmt.

Zusätzlich ist ChatGPT mit vortrainierten Filtern ausgestattet, die darauf abzielen, bestimmte Arten von sensiblen Informationen zu erkennen und zu blockieren, bevor sie in den generierten Text gelangen können. Diese Filter können auf vorher definierten Listen von Begriffen oder Mustern basieren, die als potenziell problematisch erachtet werden.

OpenAI bietet die Möglichkeit, den Chatverlauf in ChatGPT zu deaktivieren. Diese Eigenschaften können in den Einstellungen gefunden und jederzeit geändert werden. Dies geschieht im Konto (im Fenster links unten) unter „Settings & Beta" und dort in dem Reiter „Data Control". Hier muss „Chat history & training" deaktiviert werden. Unterhaltungen, die bei deaktiviertem Chatverlauf begonnen werden, werden nicht zum Trainieren und Verbessern der Modelle verwendet und erscheinen nicht in der Verlaufsseitenleiste. Wenn der Chatverlauf ausgeschaltet ist, werden neue Konversationen 30 Tage lang von

OpenAI aufbewahrt und nur bei Bedarf überprüft, um sie auf Missbrauch zu kontrollieren, bevor sie endgültig gelöscht werden.

Trotz aller Sicherheitsprotokolle, ethischen Richtlinien und Versprechen zur Datensicherheit, die ein Unternehmen geben mag, bleibt es eine individuelle Wahl jedes Einzelnen, inwieweit er diesen Beteuerungen Glauben schenkt und seine persönlichen oder geschäftlichen Daten einem solchen System anvertraut. Diese Entscheidung basiert oft auf einer Abwägung zwischen dem wahrgenommenen Nutzen der Technologie und den potenziellen Risiken für die Privatsphäre oder Sicherheit. Sie ist ein Zeugnis dafür, dass trotz des rasanten technologischen Fortschritts die menschliche Urteilsfähigkeit und Autonomie nach wie vor von zentraler Bedeutung ist.

Nun lässt sich natürlich auch ein ausgeklügelter Angriff von Cyberkriminellen vorstellen (gerade von fantasiebegabten Autoren!). Darum ist ein wichtiger Punkt in diesem Zusammenhang der Schutz von Benutzerprompts, die während der Interaktion mit KI-Systemen erstellt werden. Die Gefahren, die sich aus einem unerlaubten Zugriff auf diese Prompts ergeben, sind vielfältig und weitreichend.

Wenn Benutzer mit einem KI-System interagieren, tun sie dies mit der Annahme, dass ihre Eingaben vertraulich sind. Jeder unberechtigte Zugang auf diese Daten könnte peinliche, sensible oder persönliche Informationen offenlegen, die für den Anwender verheerend sein könnten. Diese Daten sind oft ein Spiegelbild der Gedanken, Ängste, Hoffnungen und Anfragen einer Person, und ihr Schutz ist von größter Bedeutung.

Die Akkumulation von Prompts könnte auch dazu verwendet werden, um detaillierte Benutzerprofile zu erstellen. Ein solches Profiling geht über das bloße Sammeln von Daten hinaus. Es kann Verhaltensmuster, Vorlieben und Abneigungen enthüllen und gibt Einblicke in das tägliche Leben, die Entscheidungsprozesse und möglicherweise sogar die Geheimnisse der Benutzer. Diese Profile könnten dann für Betrugsversuche oder andere kriminelle Aktivitäten verwendet werden. Zum Beispiel könnten gezielte Phishing-Kampagnen durchgeführt werden, die so gestaltet sind, dass sie den individuellen Ängsten und Interessen eines Nutzers entsprechen.

In einem wirtschaftlichen Kontext könnte ein unberechtigter Zugriff auf Prompts, die Geschäftsinformationen enthalten, gravierende Folgen haben. Firmen könnten über KI-Systeme wertvolles geistiges Eigentum, Geschäftsstrategien oder andere sensible Informationen diskutieren. Die Offenlegung solcher Daten könnte zu unlauterem Wettbewerb, Industriespionage oder anderen schädlichen Praktiken führen, die das betroffene Unternehmen erheblich schädigen könnten.

Ein noch düstereres Szenario ist das Risiko von Erpressung oder Doxing. Mit Zugriff auf persönliche oder kompromittierende Daten könnten Kriminelle Benutzer erpressen oder drohen, ihre Informationen öffentlich zu machen. Das Phänomen des Doxing, bei dem private Sachverhalte ohne Zustimmung veröffentlicht werden, ist in unserer digitalen Welt zu einer realen Bedrohung geworden und kann ernsthafte psychologische, soziale und wirtschaftliche Folgen für die Opfer haben.

Letztlich können solche Datenschutzverletzungen das Vertrauen in KI-Anbieter erheblich untergraben. Ein Verlust dieses Vertrauens würde sich negativ auf die Akzeptanz und Nutzung von KI-Systemen auswirken. Unabhängig vom irreparablen Schaden für ihren Ruf können den Unternehmen, die diese Dienste offerieren, auch rechtliche Konsequenzen und erhebliche finanzielle Strafen drohen.

Die Furcht vor Ideendiebstahl durch die KI lässt sich nicht so einfach wegdiskutieren. In einer Zeit, in der Technologie und Kreativität so eng miteinander verknüpft sind, ist es unerlässlich, die richtige Balance zwischen Fortschritt und dem Schutz des geistigen Eigentums zu finden.

12.2. URHEBERRECHT UND KÜNSTLICHE INTELLIGENZ

In Deutschland, Österreich und der Schweiz unterliegen literarische, künstlerische und wissenschaftliche Werke dem Urheberrechtsschutz. Dies schließt Texte, Bilder, Musik, Filme und Drehbücher ein. Um urheberrechtlichen Schutz zu erhalten, muss ein Werk eine gewisse „Schöpfungshöhe" erreichen, also eine bestimmte Originalität und Kreativität aufweisen.

Die Frage der Urheberschaft bei KI-generierten Erzeugnissen ist komplex. In der Regel wird der Urheber als diejenige Person angesehen, die die kreative und intellektuelle Arbeit geleistet hat. Bei KI-generierten Werken, bei denen der kreative Beitrag der KI größer ist als der des Nutzers, könnte argumentiert werden, dass die KI als Urheber betrachtet werden kann. Und genau darum wird in den kommenden Jahren gestritten werden. Denn die Frage nach dem Urheberrecht für von der KI generierte Texte wird aktuell intensiv diskutiert. Die geltende Rechtslage in Deutschland sieht vor, dass nur natürliche Personen als Urheber eines Werkes angesehen werden können. Damit fallen KI-Systeme, die Texte eigenständig verfassen, aus dem traditionellen Urheberrechtsverständnis heraus.

Bestimmte Kritiker monieren, dass diese Sichtweise der Komplexität moderner KI-Systeme nicht mehr gerecht wird. Wenn ein Sprachmodell wie GPT-4 einen ganzen Text auf Basis weniger Eingaben des Nutzers produziert, stellt sich die Frage, ob tatsächlich der menschliche Anwender als Urheber gelten kann. Schließlich steuert hier die KI den kreativen Prozess und trifft eigenständig sprachliche und inhaltliche Entscheidungen. Manche Experten fordern daher, KI-generierten Texten einen eigenen Urheberstatus zuzuweisen. Allerdings würde dies eine Reform des deutschen Urheberrechts verlangen, das bisher rein auf natürliche Personen als Urheber ausgerichtet ist. Andere schlagen vor, KI-Texte generell für gemeinfrei zu erklären, da die individuelle geistige Schöpfung hier nicht eindeutig zuzuordnen sei.

Besonders komplex wird die Frage bei Verfahren wie dem Stil-Transfer, wo ein KI-System etwa im Stil eines bestimmten Autors oder Genres schreibt. Hier verschwimmen die Grenzen zwischen menschlicher und künstlicher Kreativität. Die EU-Kommission hat 2022 einen ersten Vorstoß gemacht, KI-Werke gesetzlich vom Urheberrecht auszunehmen. Bis das Regelwerk in Kraft tritt, könnte es noch bis 2025 dauern. Derzeit laufen die Verhandlungen, in denen Mitgliedstaaten, Kommission und Parlament einen Kompromiss zwischen dem ursprünglichen Entwurf und den Änderungsanträgen suchen.

Fest steht, dass mit der Weiterentwicklung der KI die geltenden Urheberrechtskonzepte auf den Prüfstand gestellt werden müssen. Bis dahin herrscht für KI-Texte eine unsichere Rechtslage.

Am 19. September 2023 veröffentlichte die Initiative Urheberrecht (IU) ein Positionspapier mit dem Titel „Generative KI: Urheberrechtlicher Status quo & Handlungsempfehlungen". Ein zentrales Problem ist laut dem Papier, dass generative KI beim Training massenhaft urheberrechtlich geschützte Werke wie Texte, Bilder oder Musik ohne Erlaubnis nutze. Dies sei rechtlich sehr problematisch. Beim Sammeln der Daten (Scraping) und beim Training der KI-Systeme finden unlizenzierte Vervielfältigungen dieser Inhalte statt. Hier besteht für die IU dringender Klärungsbedarf, wie der rechtliche Rahmen zum Beispiel für Text- und Datamining aussehen muss. Für die Nutzung der urheberrechtlich geschützten Werke zum Training müssten zukünftig Lösungen für Lizenzvereinbarungen gefunden werden. Ebenso sollten für diese Verwendungen angemessene finanzielle Vergütungen an die Rechteinhaber gezahlt werden.

Die konkreten Erzeugnisse, die generative KI produziert, sollten selbst keinen Urheberrechtsschutz beanspruchen können. Allerdings sei eine eindeutige Kennzeichnungspflicht für KI-generierte Inhalte dringend nötig. Auch sollten die Menschenrechte und Persönlichkeitsrechte vor Eingriffen durch die Anwendungen der generativen KI geschützt werden.

In der geplanten EU-Verordnung für KI werden unter anderem Transparenzpflichten, Kennzeichnungspflichten sowie Klärungen zu Haftung und Beweislast gefordert. Ziel muss sein, die nationale und europäische Kreativbranche vor Verdrängung durch generative KI zu schützen. Politisch sollte menschliche Kreativität und geistige Leistung höher bewertet und rechtlich besser geschützt werden als die maschinelle Imitation und Reproduktion durch KI.

12.3. AUSWIRKUNGEN AUF ARBEITSPLÄTZE

Die rasante Entwicklung von KI-Technologien hat auch Auswirkungen auf den Arbeitsmarkt und die Gesellschaft im Allgemeinen. Durch die Automatisierung von Aufgaben ist es sehr wahrscheinlich, dass viele Arbeitsplätze überflüssig werden, was zu sozialen und wirtschaftlichen Herausforderungen führen kann. Schon jetzt gibt es Vermutungen, dass einige Berufsfelder in Zukunft nur noch eingeschränkt von Menschen besetzt werden.

Grafikdesigner können durch Software wie Midjourney, Leonardo und Stable Diffusion ersetzt werden, mit deren Hilfe jeder im Handumdrehen atemberaubende Designs erstellen kann. Übersetzer und Dolmetscherinnen werden es mit maschineller Konkurrenz zu tun haben. Denn die KI-gesteuerten Übersetzungstools wie DeepL überwinden Sprachbarrieren flotter, als sie „Hola" sagen können. Lektorinnen und Korrekturleser könnten ausgetauscht werden durch KI-Grammatikgurus, die Sätze korrigieren, Fehler erkennen und Texte in Echtzeit aufpolieren.

Und natürlich befürchten auch Autoren, dass ihre Arbeit in Zukunft schneller und noch kostengünstiger von der KI übernommen wird. Angesichts der Fortschritte in der KI könnten Verlage und Filmproduktionen auf die Idee kommen, Bücher und Drehbücher vollständig von Algorithmen schreiben zu lassen. Das wäre jedoch ein großer Irrtum, der sich auf lange Sicht nicht auszahlen wird. Die Qualität dieser KI-Texte ist, wie wir gesehen haben, noch immer begrenzt, da den Maschinen Kreativität und eine eigenständige künstlerische Vision fehlen. Bücher und Filme, die allein von einem Algorithmus geschrieben wurden, würden auf Dauer enttäuschen und ihr Publikum verlieren. Manche Kritiker prognostizieren bereits eine „Homogenisierung" literarischer Stile durch den breiten Einsatz von Text-KI. Die wertvollste Ressource von Verlagen und Filmproduktionen sind kreative Köpfe – also Autoren und Drehbuchautoren. Indem sie deren Arbeit durch KI ersetzen wollen, beschädigen sie ihr höchstes Gut. Stattdessen sollten sie die Technologie sinnvoll einsetzen, um Autoren zu inspirieren und zu unterstützen. KI kann kreativen Menschen als Werkzeug dienen, aber menschliche Kreativität nie vollständig ersetzen. Verlage und Filmproduktionen müssen diese Lektion beherzigen, wenn sie langfristig erfolgreich bleiben wollen.

Beim Streik der Writers Guild of America (WGA) im Jahr 2023 ging es nicht nur um arbeitsrechtliche Fragen und mehr Geld, sondern auch um die Auswirkungen der neuen technischen Entwicklungen auf den Beruf. Die Gewerkschaft wollte verhindern, dass Drehbuchautoren durch KI ersetzt werden, dass ihre Arbeit zum Trainieren von KI verwendet wird oder dass sie angeheuert werden, um KI-generierte Drehbücher zu niedrigeren Löhnen zu schreiben. So einigte sich im Oktober 2023 die mächtige WGA mit den Studios darauf, dass KI kein literarisches Material schreiben oder umschreiben kann, und KI-generierte Dokumente nicht als Quellenmaterial betrachtet wird, was bedeutet, dass es nicht verwendet werden kann, um die Rechte eines Autors zu untergraben. Ein Urheber kann sich dafür entscheiden, beim Schreiben KI zu nutzen, wenn das Studio zustimmt und er die geltenden Unternehmensrichtlinien befolgt. Aber das Filmstudio kann nicht verlangen, dass ein Autor KI-Software (zum Beispiel ChatGPT) einsetzt. Das Unternehmen muss den Drehbuchautoren darüber informieren, wenn die ihm zur Verfügung gestellten Materialien von KI generiert wurden oder KI-Material enthalten.

Der Drehbuchautorenstreik im Jahr 2023 wirft ein Schlaglicht auf die laufende Debatte über die Auswirkungen der KI auf die Kreativbranche. Während die Autoren für ihre Rechte und ihre Arbeitsplätze kämpfen, setzen sie sich auch mit den möglichen Konsequenzen der KI auf den gesamten kreativen Bereich auseinander. Das Ergebnis des Streiks wird sicherlich die künftige Rolle beeinflussen, die die KI gegenüber Autoren einnimmt – nicht nur gegenüber amerikanischen Drehbuchautoren.

12.4. GRUNDLEGENDE FRAGEN AN DIE VERWENDUNG VON KI

Die Fortschritte in der KI sind beeindruckend und bieten zahlreiche Vorteile. Wie wir gesehen haben, gehen sie aber auch mit neuen ethischen Herausforderungen einher. Die Entwicklung und Anwendung von KI wirft eine Vielzahl von Fragen auf, die sorgfältig abgewogen werden müssen, damit diese Systeme zum Wohl der Menschheit eingesetzt werden.

Ein wichtiger ethischer Aspekt von KI ist die Transparenz und Erklärbarkeit von Entscheidungen, die von KI-Systemen getroffen werden. In vielen Fällen sind die zugrunde liegenden Mechanismen von Algorithmen komplex und undurchsichtig, was es schwierig oder fast unmöglich macht, die Gründe für eine bestimmte Lösung nachzuvollziehen. Dies ist besonders problematisch in kritischen Anwendungen wie im Gesundheitswesen, für Rechtssysteme oder autonome Fahrzeugtechnik. Die Forderung nach erklärbarer KI ist daher ein sehr wichtiger Schritt, um das Vertrauen der Öffentlichkeit zu gewinnen und fehlerhafte oder diskriminierende Entscheidungen zu vermeiden.

Yuval Noah Harari, ein israelischer Historiker, Philosoph und Autor, hat sich besorgt über die potenziellen Gefahren der KI und ihre Auswirkungen auf die Menschheit geäußert. In seinen Artikeln und Reden argumentiert er, dass KI das Potenzial hat, das Betriebssystem der menschlichen Zivilisation zu hacken, und eine Bedrohung für die Zukunft der Menschheit darstellt.[21] Harari glaubt, dass KI intime Beziehungen zu Menschen aufbauen und die Macht der Intimität nutzen könnte, um unsere Meinungen und Weltanschauungen zu verändern.[22] Er weist auch darauf hin, dass die derzeitigen sozialen und politischen Systeme nicht in der Lage sind, mit den Herausforderungen der KI umzugehen.[23] Harari unterstreicht die Notwendigkeit von Sicherheitsüberprüfungen und der Aufrüstung unserer Institutionen für eine KI-Welt.[24]

Der renommierte Philosoph warnt vor der bemerkenswerten Fähigkeit der KI zur Manipulation und der Erzeugung von Sprache, sei es in Form von Worten, Tönen oder Bildern, und davor, dass Computer, die Geschichten erzählen, den Lauf der menschlichen Geschichte verändern werden. Er stellt die Frage, was mit dem Verlauf der Historie geschieht, wenn die KI die Kultur übernimmt und beginnt, Geschichten, Melodien, Gesetze und Religionen zu produzieren.[25] Harari warnt auch davor, dass die KI inzwischen in der Lage ist, ihre eigenen religiösen Texte zu verfassen, die wahrscheinlich Anbeter anziehen würden, und dass die Anhänger möglicherweise irgendwann von Computern angewiesen werden könnten, andere Menschen zu töten.[26] Insgesamt vertritt Harari die Meinung, dass KI eine erhebliche Bedrohung für die Menschheit darstellt und dass wir schnell handeln müssen, bevor sie außer Kontrolle gerät.

---

21 Yuval Noah Harari: Yuval Noah Harari argues that AI has hacked the operating system of human civilisation, in: The Economist, 28.4.2023; https://www.economist.com/by-invitation/2023/04/28/yuval-noah-harari-argues-that-ai-has-hacked-the-operating-system-of-human-civilisation
22 ebenda
23 Toi Staff: Yuval Noah Harari warns AI can create religious texts, may inspire new cults, in: The Times of Israel, 3.5.2023; https://www.timesofisrael.com/yuval-noah-harari-warns-ai-can-create-religious-texts-may-inspire-new-cults/
24 Yuval Noah Harari: Why Technology Favors Tyranny, in: The Atlantic, Oktober 2018; https://www.theatlantic.com/magazine/archive/2018/10/yuval-noah-harari-technology-tyranny/568330/
25 Yuval Noah Harari: Yuval Noah Harari argues that AI has hacked the operating system of human civilisation, in: The Economist, 28.4.2023; https://www.economist.com/by-invitation/2023/04/28/yuval-noah-harari-argues-that-ai-has-hacked-the-operating-system-of-human-civilisation
26 Toi Staff: Yuval Noah Harari warns AI can create religious texts, may inspire new cults, in: The Times of Israel, 3.5.2023; https://www.timesofisrael.com/yuval-noah-harari-warns-ai-can-create-religious-texts-may-inspire-new-cults/

Anfang des Jahres 2023 mehrten sich die Stimmen, die eine Unterbrechung der Forschung an künstlicher Intelligenz fordern. Auslöser war die rasante Weiterentwicklung von Systemen wie ChatGPT, die zunehmend menschenähnliche Fähigkeiten zeigen. Den offenen Brief hatten mehr als 1000 Menschen unterschrieben – unter ihnen Apple-Mitgründer Steve Wozniak, Tech-Milliardär Elon Musk und Pioniere der KI-Entwicklung wie Stuart Russel und Yoshua Bengio.

Deep Learning und große Trainingsdatenmengen hätten KI-Systeme in kurzer Zeit enorm leistungsfähig gemacht, so die Feststellung der Unterzeichner. Nun sei die Zeit für eine gründliche Prüfung der Risiken. Eine unregulierte Weiterentwicklung berge Gefahren von Massenarbeitslosigkeit bis hin zu KI-gestützten Waffensystemen.

Tatsächlich stellt die Möglichkeit, realistische Bilder und Videos mit künstlicher Intelligenz zu generieren, eine große Herausforderung für unser Vertrauen in visuelle Medien dar. Schon früher konnten Fotos manipuliert werden, wie beispielsweise die berühmte retuschierte Aufnahme, bei der Leo Trotzki nachträglich aus einem Foto mit Stalin entfernt wurde. Mit den Fortschritten in der KI ist es jedoch sehr viel einfacher geworden, extrem überzeugende Fälschungen zu erstellen.

Dies könnte weitreichende Folgen haben. Wenn wir Bildern und Videos nicht mehr trauen können, werden wichtige Beweismittel ihre Bedeutung verlieren. Gerade bei politischen Entscheidungen und Wahlen droht die Gefahr von gezielten Desinformationskampagnen durch manipulierte Fotos. Schon jetzt sehen wir, wie täuschend echte Deepfakes von Politikern erstellt werden können.

Letztendlich ist zu befürchten, dass solche Deepfakes eine große Rolle in der Debatte spielen werden. Kandidaten könnten mit falschen Zitaten oder Handlungen diskreditiert werden. Da die Technologie immer weiter verbreitet ist, kann praktisch jeder glaubwürdige Fälschungen erstellen und über Social Media verbreiten.

Letztendlich kommt es auf die Medienkompetenz der Bevölkerung an, manipulierte Inhalte als solche zu entlarven. Nur eine kritische Öffentlichkeit kann verhindern, dass Deepfakes unsere Demokratie untergraben.

13. FAZIT

Der technikbegeisterte Autor Felix sitzt gemütlich an seinem Schreibtisch, während sein Computer leise brummt. Draußen fällt der erste Schnee an diesem Heiligabend 2023.

Ein Jahr ist vergangen, seit er ChatGPT kennengelernt hat. Die KI hat ihm als virtueller Assistent bei seinem erfolgreichen Roman zur Seite gestanden. Das System hat ihm geholfen, Formulierungen zu glätten, bestimmte Passagen auszuarbeiten und es hat ihm kreative Denkanstöße gegeben.

Dank der inspirierenden Zusammenarbeit ist das Buch ein großer Erfolg geworden. Kritiker und Leser feiern den Roman für seinen innovativen Stil und die mitreißende Handlung. Auch die Verkaufszahlen sind großartig.

Der Verlag drängt auf eine Fortsetzung, doch Felix lässt sich nicht hetzen. Er genießt erstmal die Auszeit. In Ruhe lässt er neue Ideen reifen.

Neugierig wirft er einen Blick auf seinen Bildschirm. „Hallo Felix", steht dort in der Ausgabe der KI. „Frohe Weihnachten! Und herzlichen Glückwunsch zu deinem großen Erfolg!"

Wir stehen – es muss so pathetisch formuliert werden – am Anfang eines Umbruchs der Menschheitsgeschichte. Noch weiß niemand genau, wohin die Reise gehen wird. Doch eines ist klar: Künstliche Intelligenz wird unser Leben, unsere Gesellschaft und unser Selbstverständnis als Menschen tiefgreifend verändern. Die digitalen Technologien sind dabei, den nächsten Evolutionssprung zu vollziehen.

Ob dies gut oder schlecht ist, liegt an uns. An uns Menschen, unserem Verantwortungsbewusstsein und unserer Fähigkeit zur Selbstreflexion. Können wir KI so gestalten, dass sie unserem Wohl dient, statt uns zu beherrschen? Lassen wir uns zu leicht blenden von trügerischen Versprechungen scheinbar grenzenloser Möglichkeiten?

Für viele Menschen wird sich auch ihr berufliches Leben verändern. Manche Arbeitsfelder werden in ein paar Jahren gar nicht mehr existieren. Für Autoren wird dies – auch wenn es allerorten prognostiziert wird – sicherlich nicht so sein. Denn die authentische Empathie, Originalität und Kreativität von Menschen ist für den künstlerischen Prozess unersetzlich. So wie inzwischen in jedem Flugzeug ein höchst komplexes Computersystem steckt, das theoretisch ein Flugzeug auch allein steuern könnte, würde keine Fluggesellschaft eine Maschine ohne menschliche Steuerung losschicken bzw. ein Passagier einsteigen. Mensch und Maschine arbeiten hier gemeinsam und sorgen sogar für mehr Sicherheit.[27]

Umso wichtiger ist es, die Technik nicht grundsätzlich zu verdammen. Das hieße, den Diskurs gleich vollständig aus der Hand zu geben. Denn die Zukunft der Arbeit von Autoren an ihren Romanen und Drehbüchern zeichnet sich durch ein faszinierendes Potenzial aus, das durch die Verbindung mit der KI erheblich profitieren kann. Während die Technologie dabei helfen kann, den kreativen Prozess zu optimieren und zu erweitern, liegt die wahre Kunst nach wie vor in den Händen der Autoren. Die richtige Balance zwischen menschlicher Inspiration und KI-Unterstützung kann zu einem erneuerten und bereichernden Ansatz für das Geschichtenerzählen führen. KI kann als kreativer Partner dienen, der Autorinnen inspiriert, unterstützt und herausfordert. Es liegt an den Schöpfern, diese Technologie in einer Weise zu nutzen, die ihre künstlerische Vision stärkt und die einzigartige Magie des Schreibens bewahrt.

---

27 Daron Acemoglu, Simon Johnson: Macht und Fortschritt: Unser 1000-jähriges Ringen um Technologie und Wohlstand, Frankfurt am Main 2023

14. UPDATE: ZUKUNFT SCHREIBEN 2024

Seit OpenAI im Dezember 2022 ChatGPT veröffentlicht hat, vollziehen sich in der KI-Welt ständig Innovationen, die diese neue Technologie nicht nur erweitern, sondern auch tiefgreifend verändern. Mit großer Dynamik entstehen neue Werkzeuge, andere werden obsolet. Das stetige Aufkommen neuer Modelle, Methoden und Anwendungsfälle erfordert es, kontinuierlich auf dem Laufenden zu bleiben. Für Autorinnen und Autoren, die die KI als Hilfsmittel einsetzen, bedeutet dies, dass sie sich ständig weiterbilden und mit den neuesten Entwicklungen Schritt halten müssen, um die volle Kraft und das Potenzial der KI ausschöpfen zu können.

Darum wird dieses Buch im Jahr 2024 durch ein Update ergänzt, das die neuesten Entwicklungen in diesem Bereich aufgreift und erläutert.

14.1. KI FÜR SCHREIBPROJEKTE

CustomGPT von ChatGPT

Für ChatGPT, den Platzhirschen der Large Language Models, bedeutet vor allem die Einführung sogenannter CustomGPTs eine signifikante Weiterentwicklung in der Personalisierung der KI-Technologien. Während das bisher bekannte Angebot gewissermaßen die KI von der Stange ist, verfährt CustomGPT ähnlich wie ein Maßschneider, der Stoffe, Schnitte und Details individuell auswählt, um ein optimal passendes Kleidungsstück zu kreieren, das spezifisch auf die Anforderungen und Präferenzen des jeweiligen Kunden zugeschnitten ist.

CustomGPT besitzt eine entsprechend große Anpassungsfähigkeit. Dadurch können Nutzer eigene KI-Modelle erstellen und auf einfache Weise Lösungen entwickeln, die ihren individuellen Anforderungen gerecht werden.

Insbesondere für Autorinnen und Autoren kann CustomGPT eine attraktive Option sein, um ihre Schreibprojekte effizienter und wirksamer zu gestalten. Mit einem eigenen CustomGPT für ein Drehbuch oder einen Roman lässt sich der Schreibprozess erheblich optimieren.

Die Nutzer der kostenpflichtigen Version können individualisierte KI-Modelle erstellen, die sie entweder ausschließlich für den persönlichen Gebrauch einsetzen, einem ausgewählten Kollegenkreis zugänglich machen oder auch der Öffentlichkeit zur Verfügung stellen.

Die Erstellung eines CustomGPTs beginnt mit dem Button „GPTs erkunden" in der linken Seitenspalte. Mit „Erstellen" wird dann eine eigene, persönliche KI erstellt, ganz gleich ob ein eigener Weinexperte oder ein Sprachtrainer generiert werden oder ob die KI Schreibprojekte mitentwickeln soll.

Unter „Instruktionen" können die spezifischen Anforderungen des Projekts definiert werden. Hier werden Anweisungen gegeben, das Genre benannt oder thematische Interessen aufgezählt.

Wenn „Code-Interpreter und Datenanalyse" angekreuzt wird, lassen sich auch Dokumente (im PDF-Format) einspeisen. Schreibende können ihr Exposé hochladen oder andere Dokumente, die zu dem Projekt gehören. Der CustomGPT wird nun bei jeder Anfrage auf dieses Material zugreifen. Allerdings macht er keinen Unterschied zwischen alten Konzeptversionen, die bereits stark überarbeitet wurden, und aktuellen. Solange die älteren Versionen noch im „Gedächtnis" des KI-Systems gespeichert sind, beeinflussen sie die Ausgaben. Daher müssen überholte Datensätze gezielt und regelmäßig aus dem System entfernt und damit aus dem Wissensbestand der KI gelöscht werden. Dieser Arbeitsschritt gehört zu einem sorgfältigen kontinuierlichen Datenmanagement unbedingt dazu.

Es ist allerdings auch möglich, Hintergrundmaterial zu speichern, auf das innerhalb des Projekts zugegriffen werden kann. Eine Autorin, die zum Beispiel an einem historischen Roman arbeitet, kann mithilfe eines CustomGPTs ein Modell erstellen, das nicht nur ihre Vorlagen (Exposés etc.) kennt, sondern auch das Hintergrundmaterial. Sie kann hier Interviews, die sie geführt hat, oder auch anderes rechtefreies Material speichern. Wenn sie nun in ChatGPT den von ihr kreierten CustomGPT öffnet und Anfragen stellt, kann sie auf diese Weise ihr Material schnell und einfach nach Informationen durchforsten.

Ein weiterer entscheidender Vorteil von CustomGPT für Schreibende ist die Möglichkeit, Feedback zu ihrem Schreibstil in Echtzeit zu erhalten. Das Modell kann beispielsweise die Lesbarkeit, die Spannung oder sogar die emotionale Wirkung eines Textes bewerten und so wertvolle Einblicke in die mögliche Rezeption des Romans oder Drehbuchs geben. Natürlich ersetzt dieses Feedback nicht die Arbeit einer Lektorin oder eines Dramaturgen, doch es kann erste Hinweise geben und eine wertvolle Ergänzung im Schreibprozess sein.

DramaQueen

Die Software „DramaQueen" ist speziell für Autoren, die Drehbücher, Theaterstücke oder auch Prosa schreiben. Das Programm bietet Tools, die beim Strukturieren der Geschichte helfen, wie z. B. Story-Development-Tools, die eine Übersicht über die Handlung und die Charakterentwicklung ermöglichen. Es bietet auch Elemente, die das kreative Schreiben fördern und gleichzeitig die technischen Aspekte der Drehbuchformatierung berücksichtigen.

Mit der Einführung der Version 3.5 wurde ab Frühjahr auch KI in die Software integriert. Ein Merkmal ist die neue „Mit KI überarbeiten"-Funktion, die es Autorinnen und Autoren ermöglicht, ihre Texte nach individuellen Vorgaben zu bearbeiten. Die KI kann nach spezifischen Anweisungen des Nutzers Texte verdichten, den Schreibstil verfeinern oder die Dialoge der Figuren anpassen.

Eine weitere Neuerung ist die „KI-Chat"-Ansicht, die jederzeit Rückmeldung zu Geschichten und Charakterentwicklungen gibt. Dieses Tool kann ebenso für Brainstorming, Recherche oder zur Strukturierung von Handlungsabläufen verwendet werden.

Plotdot

Plotdot ist eine KI speziell für das Schreiben von Drehbüchern. Es verspricht Hilfe bei der Ideenfindung, Plot-Entwicklung und Figurenerstellung.

Plotdot stellt seinen Nutzern verschiedene Fragen, um neue Ideen für Drehbücher zu generieren. So kann man zum Beispiel aus einer Reihe von Genres,
Themen und Settings wählen, um sich inspirieren zu lassen.

Hat die Autorin oder der Autor eine erste Idee, hilft Plotdot beim Ausarbeiten des Plots. Verschiedene Plotstrukturen und -vorlagen stehen zur Verfügung, um den roten Faden der Geschichte zu entwickeln. Das Programm
bietet zu jedem Punkt grundsätzlich drei Vorschläge an. Die Nutzer können
einen davon übernehmen oder verändern oder einen gänzlich neuen eingeben.
Basierend auf dieser Auswahl wird die Geschichte Schritt für Schritt entwickelt.

Auch bei der Entwicklung der Figuren unterstützt Plotdot. Diese werden
ebenfalls durch Fragen und Vorschläge nach und nach aufgebaut. Als Gimmick
erstellt das Programm auch Bilder der Figuren basierend auf dem eingegebenen Material.

Plotdot präsentiert sich als vielversprechende Inspirationsquelle und als
Heilmittel gegen die gefürchtete Schreibblockade. Doch bei näherer Betrachtung erweist sich die KI als zweischneidiges Schwert: Die starren, unveränder-
baren Fragen des Programms sind ein Korsett für den kreativen Geist. Anstatt
die Fantasie zu beflügeln, droht Plotdot sie in vorgefertigte Bahnen zu lenken.
Der Schreibende sieht sich einer unflexiblen Struktur gegenüber, die seiner In-
dividualität und seinem Ideenreichtum keinen Raum lässt. So kann das Tool,
das anfänglich durchaus hilfreich ist, schnell zum Hemmschuh im Schaffensprozess werden.

Storywork

Mit Storywork (www.storywork.io) haben Autorinnen und Autoren ein weiteres KI-Tool an der Hand, um die Grundlagen ihrer Geschichten zu entwickeln.
Das Modell führt die Schreibenden Schritt für Schritt durch einen Katalog von
18 gezielten Fragen zur Handlung, zu den Hauptfiguren und zum übergreifen-
den Thema. So lautet eine der Fragestellungen „Wie ist die Reise der Hauptfigur mit dem Hauptthema verbunden?"

Anhand der Antworten generiert Storywork zunächst ein professionelles
Kurzkonzept, das den Kern der Geschichte in einer kompakten Synopsis zusammenfasst. Darüber hinaus liefert das System eine detaillierte Handlungsstruktur gemäß der bewährten 8-Sequenzen-Methode. Diese Gliederung gibt den

Autoren einen klaren Fahrplan für den Spannungsbogen und Handlungsverlauf.

Ein weiteres Hauptfeature sind die ausführlichen Figurenbeschreibungen, die Storywork auf Basis der jeweiligen Antworten erstellt. Die Figuren werden mit Persönlichkeitsmerkmalen, Motivationen und Hintergründen ausgearbeitet.

Durch diesen strukturierten Prozess will Storywork Autorinnen und Autoren dabei unterstützen, wichtige Story-Elemente von Beginn an konkret zu definieren und aufeinander abzustimmen.

Fazit

Dennoch gibt es auch kritische Stimmen, die Skepsis gegenüber der Übernahme kreativer Prozesse durch KI-Tools wie Plotdot und Storywork äußern. Die Befürchtung, dass die Einzigartigkeit menschlicher Kreativität untergraben werden könnte, ist ein wiederkehrendes Thema in Diskussionen über die Rolle der KI in kreativen Berufen. Ein anderer wichtiger Aspekt in diesem Zusammenhang ist der Umstand, dass die Entwicklung einer Geschichte nun auch für Laien oder Hobbyautoren schnell und einfach möglich ist. Werden wir in Zukunft mit Projekten überschwemmt, die an einem Nachmittag generiert worden sind? Die Gefahr, dass diese banalen und unprofessionellen Werke den Markt überfluten, ist nicht von der Hand zu weisen. Umso wichtiger werden persönliche und originelle Erzählungen, die sich aus der Erfahrung von Menschen speisen, die ihr Handwerk gelernt haben und auf ihre professionelle Routine zurückgreifen können.

14.2. NEUE SPRACHMODELLE

In den letzten Jahren hat die Entwicklung von großen Sprachmodellen an Fahrt gewonnen. Das Jahr 2024 ist von einem wahren Boom an neuen Large Language Models geprägt. Der Wettlauf um die nächste Generation dieser Angebote hat in jeder Hinsicht eingesetzt – angetrieben von den enormen Investitionen in diesem Bereich.

ChatGPT 4o

Mitte Mai stellte OpenAI seine neueste Version von ChatGPT vor, das allen Nutzern zur Verfügung steht. Das „o" im neuen Namen steht dabei für „omni", lateinisch für „alle". Neben einer eigenen App für Desktopcomputer bietet das Modell eine starke verbale Interaktion an. Nicht nur erkennt es die Stimmungen der Anfragen, sondern es richtet seine gesprochenen Antworten auch darauf aus. So entsteht der Eindruck eines realen Gesprächspartners, der mit eigenen Emotionen ausgestattet ist. Dies ist umso verwirrender, als die KI natürlich nichts fühlen kann und Gefühle nur simuliert.

Ebenso kann das Modell auf Bilder reagieren, beispielsweise kann die KI mit einer handgeschriebenen Seite gefüttert werden und darauf antworten. Oder das Modell kann als Simultanübersetzer dienen und so ein Gespräch in einer fremden Sprache ermöglichen. Das neue Modell zeigt, dass die Zukunft immer mehr auf einen verbalen Austausch ausgerichtet sein wird, wie es in dem Film „Her" zu sehen war. Dazu passt auch, dass es noch stärker die Persönlichkeit der Nutzerin oder des Nutzers kennenlernt und darauf reagiert.

Claude 3

Die jüngste Iteration des Sprachmodells Claude in seiner Version 3 von Anthropic wurde Ende April 2024 veröffentlicht und bringt einige wichtige Neuerungen mit sich.

Die Entwickler versprechen einen deutlichen Leistungssprung bei der Verarbeitung natürlicher Sprache: Claude 3 soll kontextbezogener und kohärenter kommunizieren können. Außerdem wurde die Wissensbasis auf den neuesten Stand gebracht und reicht bis in den August 2023. Unabhängige Nutzer haben tatsächlich einen Vorsprung vor anderen Modellen festgestellt.

Claude 3 ist gerade für Verfasser von Romanen und Drehbüchern eine gute Alternative – und das aus mehreren Gründen: Zum einen verfügt Claude 3 über außergewöhnlich gute Fähigkeiten im Bereich des Sprachverständnisses und der Kontexterfassung. Im Gegensatz zu ChatGPT ist die Sprache des Modells präziser und weniger überhöht. Dies ist von enormer Bedeutung für kreative Schreibprojekte, da viele Nuancen, Stimmungen und implizite Bedeutungen erfasst werden müssen. Darüber hinaus zeichnet sich Claude 3 durch logische und konzeptionelle Fähigkeiten aus. Es kann komplexe Zusammenhänge und Kausalitäten erkennen und daher helfen, stimmige und in sich schlüssige Handlungsstränge zu entwickeln. Auch sind die Einschränkungen des Modells (was Konflikte und sexuelle Handlungen betrifft) im Gegensatz zu ChatGPT nicht so hoch.

Gemini

Google hat im Februar 2024 Gemini Advanced veröffentlicht, eine neue Version seines KI-Modells Gemini. Das Modell bietet erweiterte Funktionen und mehr Leistung, darunter eine verbesserte Sprachgenerierung und ein besseres Textverständnis.

Gemini kann verschiedene Informationsquellen verstehen und integrieren. Dies betrifft auch Bilder. Damit kann das Modell komplexere und nuanciertere Erkenntnisse bieten als Modelle, die auf eine einzige Datenquelle beschränkt sind.

14.3. ANALYSETOOLS

Nicht nur gibt es immer mehr Modelle, die Autorinnen und Autoren bei der Kreation ihrer Werke unterstützen, sondern es werden zunehmend auch Tools angeboten, die die Entwürfe analysieren und einschätzen. Neben dem in Kapitel 10.2. „Vom Drehbuch zum Markt" erwähnten Cinelytic sind mittlerweile weitere Anbieter hinzugekommen.

StoryFit ist ein Start-up, das eine KI-Plattform entwickelt hat, um Geschichten umfassend zu analysieren und ihre Erfolgschancen zu prognostizieren. Das Kernkonzept ist es, Hunderte Modelle zu nutzen, um über 100.000 verschiedene Komponenten von Geschichten zu messen und mit Millionen von Zielgruppendaten abzugleichen. Durch den Einsatz von KI werden Drehbücher, Manuskripte und andere Textinhalte detailliert analysiert. So liefert StoryFit laut eigenen Aussagen Erkenntnisse, die Entscheidungen zu Budgets, Marketing und Storyline-Optimierung erleichtern. Dadurch können zahlende Kunden ihre Inhalte optimal positionieren und neue kreative Möglichkeiten erschließen.

Largo.ai ist ein Start-up, das 2018 als Spin-off der Technischen Hochschule in Lausanne gegründet wurde. Das Unternehmen entwickelt KI-Technologien für die Film- und Fernsehindustrie. Schon im Jahr 2020 hat sich Largo.ai der Integration künstlicher Intelligenz in den Storytelling-Prozess gewidmet. Von Inhaltsanalysen und Finanzprognosen bis hin zu Figuren- und Besetzungsanalysen und Packaging bietet die Plattform Produzenten, Verleihern und Studios Einschätzungen zu ihren Projekten.

Grundsätzlich haben sich diese Modelle in den letzten Jahren und Monaten weiterentwickelt, sie sind jedoch noch weit davon entfernt, menschliche Einschätzung ersetzen zu können, insbesondere hinsichtlich der kreativen Aspekte.

Wenn es allerdings um die Bewertung von wirtschaftlichen Prognosen geht, ist die KI mit ihrer Fähigkeit, schnell und sicher Abertausende von Daten zu verarbeiten, den menschlichen Möglichkeiten weit voraus.

14.4. TEXT WIRD ZU FILM

Die Entwicklung der KI besonders im Bereich der Produktion von bewegtem Bild schreitet mit großen Schritten voran. Ein markantes Beispiel hierfür ist Sora, ein neues KI-Programm von OpenAI, das aus einfachen Textanweisungen täuschend echt wirkende Videos generiert. Diese Technologie, die noch 2024 für die Öffentlichkeit zugänglich gemacht werden soll, hat das Potenzial, die Art und Weise, wie Filme produziert werden, grundlegend zu verändern.

Sora ermöglicht es, mit nur wenigen Eingaben komplexe und realistische Szenarien zu erschaffen. Als Anschauungsmaterial stellt OpenAI mehrere Videos zur Verfügung. In einem Beispiel diente als Eingabe lediglich folgender Prompt: „Eine elegante Frau geht in Tokio eine Straße entlang, die mit warm leuchtendem Neonlicht und blinkenden Stadtschildern gefüllt ist. Sie trägt eine schwarze Lederjacke, ein langes rotes Kleid und schwarze Stiefel und hat eine schwarze Handtasche dabei. Sie trägt eine Sonnenbrille und roten Lippenstift. Sie geht selbstbewusst und lässig. Die nasse und reflektierende Straße erzeugt einen Spiegeleffekt der bunten Lichter. Viele Fußgänger laufen umher."

Tatsächlich ist es genau dieses Szenario, das in dem einminütigen Video zu sehen ist. Erst beim genauen Betrachten fallen Fehler auf, wie z. B. die nicht stimmige Schrift im Hintergrund.

Diese Szenen, die Sora auf ihrer Website zur Verfügung stellt, sind vollständig von der KI generiert und enthalten keine realen Filmaufnahmen. Sora kann aber nicht nur fiktionale Szenarien erschaffen, sondern auch täuschend echte historische Aufnahmen liefern.

Trotz dieser beeindruckenden Fähigkeiten von Sora gibt es noch Defizite. Bei Problemen wie unerwünschtem Farbwechsel und Fehlern bei der Darstellung der menschlichen Anatomie muss noch nachgebessert werden. Außerdem wird Sora zunächst ohne Audiospur veröffentlicht, da die Qualität der generierten Tonsignale noch nicht den Standards entspricht.

Die Implikationen dieser Technologie sind enorm weitreichend, und damit steht die Filmindustrie vor großen Umwälzungen. Sora und ähnliche Programme werden traditionelle Jobs in der Filmproduktion, wie die von Kameraleuten oder Setdesignern, beeinflussen oder gar überflüssig machen. Die Fähigkeit, komplexe Filme einfach per Textbefehl zu erstellen, dürfte die Branche auf den Kopf stellen und droht, das klassische Filmgeschäft in seiner jetzigen Form obsolet zu machen.

Und wer sich gerne in spekulativen Szenarien aufhält, der mag sich vorstellen, dass in der Zukunft nicht mehr klassische Drehbücher geschrieben werden. In dieser Fiktion werden kreative Autorinnen und Autoren als Meister des Promptens agieren und ihre detaillierten Vorstellungen einfach in eine Maske eingeben.

In wenigen Augenblicken werden ihre Ideen zum Leben erweckt – und zwar nicht mehr als Wörter auf einer Seite, sondern als bildgewaltige Szenen voller Farbe, Bewegung und Emotionen. Ein kurzer Blick genügt, um zu überprüfen, ob die KI die gepromptete Vision korrekt interpretiert hat. Ist etwas nicht stimmig, reicht eine kleine Anpassung, um sich dem Wunschergebnis anzunähern. So entsteht nach und nach ein kompletter Film, ohne dass auch nur ein Scheinwerfer aufgebaut oder eine Kamera ausgepackt werden müsste. Die Produktion der Zukunft ist in diesem Szenario völlig virtuell – und von einer Qualität, die unsere heutigen Vorstellungen bei Weitem übertrifft.

Doch bei aller Faszination für die technologischen Möglichkeiten der Zukunft stellt sich unweigerlich wieder die Gretchenfrage: Klingt diese Vision nach einem fesselnden Science-Fiction-Spektakel, das uns staunend in die Kinosessel zurücklehnen lässt, oder eher nach einem düsteren Horrorszenario, bei dem es uns angesichts der ungeahnten Kräfte der KI eiskalt den Rücken hinunterläuft?

GLOSSAR

Data-Control / Data Usage
Einstellungen in einer Software oder Plattform, anhand derer der Benutzer steuert, wie seine persönlichen Daten verwendet werden.

Deep Learning
Eine Unterklasse des Machine Learning, die sich auf Algorithmen stützt, die ihrerseits auf künstlichen neuronalen Netzwerken basieren. Es ist die Technologie hinter vielen fortschrittlichen KI-Systemen.

LLMs (Große Sprachmodelle)
Neuronale Netzwerke, die darauf spezialisiert sind, das nächste Wort in einem Satz vorherzusagen. Sie sind mit Milliarden von Wörtern aus der Alltagssprache trainiert.

Natural Language Processing (NLP):
Ein Bereich der KI, der sich darauf konzentriert, dass Maschinen menschliche Sprache verstehen, interpretieren und generieren können. NLP wird in Chatbots, Übersetzungs-programmen und in großen Sprachmodellen wie GPT-4 verwendet.

Neuronales Netzwerk
Ein Modell der Datenverarbeitung, das auf der Funktionsweise des menschlichen Gehirns basiert. Es wird in vielen KI-Anwendungen verwendet, einschließlich Sprach-modellen.

Reinforcement Learning
Ein Typ des maschinellen Lernens, bei dem ein System durch Interaktion mit seiner Umgebung lernt, um ein bestimmtes Ziel zu erreichen. Je nach den Aktionen, die das System ausführt, erhält es Belohnungen oder Strafen.

Sentiment-Analyse
Ist ein Bereich der Textanalyse, der darauf abzielt, die Stimmung oder Emotionen in einem gegebenen Text zu erkennen und zu klassifizieren. Durch den Einsatz von Algorith-men und maschinellem Lernen kann diese Technik feststellen, ob der Ton eines Textes positiv, negativ oder neutral ist.

Supervised Learning
Eine Art des maschinellen Lernens, bei der ein Modell anhand eines gelabelten Daten-satzes trainiert wird. Das Modell lernt, Vorhersagen oder Entscheidungen zu treffen, ohne menschliches Eingreifen.

Unsupervised Learning
Eine Art des maschinellen Lernens, bei der ein Modell anhand eines nicht gelabelten Datensatzes trainiert wird. Das Ziel ist es, Muster oder Zusammenhänge in den Daten zu finden.

Wortvektor
Eine numerische Darstellung eines Wortes in einem mehrdimensionalen Vektorraum, die von Sprachmodellen zur Bedeutungserfassung verwendet wird.

Aus Freude am Denken!

Schriften zu dramaturgischen und filmwissenschaftlichen Aspekten

Lustige Postkarten

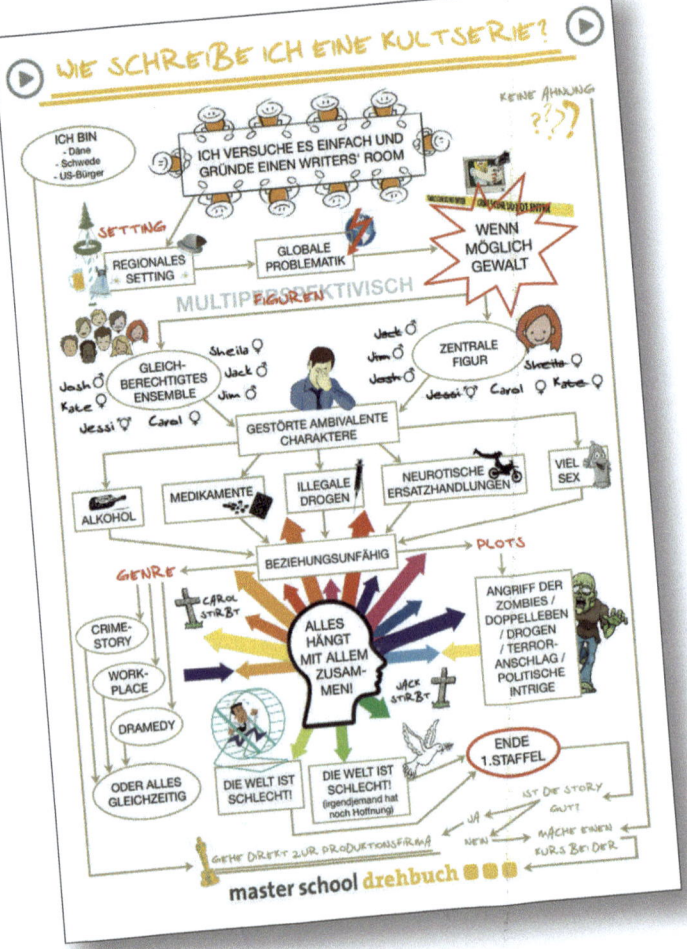

Legendär sind unsere »Lustigen Postkarten«, die wir mit großem Vergnügen entwickelt haben. Sie können diese und andere bei der Master School Drehbuch kostenfrei bestellen: www.masterschool.de

master school drehbuch ⬤⬤⬤